국경 마을에서 본 국가

중국 윈난성 접경지역 촌락의 민족지

이 저서는 2019년 대한민국 교육부와 한국연구재단의 지원을 받아 수행된 연구임
(NRF-2019S1A6A3A02102843)
This work was supported by the Ministry of Education of the Republic of Korea
and the National Research Foundation of Korea (NRF-2019S1A6A3A02102843)

중국관행
연구총서
0 2 1

국경 마을에서 본 국가

중국 윈난성 접경지역 촌락의 민족지

왕위에핑 · 장정아 · 안치영 · 녜빈 지음

인천대학교 중국학술원 중국 · 화교문화연구소 기획

ⓘB 인터북스

한국의 중국연구 심화를 위해서는 중국사회에 강하게 지속되고 있는 역사와 전통의 무게에 대한 학문적·실증적 연구로부터 출발해야 한다. 역사의 무게가 현재의 삶을 무겁게 규정하고 있고, '현재'를 역사의 일부로 인식하는 한편 자신의 존재를 역사의 연속선상에서 발견하고자 하는 경향이 그 어떤 역사체보다 강한 중국이고 보면, 역사와 분리된 오늘의 중국은 상상하기 어렵다. 따라서 중국문화의 중층성에 대한 이해로부터 현대 중국을 이해하고 중국연구의 지평을 심화·확대하는 연구방향을 모색해야 할 것이다.

이러한 문제의식에서 우리 인천대학교 중국학술원 중국·화교문화연구소는 10년간 근현대 중국 사회·경제관행에 대한 조사와 연구를 수행하면서, 인문학적 중국연구와 사회과학적 중국연구의 독자성과 통합성을 조화시켜 중국연구의 새로운 지평을 열고자 했다. 그리고 이제 그동안 쌓아온 연구를 기반으로 새로운 단계에 접어들어 「중국적 질서와 표준의 재구성에 대한 비판적 연구」라는 주제로 인문한국플러스사업을 수행하고 있다.

이 책은 2016년부터 2018년까지 약 2년간 중국의 한 촌락에서 여러 차례에 걸쳐 공동으로 수행한 현지조사에 기반한 연구성과다. 책

5

에서는 중국과 베트남 - 라오스 국경 형성과정과 과계跨界민족 문제
에 대한 이야기부터 시작하여, 연구대상 마을에서 운영되는 촌 조직
과 접경지역 관리, 토지제도와 토지 관리, 마을의 정치적 권위와 합법
성을 둘러싼 경합, 다양한 생계활동과 초超국경 교류·혼인, 종교와
민간신앙 등 광범한 주제를 다루며 국경과 국가를 새롭게 바라보는
관점을 제시하고자 했다. 중국 접경지역 관련 주요 조례도 부록으로
첨부했는데, 이 부분도 국내의 연구자들에게 조금이나마 도움이 되
길 기대한다.

　우리는 2019년에 중국 저장대학과 약 2년에 걸쳐 중국의 한 촌락
에 대해 공동조사와 연구를 수행한 결과를『경독耕讀: 중국 촌락의
쇠퇴와 재건』으로 낸 바 있다. 그 책에서 우리는 종족宗族촌락의 역사
적 변천과정을 통해 전통적 가치와 질서체계의 변화를 보여주는 동
시에, 중국에서 현재 광범하게 벌어지는 향촌재건운동의 문제점을
지적하며 새로운 방향을 모색하고자 했다. 이제 중국 촌락 특히 접경
지역에 대한 외국 연구자의 현지조사는 예전보다 훨씬 어려워져서
앞으로 이런 조사연구들을 어떤 식으로 지속해 나갈 수 있을지 다소
불투명하지만, 가능한 방법들을 최대한 찾아서 중국 촌락에 대한 연
구서를 계속 내려 노력할 것이다. 우리의 연구들이 인류학, 민속학,
사회학, 농촌연구, 접경·변경 연구 등 여러 분야 연구자들에게 도움
이 되길 바란다.

　『중국관행연구총서』는 인천대학교 중국·화교문화연구소가 인문
한국사업 10년에 이어 이제 3년째 접어든 인문한국플러스사업을 수
행하며 장기간 여러 연구자가 머리를 맞대고 공동으로 연구한 성과
물로서, 그동안 중국 철도, 동북지역의 상업과 기업, 토지와 민간신

앙, 중국의 촌락, 계약문서를 통해 본 중국의 가정과 토지거래관행, 그리고 화교의 삶과 역사 등 다양한 주제에 대해 연구서와 번역서를 발간하였다. 앞으로도 꾸준히 낼 우리의 성과가 차곡차곡 쌓여 한국의 중국연구가 한 단계 도약하는 데 일조할 수 있기를 충심으로 기원한다.

2022년 5월
인천대학교 중국학술원 중국·화교문화연구소
(인문한국플러스사업단)
소장 (단장) 장정아

목차

서문
접경지역 마을을 현지조사하다

2016년 마을에 처음 들어섰을 때, 비교적 잘 남아 있는 다이족 전통 가옥과 마을의 전경이 우리 눈과 마음을 사로잡았다. 이때부터 시작된 몇 차례의 현지조사에서는, 마을이 형성되는 과정에서 여러 번 마을이 이주를 했다는 것, 그리고 마을 사람들이 '풍수지리상 길지風水寶地'라 여기는 지금의 터를 찾아낸 후 여기로 옮겨와 살게 되었다는 이야기를 많이 들었다. 이 마을은 문화적 전통이 아주 강한 다이족 마을이라기보다는, 한족과 다이족의 사회문화가 융합되는 지역으로서의 풍모를 많이 보여주고 있었다. 다이족 촌락이면서도 전통적 수도원이나 스님들은 없다는 점, 이미 마을사람들이 한족 성씨 개념을 받아들이고 있다는 점, 그리고 한족의 묘회廟會와 다이족의 물축제(포수이제潑水節, 신년 때 다이족이 행하는 축제)가 혼합되어 축제가 이뤄진다는 점 등은 이 촌락이 전형적인 다이족 촌락은 아님을 보여주었다. 그런데 이런 다이족 문화의 변두리에서 우리는 또한 전통 다이족의 가옥인 고창高敞식 간란幹欄식 건물[1]을 그대로 간직한 민가를 볼 수 있었고, 후속 조사에서는 이러한 전통 가옥의 유지와 이를 둘러싼 마을사람들의 관점 차이에 대해서도 이야기를 들을 수 있었다.

중국의 서남부와 동남아시아는 지리적으로 연결되어 있으며, 예로부터 이 지역의 민족 교류가 빈번하여 다민족이 잡거공생하였다. 역사적으로 시기에 따라 특정 민족이 주도하는 경우도 있었고 좀 더 다민족 공생이 기본 구도가 되는 경우도 있었는데, 어떤 형태의 전근대 국가에서도 민족간의 교류 구도가 단절된 적은 없다. 현대 국민국가로 진입한 뒤 국경이 명확해지고 정치 강역이 명료해진 후에도 이 지역 내 여러 민족들이 국경을 가로질러 만나는 사회문화경제적 교류는 단절되지 않았고, 글로벌 시장 시스템 구축과 국가 간 지정학적 관계 변화에 따라 변민邊民의 글로벌 이동은 더욱 다양한 모습을 보여준다. 우리 연구팀은 국경이란 과연 무엇인가, 접경지대에서 살아가는 변민에게 국가와 국경은 어떤 의미를 가지는가, 현대 국민국가는 경계를 어떻게 관리하는가에 대해 탐구하려는 공통의 문제의식을 안고 중국과 라오스 접경지역의 A자치현 B진鎭 C촌에서 현지조사를 수행하였다.[2]

B진은 윈난성 푸얼시 A현 남부에 위치하며 라오스와 경계를 맞대

---

1 고창식은 일반적으로 한족이 전통적으로 선호하던 사합원四合院과 달리 복층식의 가옥양식으로서 창문이 많고 환기가 잘 되는 양식을 가리키며, 간란식은 이러한 복층식 가옥양식의 구체적 특징을 가리킨다. 보통 나무나 대나무로 2층을 지탱하며, 1층의 빈 공간은 축사나 농기구·양곡 저장공간으로 활용하고 2층은 거주공간으로 사용하는데, 습기를 피하는데 가장 좋은 건축양식이다.

2 이 책에 나오는 마을과 사람들의 이름은 모두 가명처리하였고, 인명과 지명은 중국어 발음에 따라 표기하였다.

고 있는 곳으로서, 진의 이름은 다이어傣語 음역어로 '보이는 성이나 큰 곳'을 의미한다. 우리가 조사를 주로 수행하던 2017년 기준 인구 10,953명이며 그 중 농촌에 1,330가구 6,184명이 있고 농장에 4,769명이 있다. 현지에는 다이傣, 하니, 야오瑤, 이, 한漢족 등 11개 민족이 거주하고 있으며 이 중 다이족이 전체 인구의 47.5%, 하니족이 23.8%, 야오족이 13.7%, 이족이 8.6%, 기타 민족이 6.4%를 차지하고 있다. 이 지역은 옹정雍正 기간에는 다이족이 살다가 광서光緒 34년(1897) 다이족 토사土司 관할지가 되었고, 1929년 A현이 설치되면서 그 관할 하에 놓이게 되었다. 신중국 성립 후 A는 다른 현에 속하기도 하고 다른 구에 속하기도 했다가 다시 현재와 같은 현으로 구획되었다.

C촌은 B진 C촌위원회의 한 소조小組로서 전체적으로 보존이 잘 된 고대 건축으로 외부에서 주목을 받아왔다. 중국 관영매체 CCTV 에서 '중국 10대 매력 향촌'으로 선정되었고 '중국 전통마을 보호 목록'에 들어가기도 했다. 이 마을은 중국·라오스 국경선으로부터 불과 16km 거리에 있으며, 면적 5.01km², 해발 850m, 연평균기온 19.70℃, 연강수량 1,610mm의 아열대 농업기후로서 벼와 옥수수 등의 농작물을 재배하기에 적합하다. 현재 경작지는 약 1,694무畝로 1인당 경작지는 약 3.4무, 임야는 약 5,064무이다. 이 마을의 곡물 작물은 벼이며 그 외에도 옥수수, 사탕수수, 찻잎, 커피, 과일, 고무 등 아열대 작물과 채소도 재배한다. 2017년 기준으로 마을에는 여성 249명, 남성 250명 등 110가구 499명이 살고 있고, 마을 주민의 95% 이상이 다이족이며 그 외에 하니족 14명, 한족 10명, 이족 5명이 살고 있다. 하니족과 이족은 모두 주변 마을이나 외지에서 결혼으로 이주해온 여성이나 남성이며, 한족은 외지에서 와서 토지를 소작하면서

호적을 이 마을로 옮기기도 하였다. 이 마을 이름은 다이어에서 '마른 소금 우물'을 뜻하며, 촌민들에 따르면 이 마을은 염정 개발에서 비롯되었다.

우리는 이 책에서 먼저 중국과 베트남·라오스의 국경 형성의 역사와 과계跨界민족에 대한 이야기에서 시작하여, 마을의 개황과 역사, 마을 조직과 거버넌스 그리고 접경지역에 대한 관리 제도와 관행을 살펴보고, 토지 제도와 현황, 마을의 이주를 둘러싼 세대간 갈등의 함의, 국경을 가로지르는 경제활동과 혼인 그리고 종교생활에 대해 서술하였다. 마지막에 중국 접경지역 관련 주요 조례를 부록으로 첨부하여 본문에 대한 이해를 돕고자 하였다. 중국 접경지역 관련 주요 조례는 계속 수집정리하고 있으며, 향후 추가로 엮어서 낼 계획이다.

우리 연구팀이 2016년 8월, 2017년 2-3월, 2018년 7-8월 등 여러 차례에 걸쳐 마을에서 수행한 현지조사는 공동 필자인 윈난대雲南大 왕위에핑, 인천대 장정아, 안치영, 윈난대 석사과정생 녜빈이 때로는 각자, 때로는 함께 했고, 그 중 일부 조사과정에는 저장대浙江大 류자오후이劉朝暉 교수와 윈난대 석사과정생 쉬쌍페이徐雙飛도 참여했다. 현지조사는 인천대 중국학술원 중국·화교문화연구소 인문한국사업단이 윈난대와 협력하여 공동으로 진행했고, 필자들은 조사의 구체적 주제와 방향, 항목에 대해 처음 기획부터 함께 하면서 조사과정에서 계속해서 조사내용과 계획을 수정보완하며 공동조사를 하였다. 필자 중 일부는 현지에서 장기간 거주하며 조사했고, 다른 사람들은 몇 차례 현지를 방문하여 일정 기간 동안 함께 토론하며 조사와 인터뷰를 하였다. 본 연구는 이렇게 공동조사한 자료와 직접 참여관찰한 내용에 기반한 것이다.

장정아와 안치영은 저장대 류자오후이·리페이와 2014년부터 약 2년간 공동연구를 통해 중국 촌락에서의 향촌재건운동에 대해 살펴보고 전통성과 향토성의 변화하는 의미를 고찰하여 『경독耕讀: 중국 촌락의 쇠퇴와 재건』으로 엮어낸 바 있으며, 특히 『경독』은 현지 정부 및 촌민과 지속적 토론을 통해 연구와 실천을 결합시킨 참여식 촌락 민족지ethnography로서 의미를 지닌다. 이 책은 인천대 중국학술원 중국·화교문화연구소 연구진이 중국 연구자들과 함께 중국 촌락에서 수행한 공동 조사·연구의 두 번째 성과물이다.[3]

　　촌민들과 인터뷰를 하다 보면 간혹 기억이 혼동되고 있거나 몇 가지 용어를 섞어 쓰는 경우가 있었고, 이런 경우 최대한 그들의 용어를 그대로 살리되 각주를 달아 해설하였다. 이용운, 쉐거, 청웨이웨이, 리빈이 이 글의 기초자료 중 일부에 대한 초벌 번역에 참여해준 노고에 감사드린다. 이 책에 나오는 사진은 모두 필자들이 현지조사 과정에서 직접 촬영한 것이다.

3　김광억은 촌락을 통해 중국을 이해하는 것의 중요성을 강조하면서, '단순히 중국의 한 촌락에 대한 연구가 아니라 촌락을 통한 중국연구'라고 했고, 국가 그리고 인민의 세계인 촌락 수준의 사회 사이에 존재하는 이질성과 역동성을 탐구할 것을 제시했다. 『혁명과 개혁 속의 중국 농민』, 집문당, 2000.

I

중국과 베트남·라오스 국경 형성과 과계跨界 민족

1. 중국 국경 형성과 과계민족

Ⅰ장은 중국 국경지역에서 역사적으로 이루어져 온 초超국경 교류의 기초와 배경에 대해 과계민족에 초점을 맞춰 살펴본다. 주권·영토·국민으로 구성된 근대국가는 그 관할권의 범위를 명확하게 구분하는 국경선을 형성했다.[1] 국경선을 넘나드는 국제적 이동과 교류는 국가의 통제와 관리를 받으며, 국가의 통제와 관리 외의 이동과 교류는 일반적으로 불법으로 여겨진다. 그런데 현실에서는 국경 지역에서의 이동과 교류 그리고 그에 대한 통제·관리는 각 나라의 국경관리 능력, 역사적 요인, 지역적 특성 등의 요인에 따라 다양한 형태

---

* Ⅰ장의 내용 중 일부는 안치영·장정아, "중국과 베트남·라오스의 국경 형성과 과계跨界 민족 문제"(『중앙사론』 52집, 2018)의 내용을 수정보완한 것이다.

[1] 전근대부터 근대 시기까지 국경 형성의 역사에 대한 연구서로 차용구, 『국경의 역사: 국경 경관론적 접근』, 소명출판, 2022 등 참고.

를 가진다. 중국의 경우 접경지역 주민들에게 일반적인 이동·교류와 다른 편의를 제공하는 제도가 있는가 하면 심지어는 그러한 제도조차도 따르지 않은 채 관습적으로 행하는 접경지역 주민들의 이동과 교류를 암묵적으로 허용하기도 한다.

중국의 접경지역에서 이루어지는 이러한 이동과 교류의 복잡한 양상은, 국경이 국가에 의해 통제되고 관리되는 명확한 단절의 선이 아니라 다양하고 새로운 이동과 교류와 접합을 만들어 내는 기제임을 의미한다. 그리고 중국의 접경지역에서 이루어지는 이동과 교류는 중국과 접경 국가들의 국경 관리와도 관련되지만 더 근본적으로는 중국의 국경 형성 역사와 관련되어 있다.

현대 중국의 국경은 지역별로 차이가 있기는 하지만 기본적으로 청대의 판도를 기초로 제국주의의 팽창과 침략 과정에서 제국주의와 식민지 당국과 청조의 국경조약에 의해 형성되었고, 이를 기초로 민국시기 보완을 거쳐 중화인민공화국 건국 이후 최종적으로 확정되었다. 청조와 러시아의 국경조약과 조청 국경조약을 제외하면 모두 청조가 제국주의 식민지 당국과 맺은 조약이었으며, 2차 대전 이후 식민지 독립과 중화인민공화국 건국에 따라 중화인민공화국과 신생 독립국이 최종적으로 국경조약을 체결하였다. 중화인민공화국과 주변 국가의 국경 조약은 주로 1950년대 후반기부터 1960년대 초에 체결되어 확정되었고, 구소련 지역과 미해결 지역은 1990년대 이후 확정되었다. 그러나 최근의 중국 – 인도 국경 충돌에서 알 수 있듯 인도(부탄 포함)와의 국경문제는 여전히 해결되지 않고 있는 상황이다.

중화인민공화국 시기 국경조약은 기본적으로 청조와 민국시기의 조약을 기반으로 했지만, 시간의 경과에 따른 지리적 변화 외에도 해결해야 할 문제들이 남아 있었다. 이는 청조와 민국 시기에 체결된 국경조약 체결 이후 실지實地 확인을 위한 감계의 미완료 그리고 지도의 부정확성과 지리정보의 한계 등의 문제였다. 더구나 준거가 되는 중국과 주변국의 국경조약은 태생적 문제를 안고 있었다. 제국주의의 무력 하에서 청조가 체결한 것에 기초한다는 점에서 중국 측의 불만이 있었고, 신생 독립국의 입장에서는 식민지 당국이 자신들의 의사와 관계없이 중국(청조)과 조약을 맺으면서 자신들의 이익을 희생시켰다는 피해의식이 있었던 것이다.

그런데 중국과 주변의 국경조약 체결과 중국의 국경 형성 과정에서는 그동안 크게 주목받지 못했던 또 다른 문제가 있었다. 접경지역인 변강은 황무지·산맥과 같은 자연적 경계를 포함하는데 이 지역은 문화와 민족의 점이지대일 뿐 아니라 소수민족이라고 불리는 현지인들이 생활하는 공간이기도 했다. 국경 형성과정에서 이들은 식민지 당국자와 청조의 중앙권력에게 뿐만 아니라 독립 후 중국 주변 국가의 중앙권력에게도 보이지 않는 존재였다. 국경은 그들의 의지와 무관하게 그들의 존재와 생활공간을 고려하지 않고 형성되었다. 이 과정에서 그들의 생활공간은 인위적으로 서로 다른 국가로 분리되었다. 바로 이러한 국경 형성과정의 특징이, 국경조약에 의한 국경 형성 이후 국경에 대한 관리 체계의 미비로 인한 관습적 이동과 교류, 정치적 요인에 의한 이주 등의 요인 외에도 중국의 많은 과계跨界 민족[2]을 만든 중요한 요인이었다.

---

2 하나의 민족이 여러 나라의 국경에 걸친 지역에 거주하는 현상에 대해 영어로는 trans-border ethnic group 이라는 용어가 있지만 한국에서는 아직 정리된

과계 민족의 존재는 근대 민족국가가 민족을 단위로 구성된 것만은 아니라는 점에서 그렇게 민족적이지 않다는 것을 보여준다. 그리고 국경과 국경 지역이, 민족과 문화와 경제생활이 단절되고 이질적인 것이 접합하는 공간일 뿐 아니라 민족·문화·생활 공동체가 인위적으로 나누어진 공간이기도 하다는 것을 의미한다. 즉 우리는 '국경을 넘나드는' 교류와 이동이라고 보기보다, 교류와 이동이 이루어지던 공간, 심지어 하나의 생활공간이던 지역을 인위적으로 나누며 국경이 그어졌다고 바라볼 수 있게 된다.

이러한 국경 형성과정 그리고 신생 국가들의 능력의 한계에 따른 국경 관리의 미비로 초기에는 국경이 기존 질서에 영향을 미치지 못

용어는 없다. 중국에서는 과계跨界민족, 과경跨境민족, 과국跨國민족, 과국가跨國家민족 등 여러 용어가 사용되어 왔고, 彭兆榮에 따르면 오늘날 중국 학계에선 과경민족을 많이 사용한다(彭兆榮, "'跨境民族'的邊界範疇," 中國民俗學網, 2018.1.9. https://bit.ly/3qGJ3fA). 그러나 胡起望에 따르면 과경민족은 과계민족보다 더 넓은 개념으로서, 국경 근처 지역에 모여살지 않고 넓게 흩어져 사는 집단까지 포함한다(胡起望, "跨境民族探討,"『中南民族學院學報(哲學社會科學版)』, 1994年 4期). 또 안상윤에 따르면 과계민족에는 광의와 협의가 있는데, 광의의 과계민족은 정치적으로 분류된 국경이 민족 분포와 일치하지 않는 국경을 사이에 두고 거주하는 민족으로서 중국의 조선족이나 러시아의 고려인, 일본의 재일한국인 등이 해당되며, 협의의 과계민족은 민족이나 민족의 거주지가 국가에 의해 나뉜 산물이다(안상윤, "글로벌시대 '과계민족'의 정치적 역학: 중국 조선족을 중심으로,『평화학연구』16집 3호, 2015, pp.92-93). 우리 글에서 다루는 경우는 胡起望의 구분에 따르면 과경민족이 아닌 과계민족에 속하고, 안상윤의 구분에 따르면 협의의 과계민족에 해당하므로, 우리는 과경민족보다 과계민족이라는 용어가 우리 글의 대상에 부합한다고 판단하여 과계민족이라고 쓰고자 한다. ethnic group과 nation의 번역어에 대한 학계의 논의 정리는 장윤미("중국과 한반도에서의 '민족' 개념의 인식과 갈등구조,"『현대중국연구』20집 2호, 2018, p.10) 참조.

했으며, 국가의 관리가 침투한 이후에도 국경을 넘나드는 이동과 교류를 일종의 기득권으로 묵인 또는 허용하였다. 국가 능력의 증대에 따라 국경에 대한 관리도 규범화되어 왔는데, 이는 한편으로는 이동과 교류에 대한 국가의 관리 강화를 의미하지만 다른 한편으로는 기존의 이동과 교류에 대한 합법화·제도화를 의미한다. 그리고 이 합법화·제도화는 바로 일대일로를 비롯한 중국의 대외전략의 일환으로 진행되는 중국 접경지역에서의 개방과 교류 확대의 중요한 기초라 할 수 있다.

이런 점에서 접경지역에서의 개방과 교류는 국경 형성의 역사와 이어져 있다. 중국의 접경지역에서 이루어지는 이동·교류 그리고 개방의 확대과정에서 생겨나는 다양한 형태의 이동·교류는, 중국의 국경형성 과정에서 변경 소수민족이 소외되어 온 역사와 관련된다. 이글에서는 중국의 국경 형성 과정에서 이러한 소수민족의 소외와 과계민족의 형성에 대해 살펴볼 것이다. 22,000km의 길이에 달하는 중국의 국경선은 단일한 과정이 아니라 자연적, 지리적, 역사적, 문화적 조건의 차이에 따라 다양한 과정으로 형성되었다. 우리는 중국과 동남아시아 국경, 그 중에서도 베트남·라오스 국경에 초점을 맞추어 살펴보겠다.

2. 근대 시기 중국과 베트남·라오스 국경의 형성과 문제점

(1) 중국과 베트남·라오스 국경의 형성

중국과 베트남·라오스는 각각 1,347km와 505km에 걸친 육지 국경을 마주하고 있고,[3] 서쪽으로는 미얀마, 인도, 부탄, 네팔, 파키스탄, 아프가니스탄으로 이어진다. 근대적 의미의 중국과 베트남·라오스 국경은 서구의 충격 이후 이 지역을 점령한 프랑스의 식민지 당국과 청조 사이에 맺어진 국경조약으로부터 비롯된다. 당시 베트남과 라오스는 프랑스의 식민지가 되었는데, 중국과 베트남·라오스의 국경은 식민지화 과정에서 청조와 프랑스 사이의 국경 조약을 통해 형성되었다.

역사적으로 전통적인 관습적 국경이 있었다고 하지만, 전통적 천하질서에서 경계가 불명확했던 강역 인식과 종번관계, 그리고 국가권력의 한계와 지리 지식의 부정확 등으로 인해 선으로서의 국경은 근대 이후 비로소 형성되었다고 할 수 있다. 중국과 베트남·라오스 국경은 프랑스의 베트남 침략 이후 청조와 프랑스 사이의 일련의 조

---

3 중국의 국경선과 관련하여 가장 당혹스러운 것 중 하나는 국경선의 길이가 자료마다 다르게 표기되어 있다는 것이다. 노영순은 출처를 표기하고 있지는 않지만 796.4마일(1,282km)로 표기하고 있으며(노영순, "청불전쟁(1884-1885) 전후 중국–베트남 국경문제와 획정과정," 『북방사논총』 4집, 2005, p.129), 1959년의 『중화인민공화국변계지도집』에서는 2,280km로 표기했다(廖心文, "二十世紀五六十年代中共中央解決邊界問題的原則和辦法," 『黨的文獻』 2013年 4期, p.77). 라오스 국경도 423km라고 하는 곳도 있는가 하면(李國強, "中國與老撾的邊界," 呂一燃 主編, 『近代邊界史』, 四川人民出版社, 2007, p.879), 앞의 변계지도집에서는 710km로 표기했다(廖心文, 같은 글, p.78). 그렇지만 중국 외교부에서 출판한 자료에서는 각각 1,347km와 505km로 표기하고 있으므로 본고에서는 이를 따른다(中華人民共和國外交部 條約法律司 編, 『中華人民共和國邊界事務條約集 中越卷』 世界知識出版社, 2004, p.1; 中華人民共和國外交部 條約法律司 編, 『中華人民共和國邊界事務條約集 中老卷』 世界知識出版社, 2004, p.1).

약을 통해 기본적으로 형성되었다. 그러나 자연 지리적 환경과 지리적 지식의 부재, 지도와 실제의 차이 그리고 독립적인 소수민족의 존재로 인해, 조약 체결과 감계 과정에서 접근이 불가능했던 지역도 존재했다. 중화인민공화국 건국 이후 청대에 맺은 국경 조약을 기초로 다시 국경 조약을 체결하여 현재의 국경을 최종적으로 확정하였다. 따라서 중국과 베트남·라오스의 국경 형성을 이해하려면 청조와 프랑스의 국경 협정 그리고 중화인민공화국 건국 이후의 국경 조약을 함께 살펴보아야 한다.[4]

청조와 프랑스의 베트남·라오스 국경 협정은 제국주의의 침략으로 인한 식민체제 형성 그리고 전통적 천하질서인 종번관계 해체와 함께 이루어졌다. 프랑스는 베트남과 라오스를 식민지화할 뿐 아니라 동남아를 교두보로 중국과의 통상 문제도 해결하려 했고 국경 획정 과정에서 이러한 요인들을 모두 고려하였다.

중국과 베트남의 대체적인 역사적 경계는, 광둥·광시 구간은 송대에, 윈난 구간은 원대에 형성된 것으로 알려져 있다.[5] 그렇지만 현재와 같은 중국과 베트남의 국경선은 청불전쟁(1883-1885) 이후 1885년

---

4 중국과 베트남 국경의 역사경관 변화 속에서 양국관계의 동학을 분석한 연구로 심주형, "'순망치한(脣亡齒寒; Môi Hở Răng Lạnh)'과 비대칭성의 구조: 베트남·중국 관계와 국경의 역사경관(historyscapes)", 『중앙사론』 52집, 2020 참고. 심주형에 따르면 국경을 통해 양국 관계를 이해하는 것은 단순히 가장자리에서 역사 읽기를 시도하는 것을 넘어서는 의미를 지니며, 양국간 국경 관문은 양국간의 관계만이 아닌 다자적 관계에 대한 상상과 실천의 장소가 되기도 한다.

5 廖心文, "二十世紀五六十年代中共中央解決邊界問題的原則和辦法," 「黨的文獻』 2013年 4期, p.77.

부터 1897년까지 청조와 프랑스 식민지 당국 사이에 체결된 14개의 조약과 감계에 대한 문건을 통해 기본적으로 확정되었다.[6] 중화인민공화국 건국과 베트남 독립 후 조약 규정의 문제와 지도와 실제의 차이 그리고 변경 주민들의 생활권과 그 관리의 변화 등의 요인으로 분란이 있었다. 양국은 1970년대에 국경 문제 해결을 위한 회담을 했지만 합의에 이르지 못했고, 1991년 양국 관계정상화 이후 국경 문제 해결을 위한 협의를 시작하여 1999년 국경조약을 체결하여 육지국경 문제를 해결했다.[7]

중국적 천하질서 하에서 종번관계를 맺고 있던 중국과 베트남 사이에 근대적 국경이 형성된 것은 프랑스의 베트남 침공으로부터 비롯된다. 1858년 베트남 침공을 시작한 프랑스는 베트남 남부지역을 점령하고 점차 북부지역으로 영향력을 확대하여 갔다. 그 과정에서 프랑스는 베트남에 대한 전통적 관할권을 주장하던 청조와의 충돌을 통해 베트남에 대한 청조의 관할권을 부정하고 전통적 종번관계를 해체하였다. 청불전쟁의 결과로 1885년 청조는 프랑스와 「톈진조약中法會訂越南條約十款」(또는 「越南條款」)을 체결하여 베트남이 프랑스의 보호국임을 인정하고 베트남에 대한 종주권을 포기하였으며, 중국과 베트남의 국경을 획정하기로 했다.[8]

---

6 彭巧紅, "中越歷代疆界變遷與中法越南勘界問題研究," 廈門大學博士學位論文, 2006, p.1.

7 中華人民共和國外交部 條約法律司 編, 『中華人民共和國邊界事務條約集 中越卷』, 世界知識出版社, 2004, pp.1-2.

8 李國強, 戴可來, "中國與越南的邊界," 呂一燃 主編, 『中國邊界史』 下, 四川人民出版社, 2007, p.833.

이에 따라 청조와 프랑스는 1885-1897년까지 교섭과 감계를 통해 국경을 획정한다. 그런데 현재는 친저우欽州와 베이하이北海가 광시성에 귀속되어 있어 광둥성은 베트남과 접하고 있지 않지만 청대에는 두 지역이 광둥에 귀속되어 있었기 때문에, 청조와 베트남 국경은 중국의 광둥성, 광시성, 윈난성 구간으로 구분되어 있었다. 국경 획정을 위해 청조는 윈난과 양광(광둥, 광서)에 각각 내각학사內閣學士 저우더룬周德潤과 홍려사경鴻臚寺卿 덩청슈鄧承修를 파견하여 현지 관리들과 함께 감계를 책임지도록 했고, 프랑스에서도 샤프레Bourcier de Saint Chaffray를 위원장으로 하는 감계위원회를 구성하여 중국과 베트남 국경을 협의하였다.9 현재의 행정체계로는 광둥, 광시, 윈난의 세 부분으로 구분되지만 당시는 광둥과 광시가 양광으로 관리되었기 때문에 광둥 - 광시 구간과 윈난 구간의 둘로 나누어 협의를 했고, 각 구간에 대하여도 다시 세분화하여 논의하였다.

1893년 라오스가 프랑스의 식민지가 됨에 따라 청조와 라오스의 국경 문제도 협의를 하였는데, 이는 베트남 - 윈난 구간의 연장선에서 논의가 이루어졌다. 청조와 프랑스의 감계위원들은 1886년 1월부터 광시 - 베트남 구간 감계에 대한 협의를 시작했다. 톈진조약의 관련 조항 해석 등에 대한 이견으로 교착과 재개를 거듭하다가 1886년 3-4월간 광시 - 베트남 구간 동단에 대한 도면에 동의하며 감계를 완료하고 「광시 - 베트남 변계 감계 절록桂越邊界勘界節錄」을 체결했다.10 그러나 4월부터 우기로 인한 기후 문제와 홍수·질병 문제로

---

9 彭巧紅, "中越歷代疆界變遷與中法越南勘界問題研究," 廈門大學博士學位論文, 2006, p.221.

협상을 계속하지 못하고 가을로 연기하였다.[11]

그런데 이 기간에 프랑스 감계위원들은 허코우河口로 이동하여 윈난 - 베트남 구간에 대한 감계를 진행했다. 10월에 윈난 - 베트남 구간 감계를 끝낸 프랑스 감계위원들이 광시 - 베트남 구간에 대한 협의를 위해 이동해야 했지만, 베트남 봉기군들의 습격대상이 되어 안전이 확보될 때까지 라오까이Lao Cai에 머물러 있으면서 일정이 지체되었다. 프랑스 감계위원의 도착이 늦어지면서 광시 - 베트남 국경협상은 1887년 1월에야 재개되어 광둥 - 베트남 구간에 대해 협의했는데, 프랑스 대표의 요청으로 윈난과 마찬가지로 지도에 따른 감계에 합의하였고,[12] 감계를 거쳐 3월「광둥 - 베트남 변계 감계 절록粵越邊界勘界節錄」을 체결했다.[13] 이 조약에는 이름과는 달리 광둥 - 베트남 구간 뿐 아니라 윈난까지 이르는 광시 - 베트남 구간이 포함되어 있었다.[14] 이로써 광시 - 베트남 구간 협정 초안 작업은 일단락을

---

10 李國強, 戴可來, "中國與越南的邊界," 呂一燃 主編, 『中國邊界史』 下, 四川人民出版社, 2007, p.840; 「桂越邊界勘界節錄」, 王鐵崖 編, 『中外舊約彙編』 1冊, 三聯書店, 1957, pp.474-477.

11 彭巧紅, "中越歷代疆界變遷與中法越南勘界問題研究," 廈門大學博士學位論文, 2006, p.231; 李國強, 戴可來, "中國與越南的邊界," 呂一燃 主編, 『中國邊界史』 下, 四川人民出版社, 2007, p.844.

12 彭巧紅, "中越歷代疆界變遷與中法越南勘界問題研究," 廈門大學博士學位論文, 2006, pp.233-4.

13 彭巧紅, "中越歷代疆界變遷與中法越南勘界問題研究," 廈門大學博士學位論文, 2006, pp. 233-236, 279-285.

14 李國強, 戴可來, "中國與越南的邊界," 呂一燃 主編, 『中國邊界史』 下, 四川人民出版社, 2007, p.842; 「粵越邊界勘界節錄」, 王鐵崖 編, 『中外舊約彙編』 1冊, 三聯書店, 1957, pp.507-510.

고했다. 그러나 광시 - 베트남 구간에 대한 감계는 지도에 따른 감계였고 체결한 조약도 개괄적으로 기술하였기 때문에 오류와 생략된 곳이 있었다.[15]

1887년 5월 양국의 국경 협상과 감계 과정에서 생긴 이견 처리를 위해 베이징에서 협의를 하여 청조 총리아문 대신 이쾅奕劻과 프랑스 공사 꽁스탕. A. E. Constans이 6월「중국 - 프랑스 국경사무 전조中法續議界務專條」를 체결한다.[16] 전조 체결 후 전조의 지도에 따라 경계비를 세우기로 했지만 지도에서는 국경선의 대체적인 위치만 그렸기 때문에 실제 경계비와 지도 사이의 차이가 있었다.[17]

1889년 청조와 프랑스는 감계위원회를 재구성하고 1890년부터 협의를 재개했다. 1890년 4월까지 양국의 경계비 설립 위원들이 전조 확인 작업을 끝내고 좀 더 상세한 국경을 확인하는「광둥 - 베트남 제1도 국경조약廣東越南第1圖界約」을 체결했다.[18] 1890년 6월부터 나머지 지역에 대한 감계를 시작하고 국경 담판을 계속하여, 1893년 12월에 광둥 - 베트남 구간에 대한 확인 작업을 완료하고「광둥 - 베트남 제2도 국경조약廣東越南第2圖界約」을[19] 체결함으로써, 중국과

---

15 李國强, 戴可來, "中國與越南的邊界," 呂一燃 主編,『中國邊界史』下, 四川人民出版社, 2007, pp.842-853.

16 「續議界務專條」, 王鐵崖 編,『中外舊約彙編』1冊, 三聯書店, 1957, pp.512-514. (「중국과 통킹 국경 획정 조약」 또는「1887년 중국 프랑스 조약」,「1887년 꽁스탕 조약」 등으로도 불린다.)

17 李國强, 戴可來, "中國與越南的邊界," 呂一燃 主編,『中國邊界史』下, 四川人民出版社, 2007, p.862.

18 「廣東越南第1圖界約」, 王鐵崖 編,『中外舊約彙編』1冊, 三聯書店, 1957, pp.555-557.

프랑스 사이의 광둥 - 베트남 구간 감계가 완료되었다. 또한 1890년부터 광시 - 베트남 구간에 대한 협의와 감계를 시작하여 1894년 6월 19일「중국 - 프랑스 광서 - 베트남 국경 조약中法桂越界約」을 체결하고 모두 207곳의 경계비를 세우기로 확정했다.[20] 이에 따라 1886년 1월 12일부터 1894년 6월 19일에 걸친 광시 - 베트남 구간 관련 협상과 감계가 완료되었다.[21]

윈난 - 베트남 구간에 대한 협의는 1886년 7월부터 시작하여 8월에는 8조로 구성된「감계 방법 절록勘界辦法節錄」[22]에 합의하며, 10월에「윈난 - 베트남 국경 감계 절략滇越邊界勘界節略」을 체결하였다.[23] 절략에서는 윈난 구간을 다시 다섯 구간으로 세분화했는데,[24] 5구간은 중국과 라오스 - 베트남 국경을 포함하는 가장 서쪽 구간이고, 다시 서쪽에서부터 동쪽으로 1-4구간으로 이어지는데 4구간은 광시에 접해 있다. 다른 구간에 대해서는 별다른 쟁점이 없었지만 2구간과 5구간 특히 2구간에 대해 논란이 많았다.[25] 앞에서 언급한 1887년

19 「廣東越南第2圖界約」, 王鐵崖 編, 『中外舊約彙編』 1冊, 三聯書店, 1957, pp.569-573.
20 「桂越界約」, 王鐵崖 編, 『中外舊約彙編』 1冊, 三聯書店, 1957, pp.583-594.
21 李國強, 戴可來, “中國與越南的邊界,” 呂一燃 主編, 『中國邊界史』 下, 四川人民出版社, 2007, pp.848-865.
22 「勘界辦法節錄」, 王鐵崖 編, 『中外舊約彙編』 1冊, 三聯書店, 1957, pp.486-7.
23 「滇越邊界勘界節略」, 王鐵崖 編, 『中外舊約彙編』 1冊, 三聯書店, 1957, pp.498-503.
24 李國強, 戴可來, “中國與越南的邊界,” 呂一燃 主編, 『中國邊界史』 下, 四川人民出版社, 2007, p.867.
25 李國強, 戴可來, “中國與越南的邊界,” 呂一燃 主編, 『中國邊界史』 下, 四川人民出版社, 2007, p.868.

6월의 「중국 - 프랑스 국경사무 전조」에서는 중국 - 베트남 국경의 윈난 - 베트남 2구간과 5구간에 대해 수정하고 관리를 파견하여 경계비를 설치하기로 했다.[26] 그러나 당시 베트남 북부는 현지의 무장 세력과 민족세력들이 통제하고 있어 프랑스가 관리를 파견할 수 없어서 1893년까지 미뤄졌다. 1893년 프랑스가 베트남 북부와 라오스지역을 통제하고 난 후 중국과 프랑스가 관리를 파견해 감계를 시작하는데 지도와 실제 상황의 차이로 인하여 다시 분란이 발생했다.[27]

분란 해결을 위해 1895년 중국과 프랑스는 베이징에서 1887년 체결한 전조를 보완하는 「중국 - 프랑스 국경사무 전조 부속 조항中法續議界務專條附章」을 체결한다.[28] 부속 조항에서는 2구간과 5구간의 경계를 수정하고 윈난 - 라오스 국경에 대해서도 도면으로 확정했다.[29] 부속 조항 체결 후 중국과 프랑스는 경계비 건립에 착수하여 경계비 건립 원칙과 위치를 확정하고, 1897년 6월 「윈난 - 베트남 국경 조약滇越界約」을 체결했다.[30] 그리하여 1886월 7월부터 1897년 6월까지 11년에 걸친 중국 - 베트남 국경의 윈난 구간이 획정되었다.

중국과 라오스 국경 문제에 대한 협의는 1893년 프랑스가 라오스

---

26 彭巧紅, "中越歷代疆界變遷與中法越南勘界問題硏究," 廈門大學博士學位論文, 2006, pp.249-250.

27 李國强, 戴可來, "中國與越南的邊界," 呂一燃 主編, 『中國邊界史』 下, 四川人民出版社, 2007, p.871.

28 「續議界務專條附章」, 王鐵崖 編, 『中外舊約彙編』 1冊, 三聯書店, 1957, pp.624-625.

29 李國强, 戴可來, "中國與越南的邊界," 呂一燃 主編, 『中國邊界史』 下, 四川人民出版社, 2007, pp.872-3.

30 「滇越界約」, 王鐵崖 編, 『中外舊約彙編』 1冊, 三聯書店, 1957, pp.716-721.

지역을 태국(샴)으로부터 할양받아 식민지화하면서 청조와 라오스 사이에 본격적으로 시작되었다.[31] 그러나 라오스의 북동부 지역은 그 전에 프랑스가 점령하였으므로 1886년 체결된 「윈난 - 베트남 국경 감계 절략」 5구간은 라오스 구간을 포함하고 있었다. 따라서 중국 - 라오스 국경은 1886년 「감계 절략」 5구간의 연장선상에서 협의되었다. 1893년 라오스를 점령한 프랑스는 감계 과정에서 기존의 5구간을 넘어서는 구간을 6구간으로 협의할 것을 요구한다.[32] 이 과정에서 프랑스는 1895년 영국과 동남아시아에 대한 세력범위 분할에 합의하고 메콩강 동부 연안은 모두 프랑스가 관할하기로 한다.[33]

이런 상황에서 앞서 언급한 1895년 「중국 - 프랑스 국경사무 전조 부속 조항」에서의 중국 - 베트남 국경 수정 뿐 아니라 중국 - 라오스 국경 전체를 포함하는 국경, 즉 홍허에서 메콩강에 이르는 국경을 획정하였다. 부속조항에서 다이傣족 지역인 시솽반나, 즉 12반나 중 두 곳인 멍우猛烏와 우더烏得는 라오스 지역으로 편입되었다.[34]

지금까지 살펴본 데서 알 수 있듯, 중국 - 라오스 국경은 중국 - 베

---

31 李國强, "中國與老撾的邊界," 呂一燃 主編, 『中國邊界史』 下, 四川人民出版社, 2007, p.887; 彭巧紅, "中越歷代疆界變遷與中法越南勘界問題研究," 廈門大學博士學位論文, 2006, p.256.

32 彭巧紅, "中越歷代疆界變遷與中法越南勘界問題研究," 廈門大學博士學位論文, 2006, p.255.

33 李國强, "中國與老撾的邊界," 呂一燃 主編, 『中國邊界史』 下, 四川人民出版社, 2007, p.887.

34 彭巧紅, "中越歷代疆界變遷與中法越南勘界問題研究," 廈門大學博士學位論文, 2006, pp.258, 263.

트남 국경의 윈난 - 베트남 구간의 일부로 청조와 프랑스 사이에서 획정되었다. 따라서 이후 감계와 국경 경계비 건립과 국경 확정도 앞에서 살펴본 윈난 - 베트남 국경 확정과정의 일환으로 이루어졌으며, 1897년 체결된 「윈난 - 베트남 국경조약」을 통해 근대 시기 중국 - 베트남 국경의 윈난 구간 뿐 아니라 중국 - 라오스 국경도 확정되었다.

(2) 중국과 베트남·라오스 국경 형성 과정의 문제점

현대적 의미를 갖는 선으로서의 중국 - 베트남, 중국 - 라오스 국경은 청조와 프랑스의 국경 조약을 통해 형성되었다. 현재의 국경은 이 때 형성된 국경을 바탕으로 하되 최근에 이르러 확정되었다. 현재의 중국 - 베트남 육지 국경을 획정하는 국경조약은 1999년에야 체결되었고 이후 10년간의 감계를 거쳐 2009년에야 최종적으로 확정되었다.[35] 중국 - 라오스 국경조약은 그보다는 조금 이른 1991년 체결되었고, 1993년에 국경조약 의정서가 체결됨으로써 확정되었다.[36] 그리고 중국과 라오스 사이에는 1993년과 1997년에 국경제도조약과 국경제도조약 보충의정서가 체결되었다.[37] 중화인민공화국 건국과 베

---

35 齊鵬飛, "中越陸地邊界談判的歷史及其基本經驗再認識," 『當代中國史硏究』 2015年 5月, p.60.

36 中華人民共和國外交部 條約法律司 編, 『中華人民共和國邊界事務條約集 中老卷』 世界知識出版社, 2004.), pp.1-2.

37 「中華人民共和國和老撾人民共和國政府邊界制度條約(1993.12.3.)」, 「中華人民共和國和老撾人民共和國政府邊界制度條約補充議定書(1997.8.26.)」, 『中華人民共和國邊界事務條約集 中老卷』 世界知識出版社, 2004, pp.103-154.

트남·라오스 독립 후 중국 - 베트남, 중국 - 라오스의 국경조약이 이렇게 지체된 것은 양국 관계 그리고 베트남과 라오스의 정치적 상황과 더불어 근대 시기 체결된 국경 조약의 문제점도 중요한 요인이다.

우선 청조와 프랑스가 맺은 국경조약에 대한 당사자들의 불만 문제가 있다. 이 시기 맺은 국경 조약에 대한 중국과 베트남·라오스의 불만의 뿌리는 국경조약을 맺은 상황 그리고 주체의 문제와 관련된다. 중국은 아편전쟁 이후 근대 조약을 제국주의의 위협 하에 이루어진 불평등 조약으로 본다. 중국 - 베트남, 중국 - 라오스 국경조약에 대해서도 마찬가지이다. 프랑스의 위협 하에서 체결된 조약이므로 근본적으로 불평등할 수밖에 없었다는 것이 중국의 입장이다. 국경 문제에 대한 대부분의 중국 연구에서 역사적·관습적 국경과 조약으로 획정된 국경 사이에 존재하는 편차를 언급하고 있는 현상은 바로 이러한 인식과 관련된다.

라오스의 경우 상대적으로 불만이 적었던 것으로 여겨지지만, 베트남의 불만은 매우 컸던 것으로 보인다. 무엇보다 자신의 국경에 대한 조약을 식민지 당국에서 자신의 의사를 무시하고 체결했다는 점이 가장 큰 불만이었다. 베트남은 크게 세 가지 점에서 프랑스가 자신의 이익을 희생시켰다고 본다. 첫째, 프랑스가 국경조약 체결 과정에서 청조의 베트남에 대한 종주권 포기 대가로 영토를 양보했다고 본다.[38] 베트남은 전통적으로 중국과 조공 - 책봉 관계로 청조의 영향력 범위에 있었지만, 톈진조약을 통하여 베트남에 대한 관할권

---

38 노영순, "청불전쟁(1884-1885년) 전후 중국 - 베트남 국경 문제와 획정과정," 『동북아역사논총』 4집, 2005., pp.128, 151.

32

을 프랑스에 양도하고[39] 그 대가로 영토적 이익을 얻었다는 것이다. 둘째, 프랑스가 국경 획정 과정에서 경제적 이익을 위해 영토적 이익을 양보했다고 본다.[40] 경제적 이익에는 베트남의 안정화를 바탕으로 한 개발 이익과 더불어 중국과의 교역로 확보가 포함된다. 프랑스뿐 아니라 영국도 동남아시아 진출의 주요 원인 중 하나가 바로 청조와의 교역로 확보였다. 이는 당시 국경 조약이 상무조약과 동시에 체결된 데서도 확인되는데,[41] 톈진조약도 3조와 4조가 국경 관련 내용이고 5-8조가 중국과 베트남 북부의 교역 관련 내용이다.[42] 셋째, 국경조약 체결 실무자들과 관련된 문제이다. 청조는 광둥 – 광서와 윈난을 구분하여 감계위원회를 두 팀으로 구성했고, 베이징에서 대표자를 파견했지만 현지에 대한 이해와 지식이 풍부한 지역 관료들을 포함시켰다. 이에 비해 프랑스의 감계위원회는 하나의 팀이었고 현지에 대한 이해와 전문성이 부족했기 때문에, 국경 결정과정에서 베트남의 이익이 희생될 수밖에 없었다고 본다.[43]

---

39 「톈진조약」 1, 2조는 베트남에 대한 프랑스의 관할권에 대한 인정이다(「越南條款」, 王鐵崖 編, 『中外舊約彙編』 1冊, 三聯書店, 1957, p.467).

40 노영순, "청불전쟁(1884-1885년) 전후 중국 – 베트남 국경 문제와 획정과정," 『동북아역사논총』 4집, 2005, pp.149-150.

41 프랑스와 중국이 맺은 「톈진조약」에 국경과 상무 부분이 모두 포함되어 있을 뿐 아니라 국경관련 조약인 「續議界務專條(1887.6.26)」와 「續議界務專條附章(1895.6.20)」은 상무 관련 조약인 「續議商務專條(1887.6.26)」와 「續議商務專條附章(1895.6.20)」과 동시에 체결된다. 그리고 영국과 맺은 윈난 – 미얀마 국경조약은 「윈난 – 미얀마 국경 상무조약(續議滇緬界,商務條款)」이었다.

42 「越南條款」, 王鐵崖 編, 『中外舊約彙編』 1冊, 三聯書店, 1957, pp.467-8.

43 노영순, "청불전쟁(1884-1885년) 전후 중국 – 베트남 국경 문제와 획정과정," 『동북아역사논총』 4집, 2005, p.148.

다음으로 당시의 지리정보와 지도의 한계와 관련된 문제점이 있는데, 이는 조약상의 지도와 실제 통제선의 차이를 초래하여 이후 서로 간의 인식 차이를 초래하는 원인이 되었다. 이는 당시 국경 조약 체결과정의 두 가지 문제와 관련된다. 첫째, 당시 국경조약이 부정확한 지리정보와 지도에 기초하여 체결되었다는 점이다. 당시에도 지도와 지리정보의 부정확성을 인식하고 있었기 때문에 국경조약과 감계가 동시에 진행되었다. 그러나 감계 과정에서 쌍방의 이견이 커 실무 차원에서 해결하기 어려운 문제에 대해서는 베이징에서 체결된「중국 - 프랑스 국경사무 전조」와「중국 - 프랑스 국경사무 전조 부속 조항」에서 보듯 중앙 차원에서 해결했다. 그런데 중앙 차원의 중요한 결정 자체가 잘못된 지도에 근거하고 있었으므로 조약상의 지도와 현지 상황 사이에 간극이 존재했다. 둘째, 감계 과정의 문제이다. 지도와 지리정보의 오류를 해결하기 위해 감계를 수행했는데 그 감계 과정에도 문제가 있었다. 감계가 실지에 대한 감계가 아니라 지도에 의한 감계가 이루어진 경우가 있는가 하면, 지리적 원인이나 소수민족 지역, 봉기와 같은 정치적 불안정성 등의 원인으로 접근이 불가능한 곳도 있었다. 즉 지도와 실지의 차이가 감계 과정에서 수정되지 못하고 오류가 그대로 유지된 것이다.

　마지막으로 지적할 문제점은 국경 형성과정에서 소수민족의 소외이다. 국경지역은 주로 소수민족 거주 지역임에도 불구하고 국경조약의 체결과정에서 이들의 거주 공간은 전혀 고려되지 않았다.「윈난 - 베트남 국경조약」에서 논란이 된 멍우와 우더 문제가 바로 소수민족 문제가 국경 협의 과정에서 논의 의제가 아니었다는 것을 보여주는 사례이다. 멍우와 우더는 시솽반나에 속했던 지역으로 다이족 지

역이라 할 수 있고, 명우와 우더에 대한 청조의 관할권 주장은 소수
민족 지역에 대한 고려로 보일 수도 있다. 그러나 명우와 우더의 귀
속 논란에서 핵심은 민족의 생활권에 대한 고려가 아니었다. 논란의
핵심은 이 지역이 청조에 예속되었던 시솽반나의 하나로 명·청조의
관할 하에 있었다는 점이다.[44] 즉 민족의 거주공간이 아니라 지역에
대한 역사적 관할권이 논란의 중심이었던 것이다. 이런 관점은 그
지역 뿐 아니라 청조와 프랑스 간의 베트남 국경 관련 논의에서 일관
된 입장이었다. 청조와 프랑스의 입장과는 무관하게 결과적으로 명
우와 우더가 시솽반나에서 분리되어 라오스로 귀속되었다는 사실은,
국경 획정 과정에서 민족구역이 고려되지 않았음을 보여준다.

　국가 정체성이 형성되지 않았던 당시 소수민족의 입장에서는 생활
과 거주공간의 통일성이 보장된다면 귀속 국가나 지역은 문제가 아
니었을 것이다. 그러나 당시에는 청조와 프랑스 사이에 진행되던 국
경 협상이, 같은 공간에서 생활하는 자신들을 이후 서로 다른 '국민'
으로 나눠놓게 될 것이라는 사실은 물론이고, 자신들의 생활공간을
서로 다른 국가로 분리시키게 된다는 사실도 인식하기 어려웠다. 이
렇게 같은 민족의 공간이 국경으로 인해 분리되었다는 문제는 중화
인민공화국 건국 이후 인식되기 시작했지만, 역사적으로 형성된 문
제로서 불가피하다고 받아들여졌다.[45]

---

44 명청조 시기 이 지역을 관할하던 토착 토사인 車裏宣慰使 관할의 12반나(版
納)의 하나였다(彭巧紅, "中越歷代疆界變遷與中法越南勘界問題研究," 廈
門大學博士學位論文, 2006, p.258).

45 周恩來, "關於中緬邊界問題的報告," 『中華人民共和國第一屆全國人民代
表大會第四次會議彙刊』, 人民出版社, 1957, p.208.

3. 현대 시기 중국과 베트남·라오스 국경 조약

1949년 중화인민공화국 건국 이후 중국은 1950년대 중반부터 주변 국가와 국경 문제 해결을 시도했고, 1960년 미얀마와의 국경 조약을 시작으로 네팔, 파키스탄, 아프가니스탄, 북한 등과 국경 조약을 체결했다. 그러나 베트남·라오스와의 국경 문제는 양국 관계 그리고 베트남·라오스의 국내 정세로 인해 20세기 말에야 비로소 해결되었다.

중국과 베트남은 1950년 수교하고 1957년 국경 문제 해결을 위한 회담을 시작했지만 현상유지 원칙 외에는 더 이상의 진전을 이루지 못했다.[46] 이후 베트남 내전 등의 원인으로 국경 관련 논의가 중단되었다가[47] 1975년 베트남 통일 후 다시 국경 협상이 시작되었다. 1977-1978년에 국경 협상이 진행되었지만 양국관계의 악화로 협상은 진전되지 못하고 1979년(2월 17일-3월 5일)에는 양국 간 국경전쟁이 발생하기에 이른다. 전쟁 후 두 차례에 걸쳐 각각 하노이와 베이징에서 국경회담을 진행했지만 별 소득이 없이 종료되었다.

이후 10여 년간 중단되었던 국경 협상은 1991년 외교관계의 정상화 후 재개되었다. 1991년 관계 정상화와 함께「중국과 베트남의 변계 사무 처리에 관한 임시 협정中越政府關於處理兩國邊界事務的臨時協定」을 체결하여, 정식 국경조약 체결 전에는 현상유지를 하기로 약속

---

46 齊鵬飛, "中越陸地邊界談判的歷史及其基本經驗再認識,"『當代中國史硏究』 2015年 5月, p.61.

47 베트남이 미국과 전쟁 중이었기 때문에 국경 문제 해결을 서두르지 않았다(吳冷西,『十年論戰 1956-1966: 中蘇關係回憶錄』中央文獻出版社, 1999, p.248).

하고[48] 1993년부터 본격적인 국경 협상을 시작했다. 1993년 8월 베이징에서 국경 회담을 진행한 후 10월 「중국 – 베트남 국경문제 해결을 위한 기본원칙 협의關於解決中越邊界問題的基本原則協議」를 체결하였다.[49] 이 협의에서는 1887년의 「중국 – 프랑스 국경사무 전조」와 1895년의 「중국 – 프랑스 국경사무 전조 부속 조항」에서 확인한 사항 그리고 이들 규정에 따라 확인한 국경 획정과 비문 및 부속 지도와 경계비를 근거로 국경을 확정하기로 결정했다.[50]

기본 원칙에 따라 쌍방 실무회의를 거쳐 확인한 결과 모두 289곳 233km²에 대한 의견 차이가 있었는데, 그 중 125곳은 기술적인 문제로 인한 차이로서 큰 문제가 아니었지만 그 면적은 6km²에 불과했고, 나머지 164곳 227km²는 변경 주민들의 이해와 관련된 이견이 큰 문제였다.[51] 이후 중국과 베트남은 이 문제 해결을 위해 1994년부터 1998년까지 다섯 차례의 회담을 개최한 결과 1999년 「중국 – 베트남 육지국경 조약中越陸地邊界條約」을 체결하여 육지국경 문제를 해결했다. 논란이 있던 지역 227km²을 반으로 나누어 중국이 114km²를, 베트남이 113km²를 차지하기로 했고, 조약에 따라 2000년 11월부터 2009년 11월까지 약 10년간의 감계 작업을 거쳐 「중국 – 베트남 육지

---

48 「中華人民共和國政府和越南社會主義共和國政府關於處理兩國邊界事務的臨時協定(1991.11.7)」, 中華人民共和國外交部 條約法律司 編, 『中華人民共和國邊界事務條約集 中老卷』 世界知識出版社, 2004, pp.3-27.
49 「中華人民共和國和越南社會主義共和國邊界領土問題的基本原則協議(1993.10.19)」, 中華人民共和國外交部 條約法律司 編, 『中華人民共和國邊界事務條約集 中越卷』 世界知識出版社, 2004, pp.49-55.
50 위의 협의, pp.50-1.
51 唐家璿, 『勁雨煦風』, 世界知識出版社, 2009, p.244.

국경 감계 의정서中越陸地邊界勘界議定書」를 체결함으로써 양국의 육지 국경은 마침내 확정되었다.[52]

중국과 라오스는 1961년 수교와 더불어 국경 문제 논의를 시작했지만 라오스의 내부 상황과 중국 – 라오스 관계의 악화로 1980년대 말까지는 진행되지 못하다가 1989년 관계 정상화 이후 비로소 국경 협상이 시작되었다. 1989년 양국은 「국경사무 처리에 관한 임시 협정」을 체결하여 새로운 조약 체결 전에는 현상 유지를 하기로 약속했다.[53] 이후 1990년 9월부터 1991년 9월까지 세 차례의 협상을 거쳐 1991년 10월 「중국 – 라오스 국경조약中老邊界條約」을 체결했다.[54] 국경 조약 체결 후 1992년 1월부터 8월까지 감계를 완료하고, 1993년 「중국 – 라오스 국경 의정서中老邊界議定書」를 체결함으로써 양국의 국경은 확정되었다.[55] 중국과 라오스 사이에는 18km에 대한 논란이 있었던 것으로 알려져 있지만,[56] 국경조약 과정에서 그것을 어떻게 해결하였는지는 알려져 있지 않다.

---

52 齊鵬飛, "中越陸地邊界談判的歷史及其基本經驗再認識," 『當代中國史研究』 2015年 5月, pp.64-66.

53 「中華人民共和國政府和老撾人民共和國政府關於處理兩國邊境事務的臨時協議(1989.10.8.)」, 中華人民共和國外交部 條約法律司 編, 『中華人民共和國邊界事務條約集 中越卷』 世界知識出版社, 2004, pp.19-52.

54 「中華人民共和國和老撾人民共和國邊界條約(1991.10.24.)」, 『中華人民共和國邊界事務條約集 中越卷』 世界知識出版社, 2004, pp.53-64.

55 『中華人民共和國邊界事務條約集 中越卷』 世界知識出版社, 2004, pp.1-2; 穀禾, 譚慶莉, "近代雲南段國界線變遷與跨境民族身分認同的形成," 『昆明理工大學學報』 2008年 12期, p.24.

56 M. Taylor Fravel, *Strong Borders Secure Nation: Cooperation and Conflict in China's Territorial Disputes*, Princeton University Press, 2008, p.331.

중국 - 라오스 국경 조약도 기본적으로는 1895년 체결된 「중국 - 프랑스 국경사무 전조 부속조항」에 기초하여 국제관례와 기준 및 실제 상황에 따라 조정한 것이었다.[57] 이는 1989년 임시 협정에서 중국과 라오스 국경에 대해 1895년 「중국 - 프랑스 국경사무 전조 부속조항」에서 획정한 국경선을 따르고, 실제 상황이 「전조 부속조항」과 다른 부분에 대해서는 필요시 다시 조사한다고 쌍방이 합의한 데[58] 따른 것이었다.

중국 - 베트남 국경과 중국 - 라오스 국경은 모두 청조와 프랑스의 조약에 기초한다는 점 그리고 국경 문제를 1990년대 이후에야 해결하였다는 점이 모두 공통적이다. 베트남과 라오스 모두 국내 정치 문제와 국제관계로 인한 중국과의 관계 악화로 국경 문제 협의가 어려웠다. 1989년 중국 - 라오스 관계 정상화와 1991년 중국 - 베트남 관계 정상화 이후 국경 문제가 가장 우선적인 의제가 되었다. 그런데 중국 - 베트남의 경우 국경 문제 협의가 재개된 후 국경 조약까지 약 10년, 조약체결 후 감계도 약 10년이 소요된 반면, 중국 - 라오스 국경 문제는 비교적 짧은 시간 내에 해결되었다.

이런 차이는 중국 - 베트남 국경은 1,347km인데 비해 중국 - 라오스 국경은 505km라는 사실과도 무관하지는 않을 것이다. 그렇지만 인접한 양국의 자연지리적 환경이 비슷하다는 점에서 국경선의 길이만으로 국경 문제 해결의 난이도의 차이를 설명할 수는 없다. 보다

---

57 中華人民共和國外交部 條約法律司 編, 『中華人民共和國邊界事務條約集 中越卷』 世界知識出版社, 2004, p.2.

58 앞의 「臨時協議」, 『中華人民共和國邊界事務條約集 中越卷』 世界知識出版社, 2004, p.20.

더 중요한 문제는 중국과 라오스 간에는 중국과 베트남에 비해 국경 문제에 대한 이견이 훨씬 적었다는 점인데, 이는 역사적 배경의 차이로 인해 청조 - 프랑스 국경조약 그리고 국경 자체에 대해 라오스가 베트남과는 인식이 달랐던 데서 기인한다.

베트남은 역사적으로 장기간 중국과 갈등관계에 있었으며 그 과정에서 비교적 명확한 영토 관념을 형성했던 것으로 보이는데 양국의 영토 인식 간에는 간극이 있었다. 여기에 더해 청조와 프랑스 사이에 맺어진 국경조약에 대한 불만도 있었다. 반면 라오스는 프랑스 식민지가 되기 전에는 베트남과 샴의 속국으로 분할되어 있었다. 즉 라오스의 영토는 프랑스 식민지에 의해 재구성되었다는 의미이다. 더구나 청조 - 프랑스 조약이 명청 시대 중국의 영향 하에 있던 지역을 라오스 관할로 편입시켰기 때문에 라오스로서는 상대적으로 만족스러운 상황이었다.

현대 시기 중국 - 베트남, 중국 - 라오스 국경은 모두 기존의 청조와 프랑스의 조약을 바탕으로 하였다. 모두가 불만을 가졌음에도 불구하고 기존의 조약을 바탕으로 했던 이유는 그것을 대체할 수 있는 대안을 찾을 수 없었기 때문이다. 유일한 대안이라고 할 수 있는 역사적·관습적 국경선은 상호 인식의 간극으로 인해 훨씬 더 많은 문제를 초래할 수 있으므로, 역사적으로 이미 형성된 현상에 대한 인정을 통한 해결책을 선택한 것이다. 그리고 이는 중국이 이미 1950년대에 미얀마와의 국경협상에서 확정했던 원칙에 따른 것이었다. 미얀마와의 국경 협상 과정에서 중국은 "중국과 외국의 국경에 대하여 구 조약에서 확정한 것은 국제법의 일반 원칙을 따른다."고 결정했는데, 이는 국제법에서 국경 조약에 대해 구 정부 조약 필수 승계를 원칙으로 하고 있기 때문이다.[59] 따라서 중국 - 베트남과 중국 - 라오스는 모두 명문화된 기존의 국경조약을 인정한 기초 위에서 지도와 지리정보의 오류로 인한 문제 그리고 실제 통제선과 조약의 차이를 수정하는 선에서 조약을 체결하였던 것이다.

이는 현대 시기 중국 - 베트남, 중국 - 라오스 국경조약 체결 과정에서 소수민족이 여전히 소외되었음을 의미한다. 미얀마와 국경 문제를 처리하는 과정에서 저우언라이는, 기존 조약의 국경에 의한 소수민족 거주 공간의 분리는 이미 역사적으로 형성된 것이므로 불가피하다고 언급한 바 있다. 이 언급은 사실상 소수민족이 소외된 현실에 대한 함의를 담고 있다. 그러나 동시에 저우언라이는, 국경 미획정 지역에서는 추후 획정 과정에서 소수민족의 거주공간 분리 그리고 국경에 의한 민족의 분리를 고려해야 한다고 했다.[60] 국경지역의 소수민족 문제가 기존에 이미 획정된 국경을 변경시키지는 못했지만, 당시 정부는 국경에 의해 분리된 과계민족 문제를 인식하고 있었던 것이다.

과계민족에 대한 이러한 고려는, 오랫동안 국경을 넘나들며 이뤄져 온 사회경제적 활동 - 일종의 초국가적 활동이라 할 수 있는 - 에 대한 묵인과 제도화와 연관된다. 윈난 변경지대에 대한 우리의 현지조사 결과, 오래 전부터 이 지역에 살고 있던소수민족들은 중국과 라오스의 국교가 단절되었던 1970년대와 1980년대에도 국경을 넘나드는

---

59 廖心文, "二十世紀五六十年代中共中央解決邊界問題的原則和辦法," 『黨的文獻』 2013年 4期, p.82.

60 周恩來, "關於中緬邊界問題的報告," 『中華人民共和國第一屆全國人民代表大會第四次會議彙刊』, 人民出版社, 1957, p.208.

혼인과 일상적 이동을 통한 경제적 교류를 해왔음을 확인할 수 있었다. 뿐만 아니라 국경 관리가 규범화된 최근까지도 정해진 통상구와 증명서(변민증)를 통한 왕래가 아니라 관행적 왕래가 계속 이뤄지고 있었다.[61] 이는 국경 관리의 미비로 볼 수도 있지만, 소수민족의 생활 공간에 대한 정부의 정책적 고려 또는 묵인으로 볼 수도 있다.

또한 변경지역 과계민족의 활동에 대한 제도화도 계속 이뤄져 왔는데, 1955년부터 만들어진 「변경지구 주민 출입경 통행증邊境地區居民出入境通行證 즉 변민증邊民證」 제도 그리고 역사적으로 존재했던 변경지역 교역 기제인 호시互市 제도가 그 예이다. 호시가 변경지역 주민(변민)들의 교역을 위한 제도라면, 변민증은 상대국과 협의하여 일정한 거리 내의 변경지역 주민들이 일정 기간 자유롭게 교류할 수 있도록 하는 제도이다. 교역은 교류와 이동을 전제로 한다는 점에서 변민증은 호시가 유지될 수 있는 제도적 기초이다.

개혁개방 이전 변경지역에서의 교역과 교류는 기존의 일상적 활동에 대한 묵인을 통해 이뤄졌다면, 개혁개방 이후 변경지역 주민들의 교역과 교류를 위한 제도는 점점 체계화되어 왔다. 중국과 베트남·라오스는 1980년대 말부터 1990년대 초 이후 관계정상화와 국경조약을 통한 국경문제 해결과 더불어 국경지역에서의 교역과 교류 활성화를 위한 제도들을 체계화하였다. 중국은 국경지역에 대한 관리 제도를 규범화했고, 동시에 상대국과의 조약을 통해 변경지역의 교류와 교역을 보장하는 기제를 만들었다.

---

61 안치영·장정아, "국경을 넘나드는 교역과 혼인: 중국 윈난 소수민족 촌락 사례를 중심으로", 『중앙사론』 46집, 2017, pp.625-655.

중국은 1996년 국무원 통지「國務院關於邊境貿易有關問題的通知」를 통해 국경 20km 이내에 거주하는 변민들이 1인당 매일 1,000위안 이내는 면세로 교역할 수 있도록 허용했고, 2008년부터는 기준이 8,000위안으로 상향되었다.[62] 다른 한편 중국과 베트남·라오스는 쌍무적 국경관리에 대한 조약을 체결하여 교류와 교역을 원활하게 만들었다.

중국과 라오스 사이에는「국경조약」과「국경 의정서」에 기초하여 1993년과 1997년에 각각「중국-라오스 국경제도조약中老邊界制度條約」과「중국-라오스 국경제도조약 보충의정서中老邊界制度條約的補充議定書」가 체결되었다. 그리고 2011년에는「중국-라오스 국경 통상구와 그 관리 제도에 관한 협정中老關於邊境口岸及其管理制度的協定」과「중국-라오스 국경 관리 제도에 관한 협정中老關於邊界管理制度的協定」을 체결한다. 또 중국과 베트남도 국경조약과 국경의정서 체결 이후 2011년「중국-베트남의 육지 국경 관리제도에 관한 협정中越關於陸地邊界管理制度的協定」과「중국-베트남의 육지 국경 통상구와 그 관리제도에 관한 협정中越關於陸地邊境口岸及其管理制度的協定」을 체결하였다.

이들 조약은 공통적으로 일반 국경 관리와 더불어 변민 즉 국경선에 접한 현에 거주하는 주민들에게 적용되는 주민 왕래와 호시互市 그리고 변민의 통행과 체류에 대해 구체적으로 규정하고 있다. 이는 중국과 주변국이 접경지대의 특수성에 기반한 일상적 관행을 인정

---

62 車義元, "雲南邊民互市貿易改革發展問題探究,"『中共雲南省委黨校學報』 2018年 8月, p.133.

하고 제도화하고 있음을 의미한다. 이러한 제도는 접경지대 실태의 반영일 뿐 아니라 역사적으로 존재했던 제도적 기제의 계승이기도 하다.

중국과 라오스의 육지 국경 통상구

4. 국경 형성과 과계민족 문제

중국은 14개 국가와 육지 국경을 접하고 있으며 한족과 55개의 소수민족으로 구성된 다민족 국가이다. 파키스탄을 제외한 13개 국가와 중국 사이에는 국경에 걸쳐 거주하는 30여 개의 과계민족이 있다. 그 중 서남지역에 20여 개가 있고, 특히 윈난에만 16개의 과계민족이 있다.[63] 아래 표에서 보듯 중국과 베트남 사이에는 13개의 과계민족이 있고[64] 중국과 라오스 사이에도 12개의 과계민족이 있다. 그 중 커무인을 제외하고도 9개의 소수 민족이 베트남, 라오스 모두에 거주하고 있다.

중국과 베트남·라오스의 과계민족

중국과 베트남의 과계민족	중국과 베트남·라오스의 과계민족	중국과 라오스의 과계민족
좡壯족 푸이布依족 거라오仡佬족 한漢족	다이傣족 둥侗족 이彝족 하니哈尼족 리수傈僳족 라후拉祜족 먀오苗족 야오瑤족 징京족 (커무〈克木〉인 / 망〈莽〉인) *	와佤족 푸랑布朗족 더앙德昂족

출처: 王向然, "中國跨界民族狀況及其形成,"『許昌學院學報』2012年 4期, pp.105-6에서 정리
* 커무인과 망인은 2009년 중국의 국가민족위원회에서 푸랑족으로 식별하였음

이 표는 중국과 베트남·라오스 접경지대에 거주하는 과계민족의 대부분이 3개국 이상에 걸쳐 광범위한 지역에 거주함을 보여준다. 중국과 베트남 국경지대에 거주하는 16개의 과계민족 중 좡족·푸이족·거라오족을 제외하고는 모두가 3개국 이상에 걸쳐 거주한다. 그 중 한족은 중국과 베트남 외에도 미얀마·러시아·카자흐스탄 등 5개

---

63 黃光成, "略論中國西南地區跨界民族的民族類型及相關問題,"『東南亞南亞研究』2011年 1期, p.74.
64 커무인과 망인은 2009년부터 푸랑족으로 분류하고 있기 때문에 현재의 기준으로는 14개 민족이 있다.

국에 거주한다. 또한 중국과 라오스에 거주하는 더앙족은 미얀마에
도 거주하며, 와족과 푸랑족은 미얀마와 태국에도 거주한다.[65] 중국
·베트남·라오스 3개국에 모두 거주하는 민족 중 동족과 이족만 3개
국에 거주하고 그 외의 민족은 더 여러 나라에 걸쳐 거주하고 있다.
다이족·리수족·라후족은 위 3개국 외에도 미얀마·태국·인도를 합
쳐 6개국에, 그리고 하니족과 먀오족·야오족은 미얀마·태국을 합쳐
5개국에 거주한다.[66] 종합해 보면 중국과 베트남·라오스 접경지대에
거주하는 16개의 과계민족 중 6개국에 거주하는 민족이 3개, 5개국
에 거주하는 민족이 4개, 4개국에 거주하는 민족이 2개, 3개국에 거
주하는 민족이 4개, 2개국에 거주하는 민족이 3개가 있다.

그 중 징족은 베트남의 주체민족인 베트남인의 중국 명칭이며, 다
이족은 태국과 라오스의 주체민족이고, 더앙족과 푸랑족도 미얀마와
라오스에 중국보다 많은 사람들이 거주한다.[67] 그리고 나머지 12개
민족은 주류가 중국에 거주한다. 그 외에도 중국과 베트남에 걸쳐
있는 13개의 과계민족은 중국의 분류기준을 따른 것이고 베트남의
기준으로는 26개의 과계민족이 존재한다.[68] 이러한 차이는 양국간
민족 분류기준의 차이에서 기인한다. 중국의 민족은 '민족 식별'을
통해 분류된 것으로서,[69] 이 식별 기준이 베트남의 민족분류 기준과

---

65 王向然, "中國跨界民族狀況及其形成,"『許昌學院學報』 2012年 4期, p.106.

66 王向然, "中國跨界民族狀況及其形成,"『許昌學院學報』 2012年 4期, pp.105-6.

67 黃光成, "略論中國西南地區跨界民族的民族類型及相關問題,"『東南亞南
    亞研究』 2011年 1期, pp.76-9.

68 張鶴光, 熊元榮, 王華, 栢樺, "中越邊界(文山段)跨境民族調查報告,"『文
    山師範高等專科學校學報』 2002年 2期, p.2.

차이가 있는 것이다. 중국에서 하나의 민족으로 분류된 다이족·푸이족·한족은 베트남에서 2개의 민족으로 분류되고 야오족과 하니족은 각각 세 개의 민족으로 분류되며, 쫑족의 경우에는 심지어 다섯 개의 민족으로 분류된다.[70]

16개의 과계민족 중 중국의 주체민족인 한족과 베트남의 주체민족인 징족, 그리고 라오스·태국의 주체민족인 다이족을 제외한 13개 민족은 사실상 민족 국가를 형성한 경험이 없는 민족이다. 그 중 더 양족과 푸랑족을 제외한 11개 민족은 주류가 중국에 소수민족으로서 거주하고 있다. 이는 중국과 동남아 국경지대의 과계민족이 강력한 민족 정체성을 형성하지는 않았음을 보여준다고 할 수 있다. 이들 민족이 '민족식별'을 통해 분류된 것이고 중국과 베트남의 분류가 차이난다는 사실도 이를 뒷받침한다.

이들 중 80% 이상이 중국에서 베트남으로 이주하였고, 일부 토착 민족 그리고 베트남에서 중국으로 이주한 징족도 있으며, 중국 하니족의 지파인 시라족과 커무인은 라오스를 거쳐 베트남으로 이주했다.[71] 이런 이주는 국경이 형성된 이후인 항일전쟁 시기와 국민당 시기 그리고 현대에도 있었지만 대부분의 이주는 명·청대까지 이뤄졌다.[72] 정치적 요인에 의한 이주와 더불어 한족의 팽창 과정에서

69 이강원, "중국의 민족식별과 민족자치구역 설정: 공간적 전략과 그 효과," 『대한지리학회지』 37권 1호, 2002, pp.76-80.

70 張鶴光 外, "中越邊界(文山段)跨境民族調査報告," 『文山師範高等專科學校學報』 2002年 2期, p.2.

71 範宏貴, "中越兩國的跨境民族槪述," 『民族硏究』 1999年 6期, pp.15-19.

72 範宏貴, "中越兩國的跨境民族槪述," 『民族硏究』 1999年 6期, pp.15-19.

오지로 밀려나 베트남까지 유입되는가 하면 화전 농법으로 이농하는 과정에서 베트남까지 이동한 경우도 있었다.

　이들 민족은 광범위한 지역에 흩어져 분포하면서 대부분 사회경제적 발전이 더디게 이루어졌다. 동일한 민족도 거주지의 지리적 환경과 사회적 조건의 차이에 따라 경제 발전의 차이도 크고 다른 민족과 잡거를 하는 경우가 많았다. 근대로의 전환 시기에 이족이나 라후족, 다이족 등은 사회경제적으로 노예제와 농노제 단계에 머물러 있었고 하니족과 라후족 등은 다른 민족과 잡거했다. 푸랑족과 와족은 청대에야 수렵에서 농경으로 전환하였고 주로 산간 오지에서 다른 민족과 잡거했다. 먀오족은 경제적 발전단계가 서로 다른 집단들이 중국 내에서도 광범위한 지역에 흩어져 거주하고 있었다.[73] 사회경제적 저발전과 다른 민족과의 잡거 그리고 민족적 정체성을 갖는 독립적 정치체의 미형성 등으로 인해 국경 형성과정에서 그들의 생활공간과 그 의미는 홀시되었다.

　이렇듯 역사적으로 이루어진 민족의 이동과 더불어 국경형성과정에서 소수민족의 거주공간에 대한 무시는 그들을 과계민족으로 만든 주요한 요인이었다. 현실적으로 광범위한 지역에 흩어져 거주하고 다양한 민족과 잡거하는 공간을 민족적으로 구분하기가 불가능하다는 점에서, 그러한 공간에 국경선을 긋는 행위는 필연적으로 민족의 거주공간을 국가적으로 분리시켜 과계민족을 형성할 수밖에 없다. 이런 점에서 보면 다양한 민족이 공존하고 자유롭게 활동하던 공간에 이동과 교류를 통제하고 관리하는 국경을 그은 것 자체가 부조리

---

73 楊學琛, 『中國歷代民族史: 淸代民族史』, 社會科學文獻出版社, 2007, pp.330-388.

한 것이라고 할 수 있을 것이다.

그러나 이렇게 그어진 국경은 오랫동안 지도상의 표기로서 의미를 가졌을 뿐이었다. 국경조약을 맺었지만 국경에 대한 관리와 통제는 제한적이었고, 지도상의 국경이 사람들의 삶에 직접적이고 실질적인 영향은 크게 미치지 않았기 때문이다. 청조와 프랑스의 국경조약이 체결된 이후인 민국시대는 물론 중화인민공화국 건국 이후에도 일정 기간은 국경이 이들 과계민족인 변민들의 이동을 막는 기제로 작용하지 않았다. 중화인민공화국 건국 이후 개혁개방까지는 주로 중국에서 주변국으로의 일방적인 인구 유출이 있었고, 개혁개방 이후부터 1990년대까지는 유출과 유입이 동시에 이루어졌으며, 2000년 이후에는 중국으로의 유입이 이루어지고 있다.[74]

중화인민공화국 건국 초기 토지개혁과 기존의 착취계급 소멸을 위한 민주개혁 과정은 물론 대약진운동과 문화대혁명 시기에 주변국가로의 많은 이동이 발생했다. 대약진운동 기간 중 윈난성에서만 15만 명 이상이 주변국가로 도피했는데, 라오스와 접경한 창위엔滄源 현[75]의 경우 전체 인구의 21.4%인 14,639명이었다.[76] 개혁개방 이후 중국의 상황이 안정되면서 외국으로 도피했던 사람들이 돌아오는 경우가 있는가 하면, 당시에는 주변 국가의 경제상황이 중국의 변경지대보다 좋았고 기회도 있었기 때문에 주변국으로 이주하기도 했다. 중국

---

74 何明, "開放, 和諧與族群跨國互動: 以中國西南與東南亞國家邊民跨國流動爲中心討論," 『廣西民族大學學報』 2012年 1月, pp.3-5.

75 창위엔현은 현재는 창위엔 와족 자치현이다.

76 何明, "開放, 和諧與族群跨國互動: 以中國西南與東南亞國家邊民跨國流動爲中心討論," 『廣西民族大學學報』 2012年 1月, p.4.

의 경제상황이 주변국보다 나아진 21세기 이후에는 다시 중국으로의 유입이 이루어지고 있다.[77]

이러한 교류와 이동은 앞서 언급한 필자들의 조사뿐만 아니라 변경 과계민족 혼인관계에 대한 다른 연구자들의 조사에서도 확인된다. 중국 - 베트남 접경지대의 먀오족 마을에 대한 조사에 따르면 1950년대 전후까지 이렇게 국경을 사이에 둔 민족들 간의 혼인에 대한 제약이 없었고, 1979년 전쟁 전후로 양국관계가 악화되기 전까지는 일정 정도 제약이 있긴 했지만 혼인이 계속 이뤄졌다. 이는 양국관계 악화 이후 중단되었다가 1991년 양국 관계 정상화 이후 다시 재개되고 증가했다.[78] 국경지역에서의 국제결혼은 대부분이 소수민족이며 중국의 개혁과 경제발전 이후 점점 더 늘어나고 있다.[79]

이와 같은 이동과 혼인이 생겨나는 요인은 무엇보다도 접경지역의 변민들이 공동의 언어와 신앙 및 생활방식을 가진 과계민족으로 구성되어 있기 때문이다. 그러나 동시에, 이런 이동에 대한 국가의 묵인과 더불어 국가능력의 한계 또한 중요한 요인이다. 지금까지도 계속 이어져 온 이러한 교류와 이동은, 국경 형성 이후에도 특수한 경우를 제외하고는 국경이 접경지역 과계민족의 생활에 크게 영향을 미치지

---

77 何明, "開放, 和諧與族群跨國互動: 以中國西南與東南亞國家邊民跨國流動爲中心討論," 『廣西民族大學學報』 2012年 1月, pp.4-5.

78 鄭宇, 楊紅巧, "跨國婚姻關係與邊疆民族社會變遷: 以中越邊境紅岩寨苗族爲例," 『學術探究』 2009年 5月, p.58.

79 윈난 지역에 대한 연구에 의하면 국경지역 국제결혼 중 소수민족이 차지하는 비중이 86.1%이며, 2012.10-2015.10까지의 윈난 접경 지역에 대한 조사에 따르면 국제결혼이 10%를 넘고 최고 30%에 달한다(戴波, 趙德光, "中緬, 中老, 中越少數民族跨境婚姻行爲的經濟學思考," 『世界民族』 2016年 2期, p.55).

않았음을 의미한다.[80]

국경지대에서의 상대적으로 자유로운 이동은 여러 가지 문제를 현
실적으로 야기해 왔다. 변경지역에서 국가의 관리를 벗어난 혼인이
나 이동 과정에서 법외혼으로 인한 자녀들의 신분 문제 또는 사기결
혼 등의 문제도 있고, 광시나 윈난에서는 불법이민, 인신매매와 밀수,
마약문제 등의 문제도 있다.[81] 중국과 베트남·라오스 국경은 티베트
나 서북지역과는 달리 상대적으로 분리주의나 테러리즘, 종교적 극
단주의 등의 문제는 약했고 주된 문제는 마약이었다. 최근에는 민족
의식 강화에 따른 과계민족의 국가정체성 문제,[82] 동남아 범 다이족
주의[83] 등도 제기되고 있다.

이러한 문제들은 국경지역에 대한 관리의 필요성을 의미하는 바,
과거에는 국가 능력의 한계로 인해 관리가 제한적일 수밖에 없었다.

---

80 박현귀는 중국 동북지방과 러시아 극동지방 사이의 국경지역에서는 자유롭고
   관행적인 국경통과가 어렵다고 지적한 바 있는데(박현귀, "반중국정서와 중러
   접경도시: 우수리스크, 수이펀허, 훈춘에 관한 민족지적 연구", 『한국문화인류
   학』 51집 2호, 2018, pp.126-167), 이처럼 중국 측에서의 국경 관리와 상대국
   측에서의 국경 관리의 차이 그리고 지역별 차이 뿐 아니라 시기별 차이에도
   유념해야 한다. 변경지역 주민들의 관행적 국경 왕래가 상당히 자유롭다가 최
   근에 통제가 강화된 지역이 많다는 점에서 시기별 차이는 중요하며, 어느 시점
   에 연구하느냐에 따라 서로 다른 현상을 관찰하게 될 수 있다.
81 李學保, "新中國成立以來我國跨界民族問題的形成與歷史演變," 『西南民
   族大學學報』 2012年 2期, p.9.
82 李樹燕, "國家建構與跨境民族國家認同: 基於雲南跨境民族的實證研究,"
   『探索與爭鳴』 2011年 6期.
83 王江成, "中國邊疆安全視閾下的跨界民族問題研究," 『雲南行政學院學報』
   2019年 3期, p.46.

그러나 중국의 경제적 성장과 국가 능력의 제고 그리고 주변국의 정치적 안정화와 경제적 성장의 결과로 국경지역에 대한 국가의 관리 능력은 강화되고 있고 국경 관리가 제도화·규범화되고 있다. 변민에 대한 관리 제도 그리고 변민호시 제도가 그 예이다.

기존에는 관행적으로 이루어지던 교류와 교역에 대한 제도화와 규범화는 변민들의 교류와 이동에 대한 관리 강화라는 점에서 미시적 측면에서는 국경에 대한 관리와 통제의 강화지만, 거시적 측면에서는 국가 간의 교역과 거래를 편리하고 원활하게 만들어 주는 요인이 된다. 과계민족 그리고 그들과 관련된 관행이 개혁개방시대에는 국가 간 관계를 원활하게 만드는 요인으로 작용하고 있는 것이다.

5. 소결

우리는 이 장에서, 중국 접경지역에서 이루어지는 이동과 교류가 중국의 국경 관리제도 뿐 아니라 국경 형성의 역사와 관련되어 있다는 점에 기반하여, 중국과 주변국의 국경 형성 역사를 고찰함으로써 접경지역에서 이뤄져온 초국경적 교류의 배경과 기반을 이해해 보려 하였다. 이 글은 지역적으로는 중국과 베트남·라오스 사이의 국경에, 그리고 시기상으로는 근대와 현대 시기의 국경 형성 역사에 초점을 맞추었다. 특히 우리는 국경 형성과정이 만들어낸 과계민족이라는 존재에 주목하여, 국경 형성 과정에서 이들의 존재가 소외되었지만 동시에 그들의 관행적 이동과 교류는 묵인되어 왔음을 보여주면서, 그들의 존재가 국가와 국경에서 가지는 의미 그리고 최근 국경 관리

가 강화되는 현실의 함의를 함께 생각해보고자 하였다.[84]

중국과 베트남·라오스의 국경 형성을 이해하기 위해 이 글은 청조와 프랑스의 국경 협정 그리고 중화인민공화국 건국 이후의 국경 조약을 모두 살펴보았다. 중국-베트남 국경과 중국-라오스 국경은 모두 청조와 프랑스의 조약에 기초한다는 점 그리고 국경 문제를 1990년대 이후에야 해결하였다는 점이 공통적이다. 현대 시기에 국경 문제를 최종적으로 해결하는 과정에서 모두 기존의 청조와 프랑스의 조약을 바탕으로 한 이유는, 각자의 불만이 있기는 해도 그것을 대체할 대안이 없었기 때문이다. 중국-베트남과 중국-라오스는 모두 명문화된 기존의 국경조약을 인정한 기초 위에서 지도와 지리정보의 오류 그리고 실제 통제선과 조약의 차이를 수정하는 선에서 조약을 체결하였다.

그리고 소수민족은 청조의 국경 협정 과정에서도 또 현대의 국경 확정 과정에서도 똑같이 소외되었다. 접경지역은 주로 소수민족 거주 지역임에도 불구하고 국경조약의 체결과정에서 이들의 거주 공간은 내내 고려의 대상이 아니었다. 같은 민족의 공간이 국경으로 인해 분리되었다는 문제는 중화인민공화국 건국 이후 인식되기 시작했지만, 역사적으로 형성된 문제로서 불가피하다고 받아들여졌다. 민족의

---

84 심주형은 베트남 북부 소수민족이 '변경인'으로서 감시와 통제의 대상이 되는 동시에 정치·문화적으로 동원되는 현실을 분석하고, 이러한 소수민족을 민족국가체제 내부에 존재하나 전유된 "초국주의(transnationalism)"의 존재적 표현으로 바라봄으로써 민족-국가 체제의 일시성을 사고할 가능성을 제시했다. "'탈냉전시대' 베트남 북부 소수민족 삶의 초국성(trans-nationality)", 심주형·이한우 등, 『열린 동남아: 초국가적 관계와 새로운 정체성의 모색』, 서강대출판부, 2017.

거주공간을 가로지르며 획정된 국경은 여러 나라의 국경에 걸쳐 거주하는 과계민족을 만들어냈다.

과계민족의 존재는 국경 형성 과정에서 무시되었지만, 그들은 국경이 점차 확정되는 과정에서도 오랫동안 국경을 넘나들며 사회경제적 활동을 해왔다. 국경이 형성되면서 국가들 사이의 이동은 점점 통제의 대상이 되었지만, 접경지대에 거주하는 과계민족들의 이동은 상당 부분 허용되었다. 우리는 이것이 한편으로는 국경에 대한 관리의 미비와 관련될 수도 있지만 다른 한편 소수민족의 생활공간에 대한 정부의 정책적 고려 또는 묵인과도 관련된다고 보았다.

개혁개방 이전 변경에서의 교역과 교류는 기존의 일상적 활동에 대한 묵인을 통해 이뤄졌다면, 개혁개방 이후 접경지역 주민들의 교역과 교류는 점점 제도화·체계화되었다. 중국은 접경지역 관리제도를 규범화하면서, 상대국과의 조약을 통해 접경지역의 교류와 교역을 보장하는 기제를 만들었다. 이들 조약에는 공통적으로 일반적 국경 관리 내용과 함께 접경지역 주민들에게 적용되는 주민 왕래와 체류 그리고 호시互市 등의 규정이 들어가 있다. 이처럼 중국과 주변 국가는 접경지대의 특수성에 기반한 일상화된 관행을 인정하고 제도화해 왔고, 이는 접경지대의 실태를 반영하는 것인 동시에 역사적으로 존재했던 기제에 대한 계승이기도 하다.

접경지역에서의 이동과 교류는 여러 가지 문제를 야기하고 있는데, 중국과 베트남·라오스 국경은 분리주의나 테러리즘, 종교적 극단주의 등의 문제는 약한 대신 마약, 밀수 그리고 혼인 문제에 정책적 초점이 집중되고 있으며, 최근에는 민족의식이 강화되면서 과계민족의 국가정체성 문제와 동남아 범 다이족주의도 제기되고 있다.

이제 중국의 경제적 성장과 국가 능력의 제고 그리고 주변국의 정치적 안정화와 경제적 성장의 결과로 접경지역에 대한 국가의 관리능력은 강화되고 있고 국경 관리가 제도화·규범화되고 있다. 이러한 제도화와 규범화는 국경에 대한 관리와 통제 강화인 동시에 국가 간의 교역과 거래를 원활하게 만들어 주는 요인이 된다. 과계민족 그리고 그들과 관련된 관행이 개혁개방 시대에 국가 간 관계를 원활하게 만드는 요인으로 작용하고 있는 것이다.

II
연구대상 지역 개황
중국 서남부 접경지역의 C촌

1. 중국 서남부 접경지역

중국과 동남아시아 지역은 역사적으로 밀접한 관계를 지녀온 일종의 권역으로 볼 수 있는데,[1] 그 중 베트남·라오스·미얀마와 국경을 맞댄 윈난성은 현재 국경으로 그어진 지역에 흩어져 살아온 민족들로 인해 이웃 국가들과 밀접한 왕래가 장기간 있었다. 우리가 이 책에서 주로 살펴보는 다이傣족 외에도 묘족, 이족, 하니족 등 여러 민족들이 살던 곳에 나중에 국경선이 그어졌다 하더라도 원래 가지고 있던 문화적 동질성과 교류는 크게 단절되지 않았고 통혼도 계속 이뤄져왔다.[2] 고대 라오스지역에서 생활하던 부족 중 중국 서남지역에

---

1 전인갑·장정아, "동아시아 지역질서의 재구성 再論: 중심의 상대화를 위한 모색," 『中國學報』 69집, 2014.

남아 생활해온 이들은 다이족 등 소수민족의 선조가 되었다. 서로 물을 뿌리며 축복을 비는 포수이제潑水節와 같은 중요한 명절을 공유한다는 점, 라오스어와 중국 다이족의 언어의 유사성이 크다는 점 등은 이들간의 혈연관계를 보여준다.[3]

중국 서남지역은 중국 서북지역과 인도차이나 반도와 인접하고 쓰촨성과 구이저우성, 윈난성, 시장西藏자치구, 충칭직할시 등을 포함한다. 이곳은 주로 고산지대로서 지형이 복잡하나 자연자원이 풍부하고, 경제적으로는 많이 발달한 곳이 아니지만 육상·해상 통로 측면에서 중국의 중요한 교두보라 할 수 있다. 서남지역의 남방 실크로드는 역사적으로나 현재적으로 중요한 의미를 지니며, 1930-40년대 이 지역에는 미얀마–인도 도로가 건설되어 항일전쟁에 필요한 자원 확보에 활용되기도 하였다. 서남지역은 남쪽 해양통로를 연결하는 중요한 위치에 있어서 실크로드 경제벨트와 21세기 해상 실크로드를 연결하는 교두보 역할을 하여, 중국 일대일로 전략에 포함되었다.

중국–라오스 국경선은 중국–미얀마 국경선(란창강과 난라허강이 만나는 곳)에서 동쪽으로 중국–베트남(스청다산 1875.1미터 고지)까지 길이가 모두 505.04km이며, 모두 윈난성 내에 있고 시솽반나주西雙版納州 멍라현猛臘縣과 푸얼시普洱市 쟝청현江城縣과 인접한다. 중국과 라오스 사이의 접경지역은 역사적으로 확정된 경계선이 없이 모호한 완충지대를 형성하였고 역사적으로 상호교류가 빈번하게 이뤄

2 吳春玲, "我國西南邊境地區非法涉外婚姻問題初探," 『湖南警察學院學報』, 第9卷第2期, 2017.

3 劉恩怨·劉惠怨, 『中國近現代疆域問題研究』, 2009; 손준식 역, 『중국 근현대 영토문제 연구』, 국방부 군사편찬연구소, 2012, pp.330-331.

져왔다.[4] 청조와 프랑스가 1895년 청조와 베트남간의 국경조약續議界務專條附章 서명에 이어 1897년 윈난과 베트남간 경계 조약滇越界約에 서명하여 국경선을 확정하였지만 당시 기술적 한계로 지도 표시가 서로 불일치하여, 나중에 중국과 라오스간의 국경선에 대해 양국간 인식차이가 생겨났다. 신중국 성립 후 양국은 역사적으로 형성된 국경선을 존중하는 상태를 유지하다가 1980년대 말 양국관계 정상화 후 본격적으로 국경선 문제 해결에 착수하여, 1990-91년에 3번에 걸친 담판 끝에 의견이 일치되어 1991년 10월 24일 변계조약에 서명하였다. 1992년 1월부터 8월까지 양국은 전체 국경선에 국경표시를 하였고 1993년 1월 31일 양국 정부가 변계의정서에 서명하여,[5] 현재까지도 이 국경선을 양국이 준수하고 있다. 현재 윈난성에 위치한 중국 −라오스 국경선은 주로 라오스의 퐁살리주와 루앙남사주, 우돔싸이주와 인접해 있다.

라오스는 19세기 말 시암(태국)에 의해 점령되었다가 프랑스 식민지가 된 후 일제 식민통치를 받고서 1945년에 독립하였는데, 중국 −라오스 국경선도 이러한 역사적 과정에서 변화를 겪었다. 1895년 「중국−프랑스 국경사무 전조 부속 조항中法續議界務專條附章」을 체결할 당시 프랑스는 현재 중국 시솽반나 멍라현에 있는 이우, 상밍, 그리고 이방 중 멍우와 우더 등의 지역을 요구했다. 당시 청나라 정부는 외교관계 개선 등의 이유로 1895년(광서 21년) 5월 28일 프랑스

---

4 朱淩飛·馬巍, "邊界與通道: 昆曼國際公路中老邊境磨憨、磨丁的人類學研究," 『民族研究』 2016年第4期, 2016.

5 中華人民共和國外交部 條約法律司 編, 『中華人民共和國邊界事務條約集: 中老卷』, 2004, pp.1-2.

공사와 「중국 - 프랑스 국경사무 전조 부속 조항」을 맺어 중국 쓰마오의 명우, 우더, 화방, 하당, 허리엔, 멍멍 등 지역을 프랑스에 양보했다. 현재 라오스 퐁살리주 Gnot-ou 현이 당시 양보한 명우와 우더 등 지역이다.

중국 - 라오스 접경지역은 이러한 역사적 배경으로 인해 경제 및 사회적 왕래가 빈번하다. 국경선이 그려지고 변민들에게 1955년부터 통행증이 발급되었지만,[6] 변민들은 통행증에 크게 관계없이 몰래 자유로이 왕래하였다. 변민에게 있어서 몰래 뒷길로 왕래하는 건 "정상적인 일"이었고, 변계에서 지리적으로 가까워서 오솔길로 2시간이면 라오스쪽에 갈 수 있었기 때문에, 사람들은 정규 도로로 가기보다 오솔길로 오가는 것을 선호하였다. 1993년 중국과 라오스 국경선 조사가 끝난 후 접경지역 거주민들의 교류가 더욱 많아졌다. 최근 육로 통상구口岸 건설을 통해 서로 간의 경제무역 교류가 더 강화되었으며, 2017년 말까지 중국과 라오스 접경지역에 국가급 통상구 두 군데, 즉 모한과 멍캉이 있고 현지 주민들이 왕래하는 국경선 통로는 수십 군데가 있었다.

그 중 모한 통상구는 멍라현 도심에서 남쪽으로 52km 떨어져 있고 라오스 보텐Boten 통상구와 연결되어 있다. 1992년 3월 3일 중국 국무원이 모한 통상구를 국가 일급 통상구로 지정한 후 그해 12월 22일 모한 - 보텐 국제통상구가 정식 개통되어 제3국 국민의 출입국이 시작되었다. 2000년 6월 중국 정부는 모한을 변경무역구로 지정하고 혜택을 제공했다. 모한 통상구는 라오스 루앙남사주까지 62km

---

6 "中朝中尼中印新版'邊民證'啓用," 『人民日報海外版』 2016.11.4.

이고 태국 치앙콩Chiang khong까지 247km, 라오스 우돔싸이주까지 100km, 루앙프라방주까지 300km, 비엔티안까지 700km다. 쿤밍 – 방콕 고속도로가 이 통상구에서 국경선을 지나 라오스 루앙남사주와 보케오주를 경유해 태국 치앙라이에서 태국 측 도로와 연결되어 방콕에 이른다. 2021년 12월에는 쿤밍에서 라오스 수도 비엔티안을 잇는 1,035km의 중국 – 라오스 철도가 개통되었다.

멍캉 통상구는 윈난성 푸얼시 쟝청 하니족·이족 자치현 캉핑진康平鎭 중국 – 라오스 7번 경계비에 위치하고 있다. 쟝청에서 36km, 푸얼시에서 126km 떨어져 있고 라오스 퐁살리주 Gnot-ou현과 인접해 있다. 2006년 7월 멍캉 통상구는 중국 11차 5개년 계획에서 일급 통상구로 지정되었고, 중국 국무원은 2011년 7월 24일 정식으로 윈난성 멍캉 통상구의 개방을 승인했다. 일대일로 계획이 제시되면서 중국 – 라오스 국경선이 중국 서남지역과 동남아 육지를 연결하는 중요한 곳이 되었다. 라오스의 독특한 위치와 상대적으로 안정된 사회질서로 인해 중국이 라오스를 경유해 베트남이나 태국으로 진출하는 통로를 확보하기 쉬우므로 라오스와의 통상구 조성은 여러 차례에 걸쳐 강화되고 있다. 2008년 공식 개통된 쿤밍 – 방콕 고속도로는 중국과 라오스 – 태국을 연결한 중요하는 통로이고, 2021년 12월 개통된 중국 – 라오스 철도도 범아시아 철도 중간 구간의 중요한 일환이다.

쿤밍 – 방콕 고속도로는 쿤밍 – 방콕 국제대통로라고도 불리는데 동쪽으로는 쿤밍 – 위시玉溪 고속도로에 있는 쿤밍 톨게이트에서 시작해 태국의 방콕까지 이어져 길이가 1,880km이다. 중국 국내 구간과 라오스 구간, 태국 구간 세 부분으로 구성되는데 중국의 위시, 푸얼, 시솽반나를 지나 라오스의 루앙남사주와 보케오주를 경유하여 후워이싸이Houayxay에서 태국 치앙콩으로 들어간 후 치앙라이, 람빵, 딱, 나콘사완, 차이낫 등 지역을 경유하여 태국 수도 방콕에 이른다. 중국 윈난성에 있는 구간은 쿤밍에서 모한 통상구까지 총 827km이다. 라오스 구간은 보텐에서 후워이싸이까지 247km이며 후워이싸이에서 메콩강을 건너 태국 국경선에 있는 치앙콩에서 방콕까지 모두 813km가 되는 구간은 태국 구간이다. 모든 구간은 고속도로로 건설되고 말레이시아와 싱가포르의 도로망과 연결되어 있다. 쿤밍 - 방콕 도로는 중국 최초의 국제 고속도로이며 아시아 도로망의 AH3번 도로의 한 구간이다. 이 도로는 중국과 라오스, 태국, 아시아개발은행 ADB에서 공동 투자해 만들었다.

중국 - 라오스 철도는 중국 윈난성 위시시에서 시작해 남쪽으로 푸얼시, 시솽반나, 모한 통상구를 경유해 라오스로 들어가고 라오스의 유명한 관광지인 루앙프라방주를 경유하여 라오스 수도 비엔티안에 이른다. 중국 구간인 위시 - 모한철도는 508.53km이다. 라오스 구간은 보텐에서 비엔티안까지 가는 철도이고 길이가 총 418km이다. 중국 구간은 길이가 508.53km이고, 중국과 라오스 정부는 총 금액의 40%를 투자하기로 합의했고 그 중 중국 정부는 70%를 부담하고 라오스 정부는 30%를 투자하며 나머지 60%는 양국의 국유기업이 공동 투자하였다.

편리한 교통시설의 건설은 중국 - 라오스 접경지역에서 역사적으로 있어왔던 빈번한 주민 왕래와도 밀접한 연관을 지닌다. 이 책의 I 장에서 자세히 서술했듯, 중국과 라오스가 국경선을 확정하기 전부터 접경지역에 많은 주민이 국경에 걸쳐서 거주했고, 그들은 현재

각국의 기준에 따라 다른 민족으로 구분될 뿐이다. 공동의 역사를 가진 이런 주민들은 서로 연결되어 있는 접경지역에서 유사한 언어와 문화를 가지고 거주해 왔으므로, 국경 확정으로 인해 역사적 관계가 끊어지기보다는 다른 방식으로 계속 연결과 교류가 이어지고 있다.

2. 연구대상지역 C촌 개황

(1) 지리적 위치와 자연환경

우리가 집중적으로 현지조사를 수행한 윈난성의 다이족 촌락(이하 C촌)은 중국과 라오스 국경변의 변경 촌락으로 국경에서 10여 킬로미터 떨어진 곳에 위치하고 있다. 역사적으로는 시솽반나西雙版納의 한 반나에 속한 곳이었지만 현재는 시솽반나가 아니라 푸얼普洱시에 속한 A자치현 B진의 촌락이다. 시솽반나는 다이족의 언어로 열두 개 (시솽)의 부락(반나)이라는 의미인데, 반나는 현縣보다 작은 행정단위를 의미한다. 현재 시솽반나 지역은 12개의 반나가 아니라 10개의 반나 지역만을 포괄하며, 나머지 반나 중 하나는 라오스 퐁살리 Phôngsali 주의 욧우Yot Ou District 伍德, 烏德 지역이다.

라오스 퐁살리 주의 욧우는 청조시기인 1895년 프랑스와 청조의 국경조약에 의해 정해진 윈난과 베트남 국경의 일부가 이후 중국과 라오스 국경선이 되면서 라오스 지역으로 확정되었다. 중국과 라오스의 국경은 1980년대 말 양국의 관계 정상화 이후 1895년 국경조약을 기초로 1991년 국경조약을 통해 확정되었다. 여기서 시솽반나의 열두 반나 중 두 곳이 각각 푸얼시와 라오스에 위치한다는 사실은, 역사적·전통적 영역이 현대의 국경이나 행정구역과 가지는 괴리를 보여준다. 즉 근대 국가와 중앙권력이 현지 역사와 상황과는 별개로 국경과 행정구역을 나누었음을 의미한다.

C촌이 위치한 B진鎭은 중국 윈난성 푸얼시에 있으며, 라오스와 인접해 있다. B진 전체 인구는 10,953명이고 그 중 농촌인구는 1,330가구인 6,184명이며 농장 인구는 4,769명 있다. 이 지역에 거주하는 민족은 다이족과 하니족, 야오족, 이족, 한족 등 11개가 있고 그 중 다이족은 전체 인구의 47.5%를 차지하며, 하니족은 23.8%, 야오족은 13.7%, 이족은 8.6%를 차지하고 기타 민족이 6.4%를 차지한다. 청나라 옹정雍正 시대부터 다이족이 이곳에서 거주했고 광서光緖 34년 (1897) 이곳은 다이족 토사土司가 관할하는 곳이 되었으며 1929년 A자치현이 설치될 때 A현으로 이관되었다. B진은 1949년 중화인민공화국 정부 수립 후 1950년부터 A현의 행정구역이 조정될 때 몇 번 조정을 거친 후 1966년 다시 A현으로 돌아와 향鄕이 되었다. 1979년 B대대大隊로 개칭되었고 1984년 다이족 향鄕으로 개편되었으며, 1988년 윈난성 정부의 승인으로 B진이 설치되었다. 2012년 마을의 농촌경제 수입은 총 1,392만 위안이었고 그 중 재배업 수입은 612만 위안, 목축업은 390만 위안, 어업 31만 위안, 산림업 50만 위안, 외지 노동수입 261만 위안이었다. 외지에 거주하며 일하는 C촌 마을사람은 86명이고 그 중 70명이 윈난성에서 일을 하고 있다.

B진 C촌위원회 아래에 총 9개의 촌민소조가 있고, 그 중 하나에 C촌은 속한다. C촌은 잘 보존된 고대 건물이 많아서 주목을 받아왔고 분지에 있으며 총 면적은 1만 여 무畝에 달한다. 촌위원회까지

0.5km, B진 정부까지 8.4km이며, 마을 총 면적은 5.01km²이고 해발
고도는 850m, 평균기온이 19.70°C이고 연간 강우량이 1,610mm에
달하여 벼 농사와 옥수수 재배에 유리한 조건을 갖추었다. C마을 최
초의 인구는 7가구로서, 그 중 B진에서 온 것은 2가구였다. 현재 마을
의 인구는 대체로 4갈래로 분류되는데, B진에서 온 두 갈래 그리고
몡와와 몡항에서 온 두 갈래이다. C마을 밑에 모두 4개의 소조가 있
으며 각각 소조 조장이 있고, 그 외에도 부녀주임 1명, 회계 1명, 출납
원 1명, 무장간사武裝幹事 1명이 있다. 현재까지 C마을 촌장 역임자
는 총 4명이다.[7] 마을 인구는 처음 7가구에서 시작하여 현재 110가구
500여 명에 이르는 큰 마을로 발전했다. 대부분 다이족이지만 일부
한족漢族과 하니족哈尼族도 있다.

이 마을의 이름은 다이족 언어로 '마른 소금 우물'을 뜻하는데, 염
정이 있는 곳이 마을 최초의 자리였고, 인구가 늘어나면서 마을 사람
들이 점차 지금의 자리로 옮겨왔고 염정도 현재 마을의 북쪽 자리로
옮겨왔다. 마을의 식물 생태계는 풍부하게 발전되어 있고 각종 과수
나무와 목화솜이 흔하며, 촌민이 자기 집 문 앞에서 기르는 三丫果,
五丫果(이 쪽 지역에서 많이 나는 나무들 이름)도 가끔 만날 수 있다.
현지 주민들이 먹는 계절 채소도 고정적이고, 특히 계절식물을 많이
활용한다. 예를 들면 산포엽수酸包葉樹가 마을에 널리 분포되어 있는
데, 마을 앞에 큰 나무 한 그루가 있을 뿐 아니라 어떤 집은 자기

---

7 마을사람들은 역대 촌장 숫자에 대해 이야기할 때 서로 다른 숫자를 섞어서
  이야기했는데, 여기서의 4명은 1980년대 촌민위원회 조직법이 제정되고 촌민
  위원회가 만들어진 후 촌장을 맡았던 사람 숫자를 가리키는 것으로 보인다.

집 앞에 한 그루를 심어서 2-3m 정도 높이가 되면 새싹을 먹는다. 또 마을에는 철피석곡鐵皮石斛과 같은 진귀한 약용 식물도 있는데 이런 식물은 대부분 야생으로 깊은 산속에서 자라고, 마을사람들은 산에 가서 채집한 후 집안에 이식해서 재배한다. 식용류 외에 마을 인근 산속에도 덩굴식물이 있는데 형체 변형이 쉽지 않을 정도로 단단하다. 이 넝쿨은 원기둥 모양으로 직경 5-10cm 정도 되는데, 마을 사람들은 1-2m씩 따와 한 바퀴씩 나무 그루터기에 감아 말려서 색깔이 변하며 마르면 아래쪽에 큰 고리를 만들어 그 위에 작은 고리를 20-30cm 정도 만들고 그 사이에 튼튼한 나무기둥으로 받쳐 의자를 만든다. 이 덩굴로 만든 의자는 20-30년 동안 사용할 수 있기 때문에 한 개에 50위안 정도 받는다.

마을 주변에는 100년 된 고목들이 즐비하고, 시골길을 걷다 보면 큰 버드나무를 만날 수 있으며, 마을 사람들은 대나무 심기도 좋아하여 곳곳에서 크고 울창한 대나무숲을 쉽게 볼 수 있다. 대나무숲들은 균등하게 분포되어 있는 건 아닌데, 마을 사람들 말에 따르면 누구든 눈에 띄는 공터에 대나무를 심으면 공터의 주인이 되기 때문이라고 한다. 사람들은 대나무로 울타리를 만들거나, 아니면 음식 재료를 싸서 다이족 특유의 요리를 만들기도 한다. 마을을 걷다 보면 가끔 큰 잎이 달린 파초나무를 만나게 되는데, 이 파초나무는 현지에서 특별한 용법이 있다. 파초의 잎은 찰밥을 감싸거나 생선을 싸서 굽는 데 쓰고, 파초의 잎뿌리는 담백하고 맛있는 볶음요리로 만든다.

수많은 백년 고목 중 가장 유명한 것은 바로 미얀마식 불교 절 앞에 있는 나무 대청수大靑樹다. 마을 사람들에 따르면 이 나무는 마을이 이곳으로 이전할 때부터 이미 있었고 역사가 최소 100-200년

되었으며, 마을 사람들에겐 '마을을 수호하는 나무'로 여겨진다. 이런 나무는 총 세 그루로, 사찰 문 앞에 한 그루, 마을 남쪽에 한 그루, 마을 동쪽 뒷산에 한 그루 있는데, 뒷산에 있는 나무는 다이족이 거주하는 곳에서만 자란다고 한다.

(2) 토사 관할 지역에서 '전통적 촌락'이 되기까지: C촌의 역사

우리는 마을의 역사에 대해 노년층 촌민들에게 많은 이야기를 들었고, 일부 젊은이들 중에도 마을 역사에 대해 이야기해줄 수 있는 사람들이 있었다. 이들로부터 들은 몇 가지 버전의 마을 역사 이야기 중 공통적으로 마을의 이주 역사에 대한 이야기가 많았다. 공통 내용

마을 입구

을 추려내면, C촌 최초의 선조는 B지역의 토사와 친척이었는데 그들이 B지역에서 이곳으로 옮겨와 염정을 지키고 소금을 만들어냈으며, 처음에 다섯 가구가 살았던 C마을은 염정鹽井 쪽에 있다가 두 번의 마을 이주를 거쳐 현재의 지역에 정착하면서 인구가 크게 늘고 마을이 발전했다는 것이다. 마을 역사가 얼마나 되었는지에 대한 촌민들의 추정은 200년에서 500년까지 스펙트럼이 넓은 편이었는데, 약 200년 정도로 보는 것이 가장 적절해 보인다. 여러 설 중 하나는 다이족 토사의 땅 면적이 넓고, 먼 곳에 있는 일부 땅은 돌볼 수가 없어서 토사가 사람을 보내 그 먼 곳의 땅을 지키게 했으며, C촌의 조상은 바로 그 파견된 사람 중 일부였다는 것이다. 사람들의 이야기에 따르면 처음 염정으로 이사한 건 토사의 배다른 여동생인데 그 여동생이 바로 C마을 사람들의 조상 할머니라고 한다. 그 여동생은 광시에서 온 한족 데릴사위와 결혼했고, 그 남편은 지식이 풍부하여 토사의 막료가 되어 토사의 관할 구내 사무를 관리하였으며, 부인과 함께 염정 지역으로 이사했다.

소금은 C촌 초기 역사에서 중요한 기능을 했다. 마을사람들은 C촌이 B지역에서 옮겨온 이유 중 하나가 소금이었다고 말한다. 또 소금은 이 지역에서 중요한 물자인데, 소금 생산능력이 있는 곳이 많지 않아서, C촌 사람들이 소금을 만들어내던 시절 라오스와 징훙 쪽으로 소금을 대량으로 반출하여 그 곳이 소금의 집산지가 되기도 했다. 소금 무역은 C마을과 B진의 토사에게 이익을 가져다주었고, 이로 인해 주변 토사와 상인들이 질투심을 느끼게 되었다. C촌 사람들은 소금이 그냥 나온 것이 아니라 C촌이 염맥鹽脈에 위치해 있기 때문이라고 여긴다. 염맥이 어떻게 생겨나는지는 아무도 알 수 없지만, 한 가지 확실한 것은 염맥에서 한 곳에 소금이 나오면 다른 곳에는 소금이 나오지 않는다는 것이다. 그러니 C촌의 염정으로 인해 징홍과 라오스 쪽의 염맥이 사실상 끊겼다고 할 수도 있고, 징홍과 라오스의 상인들은 자기 이익을 위해 행동이 필요하다고 생각했을 것이다. B진의 토사가 권력투쟁에서 실각한 탓인지 염정이 습격을 당한 탓인지 알 수 없지만 C촌의 염정은 막혀 버렸다. 촌민 자오趙A씨는 다음과 같이 말했다.

> B지역에서 온 사람들은 염정에서 소금을 끓였고 라오스와 징홍 상인들이 소금을 사러 왔다. 당시 120개의 큰 솥이 있었는데 매일 소금을 끓이다가 염정이 폐쇄되고는 뚜껑을 높이 쌓아놨다. 징홍의 磨歇나 磨江 같은 곳은 원래 소금이 없었는데, '磨'은 다이족 언어에서 소금이라는 뜻이고, 이곳들은 C촌 염정이 폐쇄된 다음에 소금이 나오기 시작했다.

염정이 폐쇄된 이유는 소금이 소진됐기 때문이 아니라는 건 분명해 보인다. 그 후 염정은 여러 차례 다시 사용되고 또 폐쇄되었으며, 집단화 시기까지만 해도 염정 근처 연못에 소금이 있었다. C촌에서는 한때 집집마다 50-60마리의 소를 길렀는데, 이렇게 많은 소를 기를 수 있었던 것은 풀밭이 많고 염정에 소가 핥아먹을 만큼 충분한 소금이 있기 때문이었다. 『속원난통지장편續雲南通志長編』에는 "B지역의 우물이 민국 11년 4월 1일 재개되어 상인이 관리하다가 13년 4월 1일 정지되었고 8월 24일 폐쇄됐다"고 기록되어 있다. B현縣의 현지縣志에도 소금 채취와 관련된 사건이 기록되어 있다. 이 기록에 따르면, 민국 19년 5월(서기 1930) B지역의 집사영 관대緝私營管帶가

B지역에 들어가서, 어떤 이가 사적으로 소금을 끓인다고 모함하고는 그에게서 은원銀元 210원을 갈취했다. 그리고 이 관대는 병사를 이끌고 다이족 촌민의 집에 들어가 소금을 밀조한다는 명목으로 사람들에게 벌금을 부과했다. 이 두 기록은 당시 국가 권력이 지방 중요 자원에 대해 통제하려는 의도와 능력이 있었음을 보여준다. C마을의 염정이 봉인된 것이 국가나 정부의 힘에서 비롯된 것인지, 지방간 싸움에서 B지역의 토사가 힘을 잃어 그렇게 된 것인지 정확히는 알기 어렵다.

C촌의 첫 마을 이주는 염정 봉인 후 일어났고, 염정 봉인 사실은 마을 이주에 영향을 미친 것으로 보인다. 그러나 마을사람들 말에 따르면 더 직접적 원인은 큰 불이 나서 그 당시 마을의 집이 불에 탔기 때문이라고 하고, 또 절에 불이 났기 때문이라는 설도 있다. 당시 집은 목재와 초목으로 지어져 있고 서로 밀접하게 이어져 있어서 화재가 나면 모든 가옥이 타기 쉬웠다. 불이 나자 이들은 염정에서 지금의 도반道班으로 옮겨왔고 아주 가까운 거리였다.

많은 다이족 촌락과 마찬가지로 C촌 사람들은 불교를 신봉한다. 예전에 B지역에 두 개의 불교 절이 있었는데 이를 미얀마식 불교 절이라는 의미의 '緬寺'라고 불렀다. 그 중 하나는 B진에 있고 다른 하나는 C촌에 있다. 이런 미얀마식 불교 절에는 부처님과 큰 스님, 그리고 배우러 온 작은 스님들이 있었지만, 문화대혁명 때 이 사찰들도 파괴되었고 절의 승려들은 뿔뿔이 흩어졌다. 1989년 재건이 허용되자 촌민들은 부서진 사찰을 재건하였다.

마을의 첫 번째 이주 후 생활이 쉽지 않았던 것은 식량 부족 그리고 더딘 인구 발전 탓이 컸다. 마을 사람들은 풍수 선생을 불러 그

지역의 풍수를 봐달라고 했는데, 풍수 선생에 따르면 식량 부족은 거주지가 묘지와 너무 가까워 귀신이 그들의 먹이를 빼앗아 먹기 때문이고, 인구 발전이 더딘 것은 그 지역이 너무 좁고 산이 막혀 있어서 인간의 발전에 도움이 되지 못하기 때문이었다. 마을사람들은 현재 C촌이 있는 곳으로 두 번째 이주를 하였으되, 현재의 C촌보다 약간 높은 곳에 처음엔 정착했다. 거주지 옆에 절간을 지었는데 얼마 안 가 절간이 큰 불로 파괴되었지만 집들이 크게 타지는 않았고, 사람들은 다시 다른 곳에 새 절간을 지었다.

절간의 이전에 대해 마을 사람들 사이에는 두 가지 해석이 있다. 첫 번째 해석은, 도반에서 옮겨와 집과 절을 지었지만 인구가 계속 발전하지 못했고, 일부 가족은 본인들이 바라는 아들은 잘 못 낳고 딸만 계속 낳았는데 이런 집들이 풍수 선생을 불러서 봐달라고 했고, 풍수 선생이 절간을 옮기라고 했다는 것이다. 절간을 다시 옮기면서 운이 바뀌었고 C마을은 정말로 번창하였다. 두 번째 해석은, 절간 이전에 주관적 원인이 아닌 객관적인 원인이 있다는 것이다. 즉 어린 중이 촛불을 제대로 끄지 않아 화재가 나 옛 절간이 타버렸는데, 불타버린 절간 터에 새 절을 짓는 건 적절치 않아서 새로 장소를 정해 절간을 지었다고 한다. 한 노인의 말에 따르면 C촌은 풍수지리를 잘 활용하여 마을이 번성하게 되었다. 그런데 이제 다시 또 C촌은 이주를 해야 하는 상황에 처했고, 이번엔 과거와 다른 이유, 즉 관광개발 계획 때문이다.

한 가지 주목할 점은 C마을 주민들이 모두 B진에서 처음 이주해온 다섯 가구의 후손인 건 아니라는 사실이다. 그 중 한 가족은 징홍에서 왔는데 그 가족 중 67세 노인의 회고에 따르면, 그의 할아버지가 젊었을 때 C마을로 이주해 왔는데 당시 그의 아버지는 아직 어린 나이였다고 했다. 그의 아버지 나이로 미루어 볼 때 그 가족은 징홍에서 이사 온지 약 80-90년이 되었고, 현재 이 가족은 현재 많이 확장되어 20가구 정도가 되었다. 그들의 조상은 C촌과 친척관계는 없었지만, 그들은 이곳에 땅도 밭도 많다는 것을 알고 이주해온 것이다. 당시만 해도 미개척지가 많았고, '개간한 사람이 바로 땅의 주인이 되었다.' 당시 현지인들도 이들을 쉽게 받아들였다.

당시 토사가 관리하는 것 중 하나는 토지세 징수였다. B진의 토사가 관할하는 토지 경작자는 모두 세금을 내거나 노역으로 세금을 대신 내야 했다. 토사는 세금 징수 업무를 분담하는 관원을 파견하여 각 촌락에 대해 매년 세금을 징수하고, 대부분 볍쌀을 세금으로 냈다. 세율 계산방법은 독특한데, 다른 곳처럼 땅 면적으로 계산하는 것이 아니라 씨앗으로 계산한다. 예를 들어 어떤 농가가 5말의 씨앗을 심으면 그가 수확할 쌀의 생산량을 계산할 수 있고, 토사는 이 생산량의 10%를 세수로 거두어들인다. 이 밖에도 토사의 관할 영역 안에는 비과세 경작지도 많이 있다. 이 밭들은 두 종류로 나뉘는데, 하나는 종교와 관계된 종교전이고 다른 하나는 각종 기능적 논밭이다. 종교전의 경우, 토사가 절의 스님에게 나눠 주고 직접 농사짓거나 세를 놓으면 그 소득은 절의 일상적 비용으로 사용된다. 이런 밭은 세금을 내지 않지만, 절 측은 명절에 부처님께 공물을 바치는 등의 종교 서비스를 토사에게 제공한다. 한편 기능적 논밭의 경우는 토사가 농가에 나눠주고, 면세 농가는 10%의 세금을 내지 않아도 되지만 노동을 통해 각종 서비스를 제공한다. 예컨대 '마전(말밭)馬田'이라 불리는 밭을 경작하는 농가는 반드시 토사에게 말을 기르는 서비스를 제공해야 하고, '도전(칼밭)刀田'이라 불리는 밭을 경작하는 농가는 토사에게 칼을 주조해 줘야 한다. 비슷한 밭들이 여러 종류가 있었는데 현재 이 밭들은 이미 농가에 배분되었지만 이름은 오늘날까지 사용되고 있어서 현지인들은 이런 종류의 밭들에 대한 지식을 가지고 있다. 주목할 점은, 토사에게 노역을 제공하는 것은 낮은 등급 사람들이 하는 일이라는 인식을 C마을 사람들이 가졌다는 점이다. C마을 촌민들은 토사와 '신분이 비슷'하고 친척이기 때문에 그런 서비스를 제공하지 않는다. 따라서 C마을에는 면세 경작지에서 농사지으려는 사람이 없었다. C마을이 호별영농제를 처음 시작할 때 첫 소조장을 맡았던 촌민 자오趙A씨는 다음과 같이 말했다.

> 마을 사람들은 토사에게 세금을 내야 한다. 먼저 간척한 땅은 첫 3년, 5년간은 세금을 안 내도 되지만 5년 후에는 세금을 내야 한다. 또 집세도 내야 하고, 낼 때가 되면 토사가 사람을 파견하여 세금을 거둔다. 우리 '자오趙' 씨 성을 가진 집들은 모두 토사와 동급이다. 토지도 합리적이고 합법적인 것이니 그들은 우리를 압박할 수 없다. 우리는 그에게 하인, 하녀 역할을 해 줄 수는 없지만, 세금은 그래도 내야 한다. 다른 성姓씨인 바이白씨나 다오刀씨도 우리와는 다르다. 그들이 심은 밭은 傘田, 鈀田, 馬田으로 이들은 농사 외에도 관에 가서 일을 해줘야 한다. 예를 들어 한 달에 몇 번 관에 가서 토사에게 우산을 받쳐주고 소와 말도 돌봐야 한다.

해방 전에 민국 정부는 토사를 이용하여 B지역을 통치하였다. 마을 노인들은 토사 제도의 행정구조도 기본적으로 유지되었고 토지관계에도 큰 변화가 없었다고 회고한다. 다만 민국 시기에는 토지 세금이 더 많아졌고, 토사는 세금의 70%를 국가에 내고 정부의 창고에 넣어야 했다. 정부는 이 식량을 빌려 이자를 받을 수 있는데, 예를 들어 첫 해에는 쌀 한 짐을 빌리고, 다음 해에는 곡식을 받을 때 한 말의 이자를 내는 식으로 일종의 이자를 받는 것이다. 민국 시기에 가혹한 잡세가 증가하여 농민의 부담이 증가하였다.

1950년 B지역 해방 이후 C마을은 민주개혁과 토지개혁, 인민공사화, 집단화, 호별영농제, 개혁개방을 거쳤다. 해방 후 C촌과 B진의 행정 구획은 시솽반나와 푸얼 사이에서 몇 차례 왔다갔다 했다. 토지개혁 완료 후 C촌의 땅은 집단 소유가 되었다. 인민공사 시절 B지역은 1개 대대를 조직했고 C촌은 그 아래의 1개 분대(생산대)였는데, 당시 '한솥밥'大鍋飯을 먹기 시작한 지 얼마 안 된 상태였고 경제 여건이 안 좋아서 생활이 어려웠다. 마을 사람들은 함께 일하고 분업하며 공동식당에서 함께 밥을 먹었다.

1956년 토지개혁으로 B지역은 향鄕 정부를 설립했다. 1958년 인민공사 때 B대대가 창설되면서 대약진이 시작됐다. 그 시절은 어려웠고, 식사는 식량 배급표로, 의복은 직물 배급표로 해결했다. 당시 밭은 합작사에 속했고, 다 같이 농사짓고 큰 공동식당에서 밥을 먹었다. 1957, 58년 처음 시작할 때만 해도 괜찮았고 먹을 것도 충분했는데 59년, 60년에는 먹을 게 점점 부족했다. 당시 자연재해로 벼가 병이 나고 잎이 누렇게 익으면서 곡식도 없고, 정부로부터도 곡식을 못 받았다. 우리는 옥수수를 먹기 시작했고, 옥수수를 다 먹은 다음엔 나무껍질을 먹고, 그러면서 모든 껍질을 다 먹게 되었다. 벼가 죽지 않았더라면 먹을 것도 있었을 것이다. 그러다 벼가 병들면 산에 가서 나무를 베고 산을 태우고 골짜기에 밭벼를 파종했다.

이후 상황이 호전되었다. 문혁 초기에는 C촌의 촌민 중 토사와의 친척 관계 때문에 문혁의 타격을 받은 사람이 많이 있었다. C촌에는 현재 자오씨 성을 가진 사람들이 많은데 그들은 우리에게 이야기해 주기를, 옛날 조상 때 C촌 대부분 사람들의 성씨는 '자오刀'였는데 문화대혁명 시기에 '자오趙'로 바꿨다고 했다. 나중에 시대가 바뀌자 많은 이들이 성씨를 원래대로 바꾸려 했으며 이미 자오刀씨로 다시 바꾼 사람들도 있다. 촌민 다오刀A씨는 다음과 같이 말했다.

> 옛날에는 우리 모두 '자오刀' 씨였는데 나중에 문화대혁명 때 '자오趙'로 바뀌었다. "자오刀" 씨는 토사와 관련이 있어서 좋지 않을 것 같아서 글자를 고쳤다. 문화대혁명 때 사람들끼리 심하게 비판하는 경우가 많았고 자살한 사람도 있고 강물에 뛰어든 사람도 있었다. 당시 우리 마을에 홍위병이 있었고 나중에 정부에서도 홍위병이 내려왔는데, 가장 난리가 났을 때 많이들 죽었다. 중앙에서 순시경이 내려오지 않았더라면 아마 다 죽었을 것이다. 만약 중앙에서 마오毛 주석이 순시 경찰을 파견 안 했더라면, 좋은 것도 비판하고 나쁜 것도 비판했을 것이다. 마오 주석과 저우언라이周恩來가 순시 경찰을 파견하니 그제서야 그런 짓을 감히 하지 못했다.

B지역은 1982년 호별영농제 개혁을 실행하기 시작했는데 중국 다른 지역보다 다소 늦었다. C촌은 토지분배할 때 독특한 방법을 사용하였다. 마을에서 옛 선조들이 소유했던 토지를 인정하고, 토지분배할 때 각 집은 조상들이 소유했던 논밭을 기초로 하여 거기에 현재 가구의 사람수에 따라 토지 크기를 조금씩 조정했다. 이런 방법의 좋은 점 중 하나는, 밭을 지나치게 세분화해서 배정하지 않아 경작이

한결 편해졌다는 점이다. 임지林地도 가족에게 나눠주었다.

> 1983년경 우리 집은 20여 무의 토지를 분배받았다. 당시 우리 가족 사람수가 많았고, 이 땅 모두 조상이 남긴 땅이었다(옆집 사람들이 지주라고 농담했다). 먼저 선조로부터 물려받은 땅을 분배해 주고, 만약 가족 사람숫자가 많으면 조금 더 주고, 사람이 적으면 조금씩 떼어간다. 그 땐 줄자로 재지는 않았고 말聞로 나누어서 1인당 1.5무 정도 받았다. 당시 산지山地도 분배해줬고, 측량 따로 안 했다. 지금과 달리 당시 임지林地는 가치가 없었고, 사람들이 그냥 눈으로 보면서 땅을 나눠줬다.

C마을의 다이족은 시솽반나의 다이족과는 다르다고 알려져 있다. 시솽반나의 다이족은 다이족 명절만 쇠는 경우가 많은데, C마을 사람들은 물축제와 설날을 다 지낸다. 조상 중에 한족도 있고 다이족도 있기 때문이다. 조상할아버지는 광시성의 샤오邵씨 한족으로, 토사의 막료로 B지역 다이족 토사 후손과 결혼했다. B지역 다이족 토사는 가문의 세력을 공고히 하고 경제적 이익을 얻기 위해 가족을 보내 염정을 지켰다. 이 조상할아버지와 조상할머니가 바로 가장 먼저 염정으로 옮겨온 사람들이었다. 소금은 당시 매우 귀중한 물품이었으므로 염정에서 개발된 소금은 라오스·베트남·태국에서 온 소금 장사꾼들을 끌어들였다. 앞에서 이야기했듯 라오스·베트남 상인들은 염정에서 얻는 막대한 이익을 노리고 공모하여 이곳 염정을 봉인하여 '염맥'을 죽임으로써 라오스 염정에서 소금이 나오게 되었다. C촌의 염정이 봉인된 후에도 처음 이사 온 사람들은 염정 옆에 계속 살았는데, 이유는 모르겠지만 나중에는 밭 작황이 나빠지면서 염정 주

민들이 현재 C촌이 있는 곳으로 이주해 왔다. 처음에는 다이족의 한 분파인 한다이旱傣 사람들이 C촌에 살았는데 염정 사람들이 이사 와서 그들은 바로 옮겨갔다.

촌 조직과 거버넌스 그리고 변경 관리
관행과 제도

1. 촌 조직

앞서 Ⅱ장에도 썼듯이 C촌에는 소조장 1명, 부副 소조장 2명, 여성 주임, 회계, 출납, 보관원, 농과원農科員이 각 1명씩이고, 마을에는 4개의 소조가 있어서 소조마다 소조장이 1명씩 있다. 이와 같은 조직 구조는 호별영농제를 시행한 뒤 C촌 소조장을 처음 맡았던 촌민 자오趙A 씨가 만든 제도다. 그는 C촌이 큰 마을이므로 부촌장이 2명 있어야 하고 각자 직위가 있어야 하며 겸임하면 안 된다고 여겼으며 이런 제도는 지금까지 계속되어 왔다. 다만 마을 공공사무의 책임 소재는 분명하게 구분되는 것은 아니어서, 많은 일이 협력으로 이뤄진다. 예를 들어 도로나 사찰 공사 등은 촌민의 공동노동을 통해 이루어진다. 촌 간부들은 마을공동재산인 산림이나 황무지, 공익산림 등을 관리하거나 상급의 명령을 전달하고 실시하는 일 그리고 각 민족의 문화행사 개최 등을 관리한다. 이 마을에는 공산당원이 40여 명으로서 당원 비율이 매우 높은 마을에 속하고 당조직 구성원도 많다. 공청단도 자기 조직이 있고 5·4 청년절 때 자체 문화행사를 개최하기도 한다. 축제 등 활동을 개최할 때는 공산당 조직도 하나의 주관단체로서 마을주민들을 동원하여 축제를 개최한다.

마을 노인들의 기억에 의존하여 역대 촌장 이름을 수집해 보았는데,[1] C촌의 초대 촌장(촌 소조장)은 자오趙K 씨로서, 그는 해방 직후부터 1957년-1958년까지 촌장을 지냈고 지금은 돌아가셨다. 제2대 촌장 보波B 씨는 1959년부터 1984년까지 촌장을 하다가 돌아가셨다. 3대 촌장인 자오趙A 씨는 1984년부터 1987년까지 촌장을 지냈다. 4대 촌장인 자오趙M 씨는 1987년부터 1993년까지 두 차례 촌장을 지냈고, 제5대는 펑朋K, 제6대는 보波C였다. 7대째인 자오趙N 씨는 두 차례 촌장을 지냈다. 자오趙N 씨가 촌장을 하기 전에 자오趙P 씨도 촌장을 한 차례 지냈는데, 임기 만료 전에 그만둬서 촌장으로 계산되지 않는다고 했다. 촌장을 지낸 사람들은 모두 중년 남성이었고 친척 관계에 있는 사람도 있었다. 호별영농제 실시 후 촌장은 선출되어 상급에서 승인되는 방식이 되었지만 마을에선 족내혼 제도가 오랫동안 지속되어 촌민들간의 친척관계가 선거결과에 큰 영향을 미치고 있었다.

---

1 앞에서는 마을 역대 촌장이 4명이라고 하고 여기서는 좀더 숫자가 많은데, 앞의 4명은 1980년대 촌민위원회 조직법이 제정되고 촌민위원회 설립 후 촌장을 맡았던 사람들 숫자이고, 여기서 이야기하는 7-8명의 촌장은 집단화 시기 생산대에 해당하는 촌민소조의 소조장을 마을사람들이 촌장으로 부르면서 그들까지 포함해서 가리킨 것으로 여겨진다.

3대 촌장을 지내면서 많은 일을 했던 자오趙A 씨의 사례를 보면, 그는 마을 간부로 있으면서 호별영농제가 실시될 때 진鎭에 가서 호별영농제 관련 업무회의에서 논밭을 나누는 방법을 제안했다.

그 해에 내가 B지역 회의에 갔었는데, 전체 향鄕이 다들 밭 나누는 문제에 집중해서 토론했다. 먼저 땅의 경계선을 분명히 하는 문제가 있었는데, 좋은 땅, 중간 땅, 나쁜 땅을 먼저 구분하고, 집집마다 좋은 땅도 좀 나누고, 중간 땅도 나쁜 땅도 다 조금씩 나누는 것이다. 이 방법에 대해 3일 동안 논의했는데도 결국 통과가 안 되었다. 처음에 사람들이 나 보고 말하라고 했는데 내가 말을 안 했다. 마지막에 사람들이 내 의견을 묻길래 내가 이렇게 말했다.

"논밭은 구舊 사회의 조상들이 남겨 놓은 것이다. 그들이 개간했거나 영주領主에게서 사온 것이다. 1무든 2무든 3무든 밭을 나눌 때 조상이 남긴 땅을 기반으로 해서 나눠야 한다. 내 생각에는 각자 자기 조상이 남긴 땅을 먼저 받고, 나쁘든 좋든 받고 나서, 적으면 보충하고 많으면 내놓는다. 만일 조상이 남겨 놓은 땅이 많은데 식구 수가 적으면 땅을 다른 집에 나눠주고, 조상이 남겨 놓은 땅이 적으면 다른 사람들이 그 식구에게 나눠주는 거다."

내가 이렇게 말했더니 다들 이 방법이 아주 좋다고 여겼다. 이렇게 하지 않고 원래 토론하던 방법대로 하게 되면 땅을 갈거나 댐을 만들기도 아주 불편해진다. 만약 우리 집에서 물을 막아 버리면 다른 사람이 사용하지 못할 뿐 아니라 인민들 간에 갈등이 생겨나는 것이다. 결국 내가 말한 방법으로 논밭을 나누게 되었다.

호별영농제가 완성된 후 그는 또 사찰을 짓는 일도 주관했다. 사찰을 지으려면 절 자리에 있던 초등학교를 옮겨야 했고, 다방면의 노력 끝에 결국 초등학교를 도로 옆 자리로 옮기는 데 성공했다. 옮기고 보니 초등학교가 C촌 밖에 있고 강을 사이에 두고 있어서 홍수 때는 통행도 어렵고 위험해서, 현縣 인민위원회에 가서 상황을 보고 하고 현 정부에게 다리를 놔달라고 요청했다. 현 정부는 처음에는 동의하지 않다가, 당시의 촌장 자오趙A 씨가 시솽반나에 가서 도움을 요청하겠다고 강하게 말하자 결국 18만 위안의 돈을 들여 다리를 건설했다.

신중국 초기와 집단화 시기 그리고 호별영농제 초기에 마을 집체集體는 마을 전체를 통합하는 조직이었고, 이런 상황에서 촌 조직은 중요한 역할을 했으며 사람들의 집단의식도 강했다. 이후 점점 촌 조직의 역할과 중요성은 덜해졌고, 집체로서의 역할이나 의식도 약해지고 있다.[2] 촌민을 지냈던 자오趙A 씨는, 단결이 C촌 사람들의 특징이었는데 이젠 사람들이 전혀 단결하지 않는다는 말을 여러 번 반복했다.

2. 마을의 거버넌스

과거에 C촌은 시솽반나에 소속된 다른 11개 촌과 마찬가지로 토사가 다스렸는데 당시 C촌은 B 토사에 소속되었다. 토사들은 일반적으로 그 아래에 '종바總把' 4명을 두었고 각각 구역을 나누어 관리를

---

2 중국 향촌사회가 겪어온 변화과정에 대해 거시경제와 제도 변천사의 측면을 살펴보고, 삼농 문제와 함께 삼치(촌치/향치/현치) 문제에 초점을 맞추어 분석한 연구서로 원톄쥔·양솨이의 『삼농과 삼치: 중국 농촌의 토대와 상부구조』(진인진, 2020) 참고.

맡았다. B진의 다이족 마을 중 10군데에는 '종바'가 없었고 토사와 그의 신하 '자오롱가오召龍誥'가 직접 다스렸다. 그러나 사실상 자오롱가오는 종바들의 위에서 종바들을 관리하는, 토사의 중요한 신하였다. 토사에게는 또다른 중요한 신하가 있었는데 '자오징한召京喊'이라 불렸고, 병사와 금전을 관리하는 직위로서 자오롱가오와 비슷했다. B진의 다이족 마을에는 '훈피앤롱昏片龍(음차표기)'과 '훈시昏銑', '훈자昏鮓' 등의 벼슬이 있어서 마을의 각종 업무를 보았고, 훈피앤롱의 지위는 훈시나 훈자보다 높고 종바의 지위와 비슷했다. 훈피앤롱을 하는 사람은 일반적으로 토사의 측근이었고, 일반 마을에는 훈피앤롱이 없고 훈시와 훈자만 있었는데 C촌에는 바로 훈피앤롱이 있었다. 이는 B지역 토사의 부인 쪽 가족이 C촌에 있었기 때문이다. 이런 혼인 관계로 인해 여러 다이족 마을 중 C촌이 상대적으로 높은 위치를 차지하게 되었다. C촌의 한 촌민은 C마을에 있던 토우런頭人과 훈피앤롱이라는 독특한 직위에 대해 이야기해 주었다.

옛날에 토사가 다스릴 때 아래 마을에 토우런頭人이 있었는데 우리 다이족 말로는 보나이반波耐班(음차표기)이라고 한다. 토우런은 농사를 관리하고 마을의 단합을 책임지는 사람이다. 도둑이나 강도가 오면 사람들을 데리고 싸우기도 했다. 나중에 생겨난 촌장과 비슷한 지위다. 토우런도 사람들이 투표해서 뽑는다. 그리고 마을에 훈피앤롱이라는 직위도 있는데 토사 밑의 벼슬이고 토사가 파견한다. 이런 벼슬은 우리 자오 성씨 마을에만 있고 다른 마을에는 없다. 우리 조상이 귀족이었기 때문이다. 1930년대나 40년대부터 토우런이 없어지자 자오허번召和奔이 생겼는데 이건 토우런과 비슷하다. 자오허번은 마을의 인력을 쓸 수 있다. 당시 사람들은 그 자오허번에게 줄 돈이나 먹을 것이 없었으니, 자오허번의 집에 도움이 필요하면 사람들이 가서 공짜로 일해줬다.

마을에는 또한 종교적 업무를 주로 담당하는 자이토우寨頭가 있었는데, 롱토우龍頭라고도 하는 이 자이토우는 세습되는 자리였다. 특별한 이유가 없으면 한 집안에서 대대로 이어서 했고, 예를 들어 마을의 심장을 상징하는 자이신寨心에 제사를 지내거나 자이신을 관리하고 조상에게 마을의 인구변화나 관혼상제를 보고하는 등의 일을 하였다. 이에 대해서는 이 책 Ⅷ장에 좀더 자세한 내용이 나온다. 또 보잔波占이라는 직위도 있었는데 이는 미얀마식 불교사찰緬寺이 있는 마을에 흔히 있는 직위로서 사찰의 일상업무를 관리하고 청소하는 사람이다. 보잔은 매월 수차례 타악기를 두드리는 차오망敲鈧 의례를 하기도 했다. 마을에서 관혼상제 등이 있으면 보잔 또는 경을

차오망 의례를 마친 촌민들과 필자들이 담소를 나누는 장면

읽을 줄 아는 사람을 집으로 초대했고, 이들은 초혼 의례를 하기도 했다.

이처럼 C촌의 과거 거버넌스는 두 가지 차원으로 이뤄져 있었다. 하나는 토사가 위에서 아래로 임명하는 자이토우나 훈피앤롱 등으로, 이들은 대외적 소통과 세금징수 등 행정업무도 하고 마을 내부의 일상업무와 종교업무를 관리하기도 했다. 다른 차원은 사찰의 종교업무 관리로서, 마을에 있는 사찰 관리자가 책임을 지고 있었다. 임용의 방식으로 볼 때 자이토우는 세습되는 직위로서 선출을 거치지 않고 마을에서 정해진 가족의 장남이 하였다. 훈피앤롱은 토사가 임용하는 자리로서, 관리 경험이 있는 중년층이나 노인이 하였다. 보잔은 사찰에서 경문을 배우며 불교 수행을 한 경험이 있는 사람이 맡았고, 출가하여 승려가 되어본 적이 있으며 제사의례를 잘 아는 중년·노년 남성이 선호되었다. 과거의 다이족 사회에서 다이족 남성은 마을 거버넌스에서 핵심적 역할을 맡고 있었다.

1950년 C촌은 '해방'되었고, 상술한 토사 시대의 촌 거버넌스 시대는 끝나고 공식 행정제도가 만들어졌다. 중국의 다른 지역과 마찬가지로 이 마을은 민주개혁과 인민공사화, 집체화, 그리고 호별영농제에 이어 개혁개방 단계를 거쳤다. 그 중 민주개혁과 토지개혁 단계를 거치며 마을의 토지는 모두 집체소유제가 되었다. 인민공사 시기에 C촌이 속한 B진 지역은 하나의 생산대대가 되었고 C촌은 그 밑의 작은 생산대分隊였다. 이 안에서 소대장小隊長과 출납원, 회계가 생산과 생활을 관리했다. 그 후 마을에서 호별영농제가 실시되자 집체화 시기의 소대小隊는 해산하고 C촌은 자연촌으로 설치되었으며, 소조장과 부副소조장 등도 임명되었다. 나중에는 정책이 조정되면서 행정

촌에 공산당 조직과 감독위원회가 설치되었다. 자연촌에는 이런 행정조직은 없지만 C촌의 촌민 중 행정촌에서 이 일을 하는 사람이 있으므로, 마을에 어떤 일이 있을 땐 행정촌의 공산당 조직이나 감독위원회에서 일하는 촌민과 공동 상의하였다.

상술한 기본 조직 이외에 최근에는 전통적 행정관리 제도나 촌 조직도 부활되고 있다. 한 예로 C촌에서는 마을 향약을 만들었는데, 마을 공동재산을 기록한 장부에서 결혼 등에 관한 규정을 찾아볼 수 있다. 예를 들어 결혼 전에 미혼 상태에서 아이를 낳은 가정은 마을 공동재산에 쓰일 벌금을 내야 한다거나, 이 마을에 호구戶口가 없는 사람이 혼인을 통해 이주해 오면 부담금을 지불해야 다른 촌민들과 같은 토지 등의 혜택을 받을 수 있다는 내용이 있다. 이런 내용은 마을주민대회에서 토론을 거쳐 통과된 후 오랫동안 집행되어 온 것으로서 촌민들 사이에서 하나의 전통으로 여겨지고 있다.

또한 C촌의 마을 관리에서 노인은 중요한 역할을 담당해 왔다. 촌장을 지냈던 자오趙F 씨의 구술에 따르면, 그가 촌장일 때 징훙에 교류하러 간 적이 있는데 그 지역의 다이족 마을 여러 곳에 "시사오라오반喜掃老班"이라는 노인조직이 있었다. 덕망이 높은 노인 네 명으로 구성된 조직으로서, 그들은 중요한 자리에 참석하거나 일상 업무를 관리하거나 마을주민 간의 분쟁을 중재하고 있었다. 자오趙F는 마을로 돌아오자마자 이 제도를 모방하여 마을에 시사오라오반을 만들었다. 자오趙F를 비롯해 당시의 보잔 등 네 명의 노인이 추대되었고 모두 남성이었다. 처음 만들었을 때에는 제도가 잘 돌아갔고, 이들은 중요한 행사에 참석하거나 마을 간부에게 의견을 제기하는 역할도 했다. 그러나 그가 촌장을 그만둔 후 이 제도를 유지하려고 발벗고 나서는 사람이 없어지면서 C촌의 시사오라오반 제도는 몰락하게 되었고, 지금은 누가 시사오라오반 구성원인지 아무도 모른다.

시사오라오반 제도가 C촌의 공식 정치 거버넌스에서는 쇠퇴했지만, 마을에서 노인들은 여전히 중요한 역할을 담당하고 있다. 그들은 비공식적 방식으로 마을 일에 관여하는데, 예를 들어 식사를 마치고 모여 마을 일을 토론할 때 노인 몇 사람이 사실상 지도자 역할을 하며 여론을 이끈다. 우리가 현지조사하는 과정에서, 자오趙F 씨가 촌민들과 모인 자리에서 현임 촌장에 대해 불만을 이야기하는 광경을 종종 볼 수 있었다. 그는 자신이 마을 노인의 지도자라고 자처하며, 현임 촌장이 민중과 거리를 둔 소집단주의자이고 횡령만 한다고 지적하곤 했고, 이런 의견은 마을 주민들에게 상당한 영향을 끼쳤다. 공식 행정에서 물러난 노인들은 담론의 힘에 의지하여 중요한 사건의 의사결정 과정에 영향을 미치지만, 노인들의 의견을 표현하는 합법적·공식적 경로는 이제 없기 때문에 그들의 의견은 점점 실질적 영향력이 약해지고 식사 후의 한담에 그치는 경향이 커진다. 그래도 C촌의 다이족은 노인이 행정관리를 하던 전통이 있기 때문에 아직은 노인의 권위가 중요한 의미를 지닌다. 우리는 이 책 V장에서, 마을의 주민 집단이 주와 같은 중요한 사건에서 청년이나 중년층에 비해 노인들의 목소리가 좀 더 중요하게 작용하는 현상을 보게 될 것이다.

3. 변경 관리: 관행과 제도

중국의 접경지역에서 국경을 넘나드는 교역과 혼인을 통해 확인할 수 있는 것은, 중국이 역사적으로 형성된 전통 생활공간과 관습을 인정하는 방식으로 변경을 관리하고 있다는 사실이다. 그러한 변경 관리는 한편으로는 제도를 통하여 나타나고 다른 한편으로는 집행과 정에서 나타난다. 변민증으로 불리는 '변경지구 출입경 통행증'이나 '변민 호시邊民互市', 그리고 일반 국제혼인과는 다른 특수 규정을 통해 변민 통혼에 편의를 제공하고 제도화한 점 등이 제도적 기제라면, 출입경과 혼인에서 중대한 위법행위가 발생하지 않는 한 기존의 관행이나 행태를 묵인하는 것이 집행과정에서의 특수한 변경관리라고 할 수 있다.

C촌 주민들에게 발급되는 변민증의 정식 명칭은 '중국 – 라오스 변경지구 출입경 통행증'이다. 변경지역에 대한 다른 연구들과 우리가 조사한 마을을 종합해 보면, 같은 중국 내에서도 지역에 따라 다른 통행증을 발급하여, 어느 출입구를 통해 오갈 수 있는지, 그리고 라오

변민 호시 전용 통도邊民互市專用通道

스에서는 어느 지역들까지 출입이 가능한지가 모두 명확하게 명시되어 있다. 통행증에는 "신분: 변민"이라고 나와 있어서, 내지內地의 일반 사람들과는 분명하게 다른 신분으로서 변경지역의 주민들만이 발급받을 수 있는 통행증임을 보여준다. C촌에서 확인한 바에 따르면, 이곳의 변민증은 라오스 북부 3개 성省을 자유롭게 통행할 수 있도록 허가되어 있었다. 변민증을 소지한 변민은 정식으로 설치된 세관의 별도 통도, 즉 '변민 호시 전용 통도'를 통해 자유롭게 통행할 수 있을 뿐 아니라, 공식적으로 통행할 수 없는 오솔길을 이용하는 경우에도 변방수비대가 변민증만 확인하고 통과시켜준다고 한다. 이러한 통행증은 중국뿐만 아니라 라오스에서도 발행하기 때문에 라오스의 변경 주민들도 자유로운 출입과 교역이 가능한 것이다.

주링페이朱淩飛와 마웨이馬巍는 이러한 변민증이 세 가지 특징을 가진다고 분석하였다.[3] 첫째, 변민증은 마치 여권처럼 명확한 국민 분을 암시하며, 양국 변민증의 서로 다른 수속과 사용법은 '너'와 '나'의 구분을 체현하고 양국 변민의 국가의식을 강화하는 역할을 한다; 둘째, 양국 변민이 비록 서로 다른 나라의 국민이지만 동시에 같은 변민 신분으로서 국경을 가로질러 촌민들간에 서로에 대한 일종의 동일시가 생겨나서, 공통의 언어와 문화와 결합하여 국경을 가로지르는 일종의 지역적 집단의식을 만들어낸다; 셋째, 변민증은 변경지역 주민만이 신분증에 기초하여 만들 수 있고 여권보다 훨씬 융통성 있게 사용할 수 있어서, 변민들의 독특한 변경의식을 강화하는 측면

---

3 朱淩飛·馬巍, "邊界與通道: 昆曼國際公路中老邊境磨憨、磨丁的人類學研究," 『民族研究』 2016年第4期, 2016, p.44.

이 있다.

중국은 1955년부터 북한, 몽골, 네팔, 베트남, 라오스, 미얀마, 인도 등 7개국과 조약을 체결하여 이 변민증을 발급해 왔다.[4] 그 외에도 훈춘琿春의 경우 '호시증'中俄邊民互市貿易互市證을 발급하는데,[5] 변경지역에 통행과 교역을 위한 출입과 편의를 위해 유사한 다른 제도가 만들어져 있음을 보여준다. 「국무원의 변경무역 관련 문제에 관한 통지國務院關於邊境貿易有關問題的通知(1996.1.3.)」에 의하면 변경선에서 20km 이내에 거주하는 변민은 정부가 비준한 개방지역과 호시에서 일정한 금액이나 수량을 초과하지 않는 교역활동을 할 수 있다. 이에 따라 1999년에 3,000위안 이하의 생활용품에 대한 변민들의 면세 교역을 허용하였으며,[6] 2008년에는 허용금액을 8,000위안으로 인상했다.[7] 우리가 이 책에서 서술하는 C촌과 라오스 지역의 경제적 교류활동은 이러한 제도적 보장 하에서 가능한 것이다.

변민끼리의 혼인은 일반적 국제결혼과 달리 「중국 변민과 인접국 변민 혼인등기 방법」과 같은 별도의 특수규정으로 관리된다. 일반 국제결혼에 필요한 서류조건과 다르게 여권이나 변민증 등으로 필요서류가 충족되도록 한 것은, 점점 늘어나는 변민 통혼에 편리를 제공하

---

4 "中朝中尼中印新版'邊民證'啓用", 『人民日報海外版』 2016.11.4.

5 「琿春中俄互市貿易區管理局琿春(中俄)邊民互市貿易互市證申辦說明 (2017.2.8.)」

6 「對外經濟合作部,海關總署關於進一步發展邊境貿易的補充規定的通知 (1999.1.1.)」

7 「財政部,海關總署,國家稅務總局關於促進邊境貿易發展有關財稅政策的 通知(2008.11.1.)」

기 위한 것이다. 1995년 규정에서는 본인의 혼인상황 그리고 중국인과의 혼인에 대한 본국 정부기관의 동의가 필요했던 데 비해, 2012년 개정 규정에서는 본인의 서명 그리고 혼인상황에 대한 공증증명 제출로 간소화했다. 흥미롭게도 이 규정에서 일종의 국제결혼임에도 불구하고 직계친척이나 3대 내의 혈족관계가 아니라는 서명 자료를 제출하도록 명기한 것은, 국경이 민족뿐 아니라 친인척을 두 개의 국가로 나누어놓았음을 보여주는 것이다.

변민증과 변민 호시, 혼인에 대한 특수규정이 역사적으로 존재하던 변민들의 생활공간을 제도적으로 인정한 것이라면, 실제 집행 과정에서는 훨씬 더 큰 유연성이 있는 것으로 보인다. 라오스의 우더鳥德와 멍우蒙鳥 현은 과거 시솽반나의 일부로서, B진과 연결되어 있어서 행정구획의 변화 속에서도 민간 왕래는 끊임없이 이어져 왔다. 중국과 라오스 국경에서 직선거리로 10km도 떨어지지 않은 C촌은 현재 라오스 다이족과 친척지간으로 왕래가 빈번하다. 이 접경지역의 국경에 대한 국가의 관리는 마을사람들의 국경 왕래에 큰 영향을 미친다. 우리가 2016년 인터뷰한 마을 주민은 자신도 변민증을 만들었지만 어디 있는지 모르겠고 3-4개월에 한 번씩 라오스로 놀러간다고 했다. 정식 출입경 통로가 아니라 관습적으로 오가던 뒷길로 변민증 없이 출입해도 심지어 변방수비대의 간섭조차 받지 않음을 의미한다. 중대한 범법행위가 아닌 한 변민들이 국경을 넘나드는 일상적인 행위에 대해서는 간여하지 않는다는 뜻이다. 개혁개방 이전에는 국경을 넘나드는 사람들을 통제하고 국경의 안전을 위해 민병을 대거 동원하기도 했다. 여러 차례 민병대 소대장을 지낸 촌민 자오趙C는 다음과 같이 회상했다.

1976년부터 무장武裝 소대장을 맡아 1993, 94년까지 그 일을 했다. 1960, 1970년대에는 국경이 가장 혼잡해서 통제할 수 없는 일이 많았고 휴대전화도 없던 시절이었다. 한 번은 멍라猛臘지역의 부대가 A현 부대와 싸운 적이 있다. 서로 원한이 있어서가 아니라, 상대방이 중국 부대인 줄 모르고 라오스 쪽 부대가 들어왔다고 생각해서 서로 싸운 거다. 결국 10여 명이 죽었는데 이게 이 지역에서 일어났던 가장 큰 충돌이다. 전화도 없었고 양쪽에 전화로 정보를 알릴 수도 없었다.

나는 십여 년 동안 무장 소대장으로 일했는데, 그 때 무장 소대장은 지금과 달랐다. 그 때 우리는 권력도 컸고, 부대가 우리에게 총도 나눠줬다. 다른 마을은 권총을 갖고 있을 때 나는 기관단총을 갖고 있었다. 라오스에서는 여러 종류의 아편을 심으니까, 마약 밀매를 하는 사람들이 있었다. 이런 소식을 들으면 우리는 국경에 가서 그런 사람들을 잡아야 하는 거다. 아편 장사 하는 사람들은 일반적으로 모두 현지 사람이다. 그 때는 낮이고 밤이고, 통지가 오기만 하면 우리는 이런 사람들 잡는 일하러 가야 했다. 그 때 이 산들에는 이런 길은 없이 흙길만 있었고, 지금처럼 대로가 국경까지 이어져 있지 않았다. 한 번은 내가 변방 병사를 국경으로 데리고 갔는데, 나는 그들 중대장과도 아주 잘 아는 사이였고, 신병 몇 명이 따라왔는데 산둥山東, 허베이河北, 허난河南 등의 지역에서 온 사람들이었다. 명절 때 이 국경지대에 가야 할 경우엔, 명절을 미리 지내고서 가야 했다. 그 때 내가 그 신병들을 데리고 갈 때, 산을 몇 개 넘으면 곧 도착할 때가 되었는데 그들이 더 이상 못 걷겠다고 하면서 엎드리길래 내가 그들 중대장에게 말했다. "당신이 인솔하는 이 병사들은 안 되겠네. 군대에 있는 사람들이 나같은 평범한 백성도 못 따라오니, 만약 전투를 시작하면 어떻게 하겠어?" 사실 당시엔 변경지역이 지금과 달리 진짜 아무 것도 없어서 당시 그런 지역에서 군인들은 많이 고생했다.

B향의 경계비는 두 개 있는데, 내가 민병대 중대장일 때 민병을 데리고 순찰을 돌면서 이 경계비들을 관리했다. 이 경계비 다음 번호의 경계비 두 개는 D현 쪽에 있는데 이건 우리쪽 관할이 아니다. 그 경계비 중 하나는 오래되었는데 송산림松山林에 있던 것으로서, 프랑스가 점령했을 때 중국과 함께 세웠다. 내가 지난 번에 가보니 오래된 경계비에 프랑스 글씨까지 있었다. 경계비 중 다른 하나는 최근에 새로 세워진 것이다. A현에서 우리에게 총을 주었는데 C촌에는 40여 자루가 있었다. 당시에는 배정된 총을 모두 몸에 지니고 있어야 했고, 상황이 심각할 때는 밭에 나가 일할 때도 총을 메고 있어야 했다. 매년 나는 향 정부의 무장부에 가서 한 달 동안 훈련을 받아야 했다. 당시에는 무장 소대장이 80-100위안 정도 수입이 있었다.

우리는 라오스와 충돌한 적은 없다. 라오스 쪽 병사는 모두 우리 중국 쪽에서 훈련시킨 사람들이다. 제자가 스승을 이기지는 못한다. 내가 어려서 B지역 중학교를 다닐 때 라오스에서 이 쪽으로 군대를 파견하여 중국에 와서 전술을 배웠다. 우리 중국은 베트남과 싸웠는데, 베트남 사람은 잘 싸우고 라오스 사람은 잘 못 싸웠다.

우리 쪽 민병 조직은 중대고 그 아래로 여러 개의 소대가 있다. 예전에 우리 집은 정보소 역할을 했는데, 부대에서 정보 일하는 사람이 우리 집에 와서, 한 번에 4-5명이 A지역에서 내려와 나를 따라 집에 들어와서 평범한 사람들 옷으로 갈아입고 나면 내가 그들을 데리고 야오족이 있는 곳으로 갔다. 장사꾼으로 가장하고 가는 것이다. 이 사람들은 출신이 다양하고 쓰촨병四川兵, 구이저우병貴州兵이 있었는데 월급도 꽤 받았다. 작년에 푸얼普洱에 가서 그 사람들 만나서 술도 마셨다.

민병은 치안 유지와 생산 보장을 위해 범법자들을 잡아야 하는데, 노동 개조 대상자들, 아편 파는 사람들, 그리고 당시는 어지러울 때라서, 변경지역에서 소나 말을 훔치는 사람들도 있었다. 1970-1980

년대에는 이런 일이 아주 많아서, 주민들이 보면 우리나 공안국에 신고하고 변방 파출소가 우리를 데리고 잡으러 다녔다. 한 번은 아편을 파는 사람을 잡았는데, 사실 이런 사람들 잡을 때 굉장히 위험하다. 그들은 칼이랑 총도 다 갖고 있다. 그땐 우리 쪽 사람수가 많아서 다행히 잘 잡았다. 지금도 민병대가 있고 매년 군대 가서 훈련도 하고 총 쏘는 연습도 하지만 총은 없다고 한다. 그 때 우리들만 총을 갖고 있었다. 지금 C촌에는 세 개의 반이 있고 각 반마다 십여 명씩이 있다.

C촌 사람들은 라오스의 다이족과 언어문화가 비슷해서 라오스 쪽 상황을 잘 알고 있고 라오스에 친지들도 있다. 이런 장점 때문에 정부는 일부 C촌 주민들을 동원해 라오스에 정보를 수집하러 다녔다. 과거에 이렇게 정보를 수집하러 다니는 일을 했던 촌민은 당시를 이렇게 묘사했다.

당시 국경 지역이 어지러울 때라서 국경 양쪽에 모두 부대가 있었다. 1978년에 스마오 군 분구思茅軍分區 책임자가 나를 찾아와 정보 연락을 해달라고 했다. 정보 연락은 저쪽 부대의 상황, 부대 이름, 부대원 숫자, 사용하는 무기 그리고 부대 이동 상황을 파악하는 것이다. 이 일은 굉장히 위험하다. 라오스까지 국경을 넘어서 가야 하는데, 낮이든 밤이든 가라면 가야 한다. 상황이 심각하지 않을 때는 낮에 갈 수 있고, 심각할 때는 밤에 가야 했다. 1978-1979년에 라오스에 갔는데, 국경 지역은 지뢰가 많아 자칫 밟을 수 있어 위험했다. 우리 중국 쪽 사람들은 잘 모르니까 라오스 쪽 사람들의 안내를 받아야 한다. 나는 저쪽 야오족 두목頭人과 의형제를 맺어서 그에게 길을 안내해 달라고 했다. 저쪽의 야오족은 다들 아편을 심는데, 이 야오족 형님도 아편을 안 피우면 일을 못

하더라. 그가 나에게 말하길, "동생아, 난 아편 안 피고는 안내 못해"라고 했다. 그 때는 워낙 어지럽고 불안할 때라서, 내가 저쪽 지역 갈 때 총이건 뭐건 아무것도 못 가져가고 연필이랑 종이밖에 없었다. 그 지역에서는 함부로 막 두리번거리면서 보면 안 되고 바보처럼 묵묵히 걸어가야 한다. 만약 여기저기 둘러보면 의심받을 수 있다. 근데 우리가 눈으로 보지는 못해도 귀로는 들을 수 있으니, 유용해 보이는 소식을 들으면 메모를 했다. 그쪽에 가서는 친척을 찾아가서 알아봐야 했다. 우리 친척은 자오趙 성씨를 가진 가장 높은 계급이기 때문에 나는 그 곳에 가면 안전하다. 사람들이 감히 신고하지 못한다. 그 지역의 다이족은 우리 쪽과 달리 등급이 있다. 내 친척은 등급이 높다. 여자들은 남자 앞을 지나다닐 때 허리를 숙이고 손으로 치마를 잡고 조심해서 지나간다. 우리 쪽도 해방 전에는 라오스와 비슷했다.

접경지역의 경계비들

개혁 개방 이후에는 국경에 대한 국가의 관리가 변화를 겪으며 '변민증邊民證' 또는 '출경증出境證'만 있으면 공식 통상구를 통해 자유롭게 국경을 넘나들 수 있게 되었고, 그래도 상당수의 촌민들은 편의

상 산쪽 오솔길로 수시로 넘어다녔다. 그런데 이렇듯 상당히 '자유롭게' 국경을 넘나드는 사람들의 흐름이 존재하는 현상을, 국가 관리능력의 한계를 의미한다고 해석해서는 안 된다. 국가의 이익을 침해하지 않는 한 변민들의 전통적 일상생활의 범위에 속하는 일에 대해서는 탈법적 행위이더라도 묵인하는 것이다. 조사에 의하면 라오스 친척 방문 또는 라오스에 놀러가는 경우뿐 아니라 의료시설이 좋지 않은 라오스 친척들이 중국에 치료를 받으러 오는 경우도 모두 공식적 통로를 이용하지 않고 뒷길을 이용한다.

이는 변경에 대한 관리가 국경선에 대한 관리에 그치는 것이 아니라, 변경의 역사와 전통을 인정하며 변경지역 자체를 특수하게 관리함을 의미한다. 이러한 지역으로서의 변경 관리는 변경지역을 국경에 의해 분리되고 단절되는 공간이 아니라 초국가적 활동이 이루어지는 공간으로 만들고 있다. 변경의 민족 지역은 낙후된 전통과 역사의 공간이지만, 역사와 전통이 국가의 경계를 뛰어넘는 공간이기도 하다. 그런 점에서 변강은 과거의 유산이지만 과거의 유산이 미래와 접합하는 곳이기도 하다. 그러한 과거와 미래의 접합은 선으로 그어진 근대 국가 중국이 변경지역에서 선을 뛰어넘어 생활을 영위하는 사람들의 공간과 활동에 대하여 제도적으로든 비공식적으로든 인정하고 묵인한 결과이기도 하다.

IV

마을 토지제도와 토지관리
독특한 토지분배 경험과 국가로의 편입

1. C마을의 토지 현황과 토지 제도 변화

　　C마을에는 모두 110세대가 거주하고, 현지조사 당시 기준으로
총 인구는 494명이다. 그 중 농업조합원은 494명이고 농업보험 가
입자는 249명이고, 기초생활수급자는 176명이다. 경작지 면적은
1,691무(338,200평)이고 차茶 재배면적은 813무(162,600평), 고무 2,512
무(502,400평), 커피 57무(11,400평), 고무는 1,320무(264,000평)이다. 농
민 일인당 수입은 7,052위안이고 일인당 식량 보유량은 300.1kg, 일
인당 경작지 면적은 3.4무(680평)이다. 현재 C마을의 주력 산업은 세
가지인데 그 중 고무 재배 면적은 22,986무로서 일인당 8.1무, 차 재
배면적은 3,627무로 일인당 1.4무, 그리고 커피 재배면적은 2,873무
로 일인당 1.02무가 있다. 마을의 산림면적은 23,398.8무인데 그 중
과수 경제림은 9,841무로 일인당 4.1무가 있고 초원은 5,600무, 황무

지는 115,050무, 기타 면적은 100,005무이다. 2012년도 C마을의 농촌 경제 총수입은 1,392.86만 위안이었는데 그 중 재배업 수입이 612.31만 위안, 목축업 390.96만 위안, 어업 31.67만 위안, 임업 50.61만 위안, 외지 노동수입 261.34만 위안이었다. 마을에서 외지에 나가서 일하는 사람은 86명이고 그 중 70명은 윈난성에서 일한다.

우리 현지조사에 따르면 C마을에서 현재 이용되는 경작지는 여섯 군데인데, 마을 앞의 경작지는 강가에 있어서 토질이 비옥하여 벼 농사를 짓는다. 벼를 수확한 후에는 다른 지역 사람들에게 임대하여 지정된 농작물을 재배하며, 농사를 안 지을 때는 마을사람들이 알아서 농작물을 재배할 수 있다. 강 동남쪽에 약 100무 가량의 경작지는 강 상류에 위치하여 매우 비옥하고, 강 동남쪽 약 100무의 경작지도 비옥하다. 이 경작지들은 토사 시대부터 이 마을의 땅이었고, 그 후 새로 개간한 경작지들도 있다. 1980년대 개간한 30무 정도의 경작지, 북쪽 강 지역에 있는 1989년 개간한 약 40무의 경작지, 예전 집체 시기 농장에서 사용하다가 1984년 마을로 반환된 약 50-60무의 경작지가 있다. 강가에 약 100무 경작지도 있었는데 이것은 1998년 10만 위안에 매각되었다. 그리고 마을 주변을 둘러싸고 있는 산의 산림은 국가 생태공익림도 있고 지방 공익림, 그리고 마을 소유의 산림, 개인 산림도 있다. 마을주민이 관리하는 산림은 보통 고무나 망고, 커피 등 경제작물을 재배하고 차나무나 파인애플 등을 재배할 때도 있다.

C마을의 토지제도는 신중국 들어서 국가질서에의 편입 과정에서 계속 변화되어 왔는데 그 중 가장 중요한 수단은 토지 권리의 소속관계를 부단히 확정하거나 조절하는 것이었다.[1] 중화인민공화국『토지관리법』에서 중화인민공화국은 토지의 사회주의 공유제, 즉 전민소

유제와 노동인민 집단소유제를 실시한다고 규정하고 있다. 전민소유는 전체 국민을 국가가 대표하여 토지 소유권을 행사하는 것이고, 집단이나 개인은 토지사용권만 있다는 의미이다. 농민 집단(집체)이 소유하는 토지는 법에 의해 마을사람들이 공동으로 소유하는데 마을의 경제조직이나 촌민위원회가 경영·관리한다. 향(진)농민집체 소유인 경우 향(진)농촌집체 경제조직이 경영·관리한다. 신중국 초기의 농촌 토지개혁은 소유권이 확정되지 않은 토지를 모두 국유로 만드는 것이 목적이었다. C마을에도 예전에 소유권이 확정되지 않았던 땅이 많았는데, 이 마을이 속한 A자치현이 '해방'된 후 이런 땅이 모두 국유토지가 되었다. 그 중에는 산림도 있고 농민들이 원래 경작하던 땅도 있었다.

중화인민공화국 헌법 제10조에 따르면 농촌과 도시 교외의 토지는 법에 정한 국가소유 토지를 제외하면 모두 집단소유이고 주택 건설용 토지나 개인소유림, 개인소유지도 집단소유이다. 제9조에 따르면 광산이나 하천, 산림, 산맥, 초원, 황무지, 간석지 등 자연자원은 모두 국가소유이자 전민소유이되 법이 정한 집단소유의 산림이나 산맥, 초원, 황무지, 간석지는 제외된다.

1980년 전후 전국 각지에서 호별영농제가 실시되어 토지제도가 집단공동경영에서 농민가정경영으로 변했다. C촌은 1982년경 호별영농제가 주로 경작지에 한하여 실시되었고 기존의 토지 사용방식에 맞추어 제도를 실시했는데, 즉 한 집안이 원래 사용하던 토지를 식구

---

1 근대 중국의 토지 소유권과 관행에 대해서는 이원준, 『근대 중국의 토지 소유권과 사회 관행』, 학고방, 2019 참고.

수에 맞추어 평균적으로 분배했다. 이는 전국 대부분의 지역에서 토지를 모두 통계내고 나서 평균적으로 분배하는 방식과 달랐다. 당시 자류지自留地나 마을 집단소유 임지林地에 관한 자세한 규정은 없었다. 호별영농제의 실시와 함께 1981년 3월 중국공산당 중앙위원회와 국무원은 『산림보호 및 임업 발전 등 약간 문제에 관한 결정』을 발표하여, 산림경영권이 집단공동경영에서 농민으로 이전되었다.[2] C마을 주변에 많은 국유 수목원이 있었는데 관리와 사용을 개인에게 넘기는 게 불편하여 여전히 집단공동관리를 실시하고 있다. 마을사람들이 목재를 사용하고자 할 때는 촌민위원회와 수목원에 신청하여 허락을 받은 후 집단 소유림에 들어가서 벌목을 할 수 있다.

2008년 6월 중국공산당 중앙위원회는 「전국 집단소유림제도 개혁 추진에 관한 의견」에서 5년 내에 토지소유권 확정과 호별영농제 등을 통해 농촌 세대별 호별영농제를 경작지에서 산림으로 확대 적용하는 계획을 발표하였고, 전국에서 산림 도급경영제도가 중심이 되는 산림권 제도 개혁이 시작되었다.[3] 이번 개혁은 원래 소유권이 확정되지 않았던 산림, 특히 원래 집단공동관리였던 산림을 농민 가정에 분배하고 세대마다 산림권 증명서를 취득하여 다양한 유형에 따라 자주적으로 산림을 개발할 권리를 가지게 해주었다. 「의견」의 규정에 따르면 농민은 법에 따라 상업림의 경영 내용과 방법을 독자적으로 결정할 수 있고 목재를 자주적으로 판매할 수 있다. 공익림의

---

2 程雲行, "南方集體林區林地産權制度研究綜述," 『林業經濟問題』, 2002年 6期, pp.331-335.
3 黃錫生 · 徐本鑫, "我國後林改時期集體林地承包經營的現實問題與制度完善," 『農業現代化研究』, 2011年 4期, pp.432-435.

경우 생태기능을 파괴하지 않는다는 전제 하에 합법적·합리적으로 산림자원을 사용하여 재배업·양식업을 개발하거나 관광 목적으로 산림경관을 개발할 수 있다. 이런 정책에 의거하여 C마을은 집단공동소유 산림을 분배했는데 특히 원래 마을 공동소유였던 산림을 모두 개인에게 분배하고 세대마다 산림권 증명서를 발급했다. 또한 국유 수목원과 현縣의 수목원은 여전히 집단공동관리를 하면서도 생태보장 방식으로 매년 마을에 일정한 금액의 보상금을 주며, 보상 기준은 생태공익림에 대한 국가의 관련 규정을 따른다.

2013년 중국 임업부와 재정부는 「국가급 공익림 관리방법」과 「국가급 공익림 경계확정 방법」을 발포했는데, 생태공익림이란 생태환경의 보전과 개선, 생태균형 유지, 생물다양성 보호 등 인간사회의 생태사회적 욕구와 지속가능한 발전을 주요 기능으로 하며, 공익적, 사회적 제품이나 서비스를 제공하는 산림·임목·임야를 가리킨다. 생태공익림의 경계 확정은 현縣 정부의 임업 관리 부서와 재정 부서가 함께 정보를 수집한 후 동급의 인민정부와 성省 정부 임업 관리부서의 확인과 승인을 순차적으로 받은 후 중앙정부에 보고하여 최종 허가를 받는다. 경계가 확정된 공익림의 면적과 범위는 임의로 변경할 수 없으며, 변경 필요시에는 중앙정부 임업관리부서의 승인을 받은 후 성省 정부와 시市 정부 임업관리부서에 통보한다.

A현에서 생태보상보호구역으로 지정된 공익림은 84.35만 무나 되는데 그 중 국가급 공익림은 41.39만 무이고 성省 공익림은 42.96만 무이다. 또한 생태보상보호구역으로 지정되지 않은 공익림은 12만 무가 있는데 이들은 모두 국유림에 해당한다. B진의 생태공익림은 총 65,661무로서 3개 촌민위원회의 32개 촌민소조에 속하며, 그 중

국가 공익림은 39,739무이고 성의 공익림은 25,922무이다. C마을의
생태공익림은 33,540무로서 11개 촌민소조에 속하고, 그 중 C소조의
집체공익림은 5,243무, 개인 공익림 2,203무, 그리고 국유 공익림 895
무가 있다. C마을의 공익림에 대한 국가의 보상은, 국가급 공익림은
한 무당 10위안이고 성급 공익림은 한 무당 5위안이며 시급 공익림
에 대해선 이런 보상이 없다. 이것은 산림을 관리하는 마을주민에게
주는 보조금이고 관리비 개념에 해당한다. 2009년경 국가에서 공익
림을 개인에게 분배했는데 마을주민이 거기 나무를 심고 잘 관리할
책임을 지니며 경작지로 변하지 않도록 해야 한다는 규정이 있되,
일부 작물을 심을 수는 있다. 예를 들어 C촌의 촌민들은 공익림에
사인砂仁을 재배하여 매년 일정한 수익을 낸다. 촌장을 지냈던 자오
趙P 씨는 이렇게 말한다.

> 내가 소조장 할 때 공익림 보조금이 내 계좌로 들어왔는데, 처음
> 받은 게 몇 년도인지 정확히 기억은 안 나는데 5위안도 안 되고
> 4.75위안이었다. 지금 얼만지는 모르겠는데 아마 공제를 안 할 거
> 다. 그 때는 임업국 공무원들이 0.25위안을 공제하고 준 거다. 국가
> 에서는 우리에게 5위안을 주는데 실제 우리가 받는 돈은 4.75위안
> 밖에 안 되었다. 저 사람들이 몰래 0.25위안을 챙겨먹었다.
> 그 때는 개인 임지는 없었고 집체 공동소유만 있었다. 그러니 들
> 어오는 돈은 전부다 집체 계좌에 넣었다. 정부에서 주는 돈이 내
> 계좌를 거쳐서 바로 집체 공용 계좌로 들어가는 거다. 마을에서 그
> 걸 가지고 쓰고, 안 쓰면 거기 그대로 있다. 그건 집단 전체의 돈이
> 지 개인 소유물이 아니다. 개인이 쓰면 안 되는 거다. 지금은 우리
> 개인 것도 있어서 보조금이 개인 계좌번호로 들어온다.

토지에 대한 국가의 관리제도는 역사적으로 계속 변천을 겪어 왔다. 과거에 C마을은 오랫동안 시솽반나의 땅 열두 군데 중의 한 군데를 관리하는 B지역의 토사가 다스렸고, 당시 토지의 대부분은 이 토사가 소유했고 농민은 빌려 쓸 수밖에 없었다. 우리는 촌민들과의 인터뷰를 통해 토사가 관리하던 시절의 토지 관리는 느슨했다는 이야기를 들을 수 있었다. 토사는 지역의 최고 자치관리로서 역내의 모든 땅을 관리했고, 농민이 경작하는 땅이 토사가 관리하는 땅인 경우 매년 일정한 세금을 내야 했다. 그런데 당시 명확한 규정이 없었기 때문에 토사가 관리하는 땅을 농민이 상당히 자유롭게 경작도 할 수 있고 면적에 관한 제약도 없었다. 경작지를 개간한 후 3년 내에 세금이 면제되는 규정도 있었다. 최초 3년간은 불확실한 요소가 많아서 생산량을 보장할 수 없다는 이유로 세금이 면제된 것이다. 3년이 지나면 토사에게 납세를 해야 했다. 그런데 C마을을 최초로 개척한 사람이 토사의 후손이라서 C마을은 귀족의 지위를 가지게 되어, 다른 마을에 비해 토사의 명령을 덜 따라도 되었고 세금만 납부하면 되었다.

　농민들은 또한 부역을 나가야 했는데, 예를 들어 토사 집안의 심부름을 하거나 중요한 의례를 치를 때 심부름을 도와주는 것이다. 부역을 하는 농민에게 토사는 토지로 보상해 주기도 했다. 예를 들어 토사의 집에서 칼을 만드는 집안에게 하사한 땅은 도전刀田이라고 불렸고 가마를 메는 사람에게 하사한 땅은 산전傘田이라고 불렸다. 이런 땅에서 수확한 것에 대해 농민들은 세금을 납부하지 않아도 되었다. 또 토사의 집안사람들이 경작하는 땅도 있었는데 땅이 없는 사람을 고용하여 논밭을 가꾸기도 했다. 고용된 사람은 토사 집에 상주하면서 식량을 분배받았고, 어느 정도 돈을 모으고 나서는 토사의 집을 떠나 다른 지역에 가서 땅을 개간하기도 했는데 그럴 경우에는 세금을 내야 했다. 자연재해 등으로 흉년이 들면 토사는 사람들을 구제하고자 평소에 징수한 일부 식량을 나누어 주기도 했다. 따라서 토사의 토지관리는 정확한 토지 면적에 따라 엄격히 하는 것은 아니었고, 종교적 권위나 카리스마가 좀더 중요한 역할을 하였다고 볼 수 있다.

민국 시기 국민정부가 수립된 후 윈난 지역에 대한 '개토귀류改土歸流' 정책이 확대되었다. 1929년부터 1940년까지 네 차례에 걸쳐 전면 토지 측량을 실시했고, 윈난성 정부는 토지 측량을 위한 세부 계획을 수립해 토지 관련 행정과 재판기관을 설립하여 많은 법규를 제정했다. 토지 측량은 시범 기간과 보급 기간으로 나눠 농촌 토지를 측량 및 등록하여 권리를 확인했고, 윈난성 역사상 가장 정확한 토지 면적과 토지세액을 산출해 냈다. 민국 시기의 개토귀류와 토지정책 시행으로 농민들은 토지 소유권을 획득하고 토지 등기를 실시했으며, 측량목록을 수령하고 권리를 확정하고 측량증서도 발급받았다. 중화인민공화국 성립 후 토지는 다시 집체로 귀속되었다. 그런데 마을 사람들이 경작하는 땅은 이전에 자신이 소유권을 취득했던 '선조가 남긴 땅'이었다. 건국 후 C마을은 전국의 다른 지역과 마찬가지로 두 번의 토지개혁을 겪었다. 첫 번째는 1950년대 초기로서 농촌의 토지소유가 봉건지주 소유에서 농민 소유로 바뀌었다. 두 번째는 1950년대 중엽의 초급 농업합작화로서 농민 소유 그리고 초급 집체 경영의 토지제도가 실시되었다. 두 번의 토지개혁을 겪으며 C마을의 토지제도는 봉건지주에서 농민의 개인 소유로, 그리고 다시 집체소유로 바뀌었다. 마을에서 나이가 많은 노인 자오趙A는 당시의 상황을 이렇게 회고했다.

1937-1938년 항일전쟁에서 이기고 1945년 일본이 투항하고 1949년 중국이 해방됐다. 중화인민공화국 정부가 수립되고 우리 윈난성도 해방됐다. 윈난성에 전쟁이 안 나고 평화적으로 해방된 거다. 이 지역은 1951년에 해방되고 1952년에 군대가 우리 마을로 들어왔다. 공산당 정책을 선전하고 평화 이런 걸 선전하러 와서 우리가 다들, 옛날이 좋은지 공산당이 좋은지 토론했다. 그리고서 1955년 호조조가 만들어졌고 1956년에 토지개혁을 시작했다.

호조조와 토지개혁은 토지개혁 시기 전국에서 실시되던 토지관리 정책이었고 C마을도 예외가 아니었다. 호조조란 3-5세대가 협동경작을 하는 것이고, 한 소조小組를 한 호조조라고 불렀다. 집체가 공동으로 개간한 땅은 상부상조를 통해 경작했다. C마을은 접경지역에 있어서 토지개혁이 상대적으로 늦게 시작되었다. 당시 C촌은 하나의 대대大隊로 편성되어 있었고, 생산대대는 오늘날의 촌 공소村公所처럼 여러 마을을 포괄 관리하고 있었다. 이 대대는 1988년 후 신청을 통해 B진 내로 들어가게 되었다. 당시 C마을의 생산대장을 지냈던 자오趙A 씨가 당시의 역사를 이렇게 이야기해 주었다.

1955년부터 토지개혁을 시작했는데 여기서 가장 중요한 건 팻말 꽂기를 하는 거다. 팻말꽂기라는 건 땅에 팻말 하나 꽂아 놓고 거기에 몇 평인지 누구 땅인지 쓰는 거다. 그 다음에 한 소조에서 그 땅의 농사를 책임지고, 소조들이 모여서 합작사가 된다. 합작사 때는 아직 땅이 개인 소유가 아니고 소조들이 갖고 있었고, 그래서 소조 내에서 사람들이 서로 도와서 일했다. 그런데 수입은 개인 것이고 세금도 낼 필요 없었다. 합작사 때는 모든 권리가 집체 소유니까, 같이 일하면서 작업량에 따라 많이 일하면 많이 받고 일을 안하면 못 받고 그런 식이었다. 그리고 나서 1958-59년에 평균분배(따꿔판) 시절에도 작업량에 따라 분배했다. 땅은 농민 거니까 일한 만큼 보수를 받는 거다. 그 때 아직 땅을 나눠주지 않았을 때였고, 다들 조상으로부터 물려받은 땅을 갖고 있었다. 한 집안에서 일한 만큼 분배하고, 밥은 다 같이 먹고 다 같이 일하러 가고 다 같이 집에 왔다. 각자가 일한 만큼 받는 거다. 그 다음에 공분량公分糧 시절에는 점수에 따라 식량을 분배했다. 진鎭마다 토지개혁 대대장이 있었고 대원들을 각 마을에 보내서 토지개혁을 했다.[4]

생산대대 시기에 대대는 매년 목표에 따라 생산소대에게 임무를 지시했다. 당시 C자연촌은 하나의 생산소대였고, 소대장은 대대장의 지시에 따라 집단노동을 진행했다. 재배하는 작물의 종류에 따라 분류된 마을의 토지는 여러 소조가 나눠서 책임지고 농사를 지었다. 예를 들어 벼농사 소조와 차나무를 재배하는 소조, 고무 소조 등이 있었고 소나 돼지를 방목하는 책임자도 지정되었다. 또한 아직 개간되지 않은 산림도 책임자를 지정하여 개간하도록 했다. 마을사람들의 구술에 따르면 당시 마을 주변에는 이주해온 사람들이 모여 사는 마을도 없고 농장마을도 없었고, 마을에서 보이는 땅은 모두 C마을 것이었다. 인력이 부족한 관계로 생산소대는 많은 황무

---

4 '토지분배' 후 합작사로 토지를 집단화하였다. 이 구술에서는 다소 기억이 혼동되어 있는 것으로 보인다. 여기서 '땅은 농민 거니까'라는 표현은 실제 소유관계의 집단화 현실과 별개로 농민이 갖게 된 권리 관념을 반영한다고 할 수 있다.

지를 개간하지는 않았고 필요에 따라 일부 경작지와 산림만 개간했고, 이것으로도 마을주민의 생존에 필요한 자원을 넉넉히 제공할 수 있었다. 1960년대 이후 국유수목원이나 국유농장 사람들이 마을에 들어오면서 임야를 C마을에서 가져갔고 C마을의 토지 면적이 점점 축소되었다.

2. 개혁개방 이후 토지관리와 국가로의 편입

C마을은 1982년부터 호별영농제를 실시했다. 마을에서는 일인당 1.5무 기준으로 토지를 분배했고 노동인구와 반노동인구, 비노동인구의 기준으로 가족구성원을 분류하여 토지분배를 조절했다. 식구가 많은 집은 토지를 좀더 많이 받을 수 있고 적으면 덜 받았다. 성인은 전형적 노동인구로서 토지를 1.5무 받을 수 있었고, 반半노동인구는 낮은 강도의 노동을 할 수 있는 노인이나 환자를 가리키며 토지를 약 1무 받을 수 있었다. 비非노동인구는 갓난아이로서 토지를 몇 분의 일 무만 받을 수 있었다. 당시 이런 기준으로 토지분배를 완성한 후 출생이나 사망과 무관하게 가정 내에서 토지를 상속해 왔다. 즉 그 이후 식구가 사망하거나 출생해도 이미 받은 토지는 그대로 가질 수 있었다.

여기서 주목할 점은, C마을이 중국 기타 지역처럼 마을의 토지 전체를 통계내서 평균적으로 분배하지 않았다는 점이다. 대대와 소대의 관계자들은 여러 차례의 토론을 거쳐 조상으로부터 물려받은 땅의 면적에 따라 토지를 분배하였다. 각 집이 원래 갖고 있던 땅은 좋든 안 좋든 그대로 분배했고, 면적이 생산대가 계산한 평균 면적에 달하면 추가로 분배해 주지 않았다. 면적이 부족할 때는 마을이 공동으로 개간한 땅의 일부를 더 분배해 주었다. 이는 각 집안이 조상으로부터 상속받은 땅의 소유권을 인정한 것이다. 그 전에 경작하던 땅이 좋은지 안 좋은지는 상관없었고 계속 경작해 왔는지가 분배 기준으로 채택되었다. 따라서 C마을 사람들이 토사 시절에 경작하던 땅을 토지개혁 이후에도 계속 소유권을 가지는 상황이 생겨났다. 이렇게 마을 토지를 등급별로 통계내서 재분배하는 방식을 택하지 않음으로써, 경작지가 지나치게 파편화되는 현상을 피할 수 있었다. 이런 정책은 마을 사람들의 지속적 경작에 유리하였다. 상속에 기반해 분배하는 정책은 당시 촌장이던 자오趙A가 제기해서 채택된 것이다. 우리는 그에게서 좀 더 자세히 설명을 들어보았다.

> 이건 호별영농제할 때 토론한 거다. 전체 대대로 보면 땅이 좋은 것도 있고 안 좋은 것도 있는데, 좋은 것만 가져가고 싶어하는 사람들은 대부분 원래 갖고 있던 땅이 안 좋은 사람들이더라. 그래서 좋은 땅을 많이 받으려고 하는 거다. 이건 고기를 나누어 줄 때도 마찬가지다. 좋은 것도 있고 안 좋은 것도 있으면 복잡해진다. 그리고 땅을 여기저기 나누다 보면 농민들이 여기 저기 흩어진 땅에 다니면서 농사지어야 하니까 불편하기도 하고, 관리할 때 물도 쓰기 어려워진다. 어떤 사람은 땅이 여기 한 군데 저기 한 군데 있는데 다른 사람 땅하고 붙어있으면 갈등이 생기고 아주 곤란해진다. 만약에 내가 물을 막아서 못 쓰게 하면 싸우잖나. 그래서 다른 마을들이 다 그렇게 할 때 우리 마을은 그렇게 안 했다. 다른 마을들이 땅을 어떻게 나눌지 토론할 때 마을 촌장들이 다 갔다. 나도 갔는데 그 때 마을마다 촌장이 한 명씩 있어서 내가 촌장으로 간 거다.

1983년에 만든 이 정책은 내 생각이었고 마을사람들도 좋다고 해서 실시했다. 내 방법은 마을사람들하고 잘 맞고 관리하기도 편해서 갈등이 그때도 없었고 나중에도 없었다.

다른 마을들은 다 같이 돈을 벌어야 한다면서 좋은 땅이랑 안 좋은 땅을 섞어서 나누자고 하더라. 땅이 없는 사람은 당연히 좋아한다. 좋은 땅하고 안 좋은 땅을 섞어서 줘도 원래 땅이 없거나 새로 마을에 온 사람들은 그 땅이 뭔지 모르니까 좋아한다. 거기 무슨 문제가 있는지 잘 모르니까. 그래서 토론할 때 나는 말 한 마디도 안 했다. 나는 그런 식으로 땅을 나누는 건 동의하지 않으니까 거기선 말을 안 했고, 우리 마을에서 따로 하려 한 거다.

둘째 날, 셋째 날에 사람들이 나 보고 C마을 대표는 왜 말을 안 했느냐고 물었다. 그 때 토론에서 결과가 잘 안 나오고 있었다. 땅을 그렇게 나누면 흩어지니까 농사짓기 불편하다는 이야기를 하는 사람도 있었고, 물 쓰기 불편하다는 이야기도 나왔다. 셋째 날 당지부 서기가 나보고 말을 하라고 하더라. 나는 우리 마을이랑 다른 마을이 상관없다고 했다. 우리 마을은 땅도 가지고 있고 다른 마을이랑 크게 붙어있지 않아서 우리 마을은 우리 마을 방식으로 하면 편하다고 했더니 서기가 그래도 의견을 묻더라. 나는 우리 마을 방식이 다른 마을에 적용되지 못할 수도 있다고 했는데 그래도 말을 해보라고 하길래 내가, 말은 하겠지만 각 마을이 따로 하자고 했다.

나는 우리 마을은 원래 갖고 있던 땅에 기반해서 분배하려 한다고 했다. 각 집의 땅은 조상으로부터 상속받은 거니까 그대로 남겨두는 거다. 그리고 분배 후에 인구가 더 태어나도 더 주지 않고 인구가 죽어서 줄어들어도 땅을 빼지 않는 정책은 사실 국가의 정책이다. 토지 분배 때 태어나지 않았던 사람에게는 더 이상 땅 안 주잖나. 노인이 죽어도 땅을 빼앗아가지 않고 남겨주잖나. 그러면 나가는 사람이나 들어오는 사람이나 다 땅이 있게 된다. 마을에 결혼해서 새로 들어온 사람은 노인의 땅을 가져가면 된다. 나는 우리 마을은 이런 식으로 할 수 있다고 말했다. 만일 사람이 많아서 면적이 부족해지면 보태줄 수도 있는데, 땅이 많은 집들도 있고, 또 우리가 다시 개간한 땅이 남으면 그런 걸로 보태줄 수도 있는 거다. 내가 왜 그런 방법을 생각했냐면, 나중의 사람들을 생각해야 되니까 그런 거다. 갈등이 어떻게 생기냐면 좋은 땅을 내놓은 사람은 기분이 안 좋으니까. 원래 땅이 없던 사람들은 물론 좋아한다. 그런데 좋고 나쁜 땅을 섞어서 주면 결국 꼭 문제가 생긴다. 그러니 문제를 피하려면, 원래 갖고 있던 땅을 좋든 나쁘든 그대로 준다고 하면, 그건 자기 조상이 남겨준 땅이니까 별 이의가 없게 된다. 만일 부족하면 마을에서 보태주고, 너무 많으면 내놓는 거고 그래서 일인당 1.5무 기준에 따라서 하려 한다고 말했더니 다른 마을도 우리 방법대로 하겠다고 하더라. 모든 마을에서 다 그렇게 하겠다고 했다. 그래서 대대에서 사람들의 의견을 따르겠다고 위에다가 보고했고, 위에서도 큰 반발이 없었다. 마을사람들이 같이 토론해서 통과시킨 거니까. 나중에 보니까 정말 이 주변 마을들 다 우리랑 똑같이 했더라. 만일 그때 처음 토론한 것처럼 좋은 땅하고 안 좋은 땅을 섞어서 나눠줬으면 큰일 났을 거다. 이건 지방자치다. 우리 민족하고 잘 맞는 방식이니 문제가 없는 거다. 관리하기도 쉽고 상급 기관도 반발이 없다.

호별영농제를 실시할 때 C마을은 이렇게 상속받은 땅에 따라 분배하는 방식을 택했지만, 토지의 품질이 다르기 때문에 공정하게 하기 위해 평균 분배도 함께 고려했다. 촌민 자오趙C는 그 과정에 대해 이렇게 설명했다.

예를 들어서 L밭이랑 산림이랑 임야는 다 80년대 호별영농제할 때 개인에게 나누어 준 거다. 집마다 받은 땅이 다 다른데, 많은 집도 있고 적은 집도 있고 좋은 땅도 있고 안 좋은 땅도 있다. L밭은 메마른 땅이고 안 좋다. 이것도 인원수에 따라 나누었고 어른이면 한 무畝 정도 받는데, 18세 넘으면 좀더 많이 받고 18세 미만이면 한 무만 받았다. 기름진 땅이건 메마른 땅이건 다 그렇게 했다. 그런데 메마른 땅은 생산량이 적잖은가. 그러니까 생산량까지 다 계산을 했다. 기름진 땅은 한 무에 생산량이 얼마인지 메마른 땅은 얼마인지 다 계산해서 최대한 섞어서 분배했다. 메마른 땅은 생산량이 낮으니까 좀더 많이 주고, 기름진 땅은 생산량이 높으니까 좀 덜 줬다. 그때는 사실 전체적으로 생산량이 다들 낮았는데, 기름진 땅의 생산량도 한 무에 600-700근 되고 메마른 땅은 더 낮아서 아마 300-400근이었을 거다. 200근 되는 정말 메마른 땅도 있었고, 그런 땅은 지금도 안 좋다. 그런데 예전과 다른 건, 예전에는 교잡벼가 없었는데 지금은 교잡벼도 있고 비료도 쓰니까 좀 낫다.

예전에는 마을이 다 논밭인데도 먹을 게 부족했다. 열심히 농사를 지어도 비료도 없고 과학적으로 농사를 짓지도 않으니까 식량이 부족했다. 50년대, 60년대, 70년대 내내 그랬다. 80년대부터 호별영농제를 해서 개인에게 땅을 다 나눠주니까 좀 나아졌다. 예전에는 먹을 것도 없어서, 1년 12개월 중 4개월만 식량을 먹고 나머지 8개월은 제대로 먹을 식량이 없어서 다른 걸 먹고 지냈다. 나라에서 식량을 징수하면 먹을 게 없었다. 나라에서 지원해주긴 해도 부족했다.

이런 방식을 사용하면 두 가지 장점이 있다. 상속받은 토지를 인정하자는 촌민의 의견도 존중할 수 있고, 동시에 적당량의 증감을 통해 토지 생산량의 격차를 최소화하고 토지의 평균 분배 효과도 가져올 수 있다. C마을은 이렇게 해서 상당히 공정하다고 다들 느끼는 토지분배를 실현할 수 있었다. 호별영농제는 인구 증감과 무관하게 개인소유 토지의 면적을 보장하기 때문에, 일단 토지 분배가 완성되면 한 집안의 토지 면적은 결혼이나 사망으로 인한 가구수의 변화와 무

관하게 계속 유지된다. 이런 경우 토지의 상속과 증여에 대해 C마을
은 독특한 분배 원칙이 있는데, 각 집안의 사정과 노인의 의사에 따
라 토지를 나누어준다. 다이족 전통에 따르면 장남이 부모님을 모시
고 살기 때문에, 다이족 사람들은 아들이 일찍 결혼하면 일찍 노인을
모시고 살고 노인도 일찍 복을 누린다고 여긴다. 어르신을 모시고
사는 장남은 노인과 같이 사는 대신 재산과 토지를 모두 상속받고,
결혼 후 따로 사는 아이들은 구체적 상황에 따라 토지를 받는다. 시
집간 딸이나 장가온 사위는 통상적으로는 땅을 상속받을 수 없으나
소수의 경우 논밭을 받을 수 있고 가족들이 대신 관리한다. 대부분은
산지山地를 상속받을 수 있고 가정으로부터 경제적 지원도 받을 수
있다. 가정 내부의 토지분배 및 관리와 관련하여 자오趙P의 사례는
대부분 촌민의 상황을 대표한다고 할 수 있다.

    노인들이 논밭을 나눌 때 형제들이 다 똑같이 받는 게 아니고 노
인을 모시는 사람이 더 많이 받는다. 우리 다이족은 장남이 부모님
을 모시고 사는 사람이 많은데 다른 이유 때문에 그러지 않는 사람
도 있다. 예를 들어 마을에서 나가서 결혼해서 마을에 안 들어오는
사람은 산에 있는 땅이라도 조금 준다. 남자면 논밭을 조금 주고
여자면 안 줄 수도 있다. 외지로 시집가면 산에 있는 땅을 좀 줄
수 있는데 일정한 기준은 없다. 집에 땅이 많으면 많이 주고 적으면
조금 주고, 2무 준 경우도 있고 4-5무 준 경우도 있다. 토지 상속
때문에 갈등이 생긴 일은 우리 마을에 없다. 땅을 가지고 있는데
마을에 살지 않는 사람이 있으면 가족들이 관리해 주고 돈은 나눠
준다. 우리 다이족은 다른 민족과 달라서 돈을 꼭 준다. 한족 사람들
은 다르다. 시집가면 안 준다. 우리 마을에서 외지로 시집갔는데 안
정된 직장이 없고 장기간 밖에서 일하는 사람에겐 논밭을 좀 준다.

와서 농사지으라는 게 아니라 가족들이 관리해 주고 돈을 나눠 준다. 노인이 돌아가시면 노인을 모시고 살던 사람이 상속받는다. 그럴 때 와서 달라는 사람 아무도 없다.

그러나 실제 상황에서 C마을 사람들의 토지 분배에 문제가 전혀 없는 것은 아니다. 예를 들어 최근 몇 년간 라오스에서 시집오는 여성이 많아지며 이들의 토지 문제가 생겨났고, 호별영농제 실시 이후 외지에서 이주해온 남성이 있었는데 그 중 이 마을의 다이족 여성과 결혼하여 정착한 사람은 토지를 받을 수 없다. 마을 관리자들은 이런 특수한 신분의 사람들 문제를 해결하기 위해 촌민들의 의견을 수렴하여 방법을 만들었다. 밭을 분배할 때 마을에 호적이 없었던 사람이 나중에 2,000위만 내면 땅을 한 군데 받을 수 있도록 한 것이다. 아래 사례는 C촌에 결혼으로 이주해온 남성들이 토지를 취득한 과정을 보여준다. 천陳A 씨는 스촨성에서 이 마을에 온 지 30년이 넘었고 현재 60대인 촌민이다.

나는 83년에 이 마을에 왔는데 우리 집은 주로 임야고 논밭도 있다. 한 5무 정도 된다. 산림도 한 30-40무 정도 있다. 예전에는 사탕수수를 심었는데 지금은 차하고 고무를 심는다. 임야에는 다 소나무를 심었는데 많지는 않고 15무 정도 된다. 나는 늦게 왔고, 우리 땅은 다 어르신들이 나눠준 건데 우리는 장인어른이 줬다. 나같은 사람은 마을에서 땅을 안 주고, 가족이 나에게 준 거다. 작년에 내가 받은 죽순 밭은 인원수에 따라 나눈 건데, 받은 땅은 우리 집체가 같이 개발해야 한다. 재배하는 것도 그들이 정해놓고 씨앗도 준다. 예전에는 이런 땅은 다 세금 내야 했었는데 이제는 세금이 면제된 지 몇 년 되었다.[5] 경작지 세금은 상대적으로 높고 임야나 산림의 세금은 낮다. 지금은 세금도 안 내고 국가가 식량 보조금도 준다. 경작 면적에 따라 보조금을 주는데 임야나 산림도 다 있다. 일 년에 한 번 주고, 보조금액은 정해져 있지 않고 논밭 면적에 따라 준다.

이처럼 그는 현재와 같은 인두세가 생겨나기 전에 이 마을에 와서 정식으로 땅을 분배받을 수 없었고, 대신 가족 안에서 나눠받았다. 반면 이 마을에 시집온 라오스 여성들은 대부분 인두세를 납부하여 죽순 밭을 받았다. 죽순 밭은 원래 마을 공동재산인 자류산自留山으로서 주로 마을 주위에 있다. 호별영농제를 실시할 때 이런 땅은 분배 범위에서 제외되어 계속 마을에서 공동으로 관리해 왔고, 나중에 촌민위원회에서 자류산을 이런 식으로 관리하는 방안이 통과되었다. 죽순 밭을 분배하면서 마을이 받은 인두세는 마을의 재산이 되어, 물축제나 여성의 날 등 마을 행사를 준비하는 비용으로 쓰이게 된다.

C마을은 다이족 마을로서 역사상 토사가 관리하던 땅이었다. 1895년에 체결한 「중국-프랑스 국경사무 전조 부속 조항」에서 중국과 라오스의 국경선이 최초로 확정되었고 1993년 중국과 라오스가 국경선을 조사할 때도 이 계약에서 확정된 국경선을 인정했다. 그러나 C마을은 원래의 시솽반나에 속해있던 지역 중 현재 라오스의 땅에 속한 멍우·우더 등과 인접해 있고 같은 민족으로 이뤄져 있기 때문에, 접경지역의 주민들은 국경선에 대한 관념이 강하지 않았고, 국경을 넘나드는 이주나 인구이동, 경제 왕래가 현재까지 지속되어 왔다. C마을 주민들이 활동하는 범위나 그들이 경작하는 땅이 인구 이동에

---

5 중국에서 2006년 농업세가 폐지된 것을 가리키는 것으로 보인다.

따라 국경선 밖으로 나가기도 했다.

신중국 수립과 함께 중국정부는 국경선과 토지소유권 확정을 통해 접경지역을 국가 체제 안에 더욱 면밀하게 편입시키고자 추진했다. 서남의 접경지역이 넓고 인구밀도가 낮다는 특징에 착안하여 중국정부는 1960년대에 인구가 많은 지역에서 접경지역으로 사람들을 이주시켜 토지 사용율이 낮은 문제점을 해결하려 했으며, 이런 정책으로 인해 C마을이 원래 소유했던 넓은 땅은 국유토지로 편입되면서 집중적으로 개발되는 상황이 생겨났다. 한족이나 야오족·하니족 등 외래 인구가 접경지역으로 이주하면서 현지의 인구구성을 변화시켰고, 점점 시장화와 함께 C마을 토지가 시장에서 유통되었으며, 외지에서 온 상인이나 마을 상인들이 토지를 임차하여 경영권을 취득하기도 했다. 이러한 토지 개발방식이나 사용방식의 변화는 접경지역에 대한 국가의 관리와 통제를 강화하는 효과를 지닌다고 할 수 있다. 아래는 촌민 자오趙A 씨의 이야기이다.

우리 C마을 땅은 측량을 정확히 하진 않았었는데 지금은 우리 땅 경계가 정해져 있다. S마을 땅이나 Q마을 땅은 다 1984-85년에 호별영농제할 때 양산일지兩山一地(산지를 세 가지 유형으로 나누어 이용한 것) 할 때 나눠 준 거다. 예전에 토사가 관리하던 면적은 자오趙P에게 줬다. 내가 라오스 그 쪽에서 문서를 베껴가지고 왔는데 라오스 말로 되어있어서 알아볼 수도 없다.

해방 후 이 쪽은 사람이 잘 안 왔고, M마을까지 소를 방목하러 갔는데 거기서 경계가 달라지고 정해졌다. 그쪽 마을 면적이랑 우리 C마을 면적으로 대충 그렇게 정해졌는데, 문서 기록은 없고 경계선만 있어서, 면적이 얼만지 그런 건 아무도 모른다. 산을 경계선으로

정할 때는 산 능선으로 경계선이 만들어져서 반반으로 나눴는데 아무도 땅을 재보지는 않았다. 지금 저 T마을이랑 우리 소 농장이랑 산이 붙어 있는데 다 우리가 관리하고 있다. 나중에 사람이 점점 많아져서 저 사람들이 우리 땅을 차지해서 농장으로 개간했다. 지금 우리 마을에서 강쪽 따라가다 보면 이주민 마을이 있는데, 예전엔 저쪽 다 우리 마을이 관리했다. 1960 몇 년인가 농장이 생겨서 농장에 준 땅은 예전에 다 우리 마을 땅이었다. 저 이주민들이 사는 마을은 예전에 다 우리 마을의 땅이었다. 이주민들이 언제 왔고 언제부터 마을 경계를 확정했는지 나도 생각이 안 난다. 1945년인지 56년인지 모르겠다. 우리랑 관련이 있는 땅은 암튼 복잡하지 않다. 논이나 밭이나 다 한 군데에 모여 있어서 다른 마을과 붙어 있지 않고, 산이나 물이나 다 한데 모여 있어서 문제가 되는 땅이 없다.

토사가 C마을을 관리하던 시기엔 마을 땅의 면적이 넓었고 경계선이 확정되지도 않았다. 산이나 하천을 경계로 한 경우가 많았고 마을은 라오스 일부 지역과도 붙어 있으며, 평야와 기름진 땅도 많고 임야도 많다. 해방 후 토지가 국가소유로 등록되고 세 번의 이전移轉과 변화를 거쳐 개인에게 분배되었다. 첫 번째 변화는 1950-60년대로서 대부분 농장에게 땅을 분배해서 개발하게 했는데, 지금 C마을과 붙어 있는 농장 6·7·8 생산대의 땅이 대부분 C마을에서 분할 받은 것이다. 두 번째 변화로는 1980년대에 한 군데 마을에서 빠져나간 땅이 있는데 주로 외지에서 온 한족이나 소수민족들로 구성된 이주민 마을에게 땅을 분할해주었다. 세 번째 변화는 2000년 경 윈난성 동북부의 자오퉁시에서 댐 공사로 이주한 사람을 정착시키고자 일부 산림을 나눠준 것으로서, 그 땅은 현재 H촌이 되었다. 이러한 변천은

주로 C마을의 임야를 분배해 준 것이고 경작지는 대개 그대로 남아
있다.

상술한 세 번의 토지 이전移轉 변화 중 규모가 가장 큰 것이 1982
년이었다. 당시 중국정부가 시행한 '양산일지兩山一地' 정책에 따라,
C마을과 주변 마을은 모두 산을 경계로 하여 각자의 땅을 확정했다.
그런데 이 획정과정에서 T마을과 큰 갈등을 빚어 두 마을 간의 관계
는 악화되었다. 두 마을 사이에는 1,000무 가량의 초원이 있었는데,
예전엔 아무도 관리하지 않던 황무지였고, 과거엔 방목지로 이용되
었다. 경계 확정 후 T마을 사람들이 C마을 소속의 이 초원에 침입해
들어왔고, 여러 차례의 교섭 끝에 T마을에게 일부를 나누어 주었지
만 나중에 불법 매매나 점유가 계속 벌어졌다. 현재 이 땅 중에서
C마을에 속하는 부분은 4분의 1도 안 되고, 이로 인한 갈등은 완전히
해결되지 못하고 있다. 또한 최근 토지거래 관련 정책이 제정되어
마을이나 개인이 다양한 방식으로 외지 상인이나 다른 마을·기구에
게 토지를 매매하거나 임대주는 일이 많아지고 있다. 우리는 조사
기간에 C마을의 토지거래를 조사해 보았는데 전반적으로 볼 때 최근
몇 년의 토지거래는 대체로 아래와 같았다.

① A현의 Y지역에게 이전함(면적 미상, 담당자: 현임 촌장)
② 산 길목에서 L지역으로 이전함(산 일부가 먼저 매각되고 나중
   에 전체 매각함, 담당자: 현임 촌장)
③ N산의 일부를 이전함(취급인: 전임 촌장)
④ 농장8대대 200무를 자오趙L에게 팔아넘김(담당자: 현임 촌장)
⑤ 농업무역시장 관계자에게 팔아넘김 (면적 미상, 담당자: 현임

촌장)

⑥ 마을 학교 교사에게 팔아넘김(면적 미상, 담당자: 현임 촌장)
⑦ 구 공동묘지 근처 농장의 차 공장을 린林P에게 매각함(면적 미
상, 담당자: 현임 촌장)

이렇게 거래된 땅은 돼지 농장이나 죽순 공장의 부지로 사용되거
나 바나나 등 경제작물 재배에 사용된다. 촌 집체가 토지의 소유자이
기 때문에 매매나 임대를 통해 수익을 거두어들여 마을의 공공시설
에 사용한다. 촌민은 촌 집체가 토지를 임대 놓아서 거둔 수익을 분
배받음으로써 집체토지에 대한 소유권이 더 명확해졌고, 국가도 토
지거래 관리를 통해 토지자원에 대한 사용과 관리를 강화해 나갔다.
이렇듯 현지인과 마을 정치조직, 지방정부의 공동 참여를 통해 C마
을의 토지 경계와 소유권, 그리고 이용방식은 계속 명확해졌고, 이
과정에서 접경지역에 대한 국가의 통제도 강화되어 왔다. 신중국 들
어서 토지에 대한 국가의 소유권은 계속 강화되어 왔는데, 집체 시절
에는 식량 징수를 통해 토지를 관리했고 1980년대 호별영농제 실시
이후에는 농업세 징수로 토지를 관리했다. 다음은 촌민 자오趙P의
이야기다.

그 시절에는 생산량이 아주 적어서, 한 무에 80-100킬로그램 정
도였다. 그 생산량에 따라서 공량公糧을 나라에 내는데, 우리 집은
175.3킬로그램 정도 냈던 것 같다. 자세히는 생각이 안 난다. 서류를
다 버렸다. 공량公糧을 내고 남은 건 팔 수 있었는데 1킬로그램에
한 0.3나 0.4위안이었던 것 같다. 국가에 내는 건 우리에게 수입이
없고, 나머지는 자기가 가지고, 국가도 조금 분배해 줬다. 저 밭에서

난 식량을 팔아 돈 버는 건데, 80년대에는 그렇게 국가에서 백성들 농사 많이 지으라고 독려한 거다. 1만 위안 벌면 자전거 한 대를 상품으로 주기도 했고, 쿤밍 구경도 시켜줬다. 이런 정책들은 다 국가가 만든 거고, 지방정부가 만든 것도 있다. 그 때 지방정부들이 식량을 중요시해서, 생산량이 높으면 정치인들 실적이 좋아지니까 이런 걸 중요하게 생각했다.

먀오족 사람들은 계속 나무를 베어서 화전을 하니까 자주 옮겨야 되는데, 그 때 소를 몰고 땅을 갈면 아주 효과적이다. 그래도 땅이 그렇게 기름지지 않아서 오래 못 간다. 농사지었다가 임야가 되고 못 쓰게 되고, 다시 거기서 농사지으려면 8년이 지나야 된다. 우리는 화전을 일구지 않아서 거의 옮기지 않는다. 우리 마을은 옮겨 다니지 않고, 다른 지역의 먀오족이나 야오족 사람들은 화전을 한다. 호별영농제를 하면서 땅이 고정되었고, 지금도 그렇다. 30년 후에 연장되는데 안 바뀔 거다.

공량이나 농업세 제도는 주로 논밭에서 나오는 수입을 타겟으로 하고, 축산업에도 세금 제도가 있다. 임야에서 생산된 수입에 대한 국가의 관리는 느슨한 편이었다. 또한 국가는 수입이 높은 가정을 화폐나 기타 형식으로 장려하기도 했는데, 이는 농민의 생산 의욕을 북돋우려는 것인 동시에, 농민과 땅의 연계를 보장해주는 방법이기도 하였다. 토지 소유권의 확정은 제도적으로 개인이 관리하는 땅을 보장하는 것이며, 과세나 장려 제도는 토지에 대한 농민의 관심과 투자를 북돋울 수 있어서 토지에 대한 마을주민의 관리와 통제를 실질적으로 강화하는 효과를 낳았다. 토지신에 대한 C마을 사람들의 전통적 관념 또한 이러한 토지와의 결속을 강화해주는데, 1980년대에 개인에게 토지를 분배한 후 전통적 의례들도 점점 회복되어[6] 파종이나 수확 시 반드시 해야 하는 의례로 자리 잡아 왔다.

　우리 필자들은 2017년 7월 24일 마을에서 벼 이삭이 나기 전에 치르는 농경의례를 관찰할 수 있었다. 의례는 보통 아침 8시에서 9시 사이에 하는데 장소는 장기간 경작하는 논밭 옆이다. 촌민들은 의례를 치르기 전에 집에서 대나무로 바구니를 짜서 의례에 필요한 물품들을 담아 논밭으로 가져간다. 의례 시작 전에 대나무로 조그만 무대 같은 것을 만들어 그 위에 바나나 잎 두 개를 깔아 미리 준비된 찹쌀밥과 오방색 천 그리고 벼를 갖다 놓는다. 제사에 쓸 닭은 현장에서 잡으며 제사 때 무대 옆에 불을 피워 닭을 삶은 후 닭 피와 함께 제단 위에 놓고 닭에 소금을 뿌린다. 제단 앞에 깃털을 놓고 양쪽에 닭털을 꽂은 작은 바구니를 놓는다. 깃털에는 풀 두 개를 엮어서 걸어 놓는데 이는 각각 사오파페이召帕費와 곡혼穀魂을 상징한다. 사오파페이는 남성이고 곡혼은 여성이다. 사오파페이는 말을 끌고 이곳을 지났다고 하여 고기로 그에게 제사를 지내야 하고, 곡혼은 여성이므로 오방색천으로 그녀의 주목을 끌어야 한다고 촌민은 말해주었다. 이 물품 양쪽에 술을 놓고 양초를 피워 바구니에 놓으면 의례가 시작된다. 의례를 진행하는 사람이 주문을 외우면서 논밭에 곡식을 뿌려 이 논밭의 풍작을 빌고, 곡식을 다 뿌린 다음 술을 올리고, 술을 땅바닥에 붓고서 양초에 몸을 굽혀 절하면 의례가 다 끝난다. 이것은 이삭 나기 전의 의례로서, 자오趙P는 이렇게 이야기해주었다.

<hr>

6　김광억, "현대 중국의 민속부활과 사회주의 정신문명화 운동", 『비교문화연구』 1집, 1993; 장수현, "개혁개방 이후 중국 농촌 민간의례의 활성화에 관한 고찰: 국가 이데올로기와 농민의 생활철학", 『한국문화인류학』 31권 2호, 1998 등 참고.

벼를 다 수확하고 나면 곡혼을 불러야 된다. 사실 지금 하는 것처럼 이렇게까지 정식으로 안 해도 되고, 벼를 다 거두고 나서 간단하게 부르는 행위를 하고 집에 가면 된다. 논에 나가서 불러야 한다. 시간이 일년 단위로 돌아가니까 파종을 하고 나면 곡혼을 불러야 되는 거다. 곡신은 논에서 메뚜기나 기타 병충해를 막아주기 때문에, 농사를 시작할 때 곡신을 모셔와서 논밭을 잘 보호해 달라고 해야 되고, 곡식을 다 수확하면 곡신을 집으로 모셔서 창고를 잘 지켜달라고 해야 된다. 우리가 햅쌀 밥을 먹는 것도 곡신을 돌려보내면서 절을 올리는 거다. 햅쌀제도 의례를 해야 된다. 이렇게 논에 올리는 의례를 안 지내면 굶게 될지도 모른다. 만물에 다 영혼이 있어서 곡식도 영혼이 있는데 곡신은 여자라서 할머니라고 부른다. 사오파페이는 남자고 논에 제사를 지낼 때는 주로 곡신 할머니에게 지내는 건데, 사오파페이에게도 겸사 겸사 지내는 거다. 이렇게 논밭에 올리는 의례는 먼 옛날부터 있었다. 예전에는 닭 세 마리를 썼는데 수탉 한 마리하고 암탉 둘을 반드시 써야 된다. 수탉은 음공陰公에게, 암탉은 곡신 할머니에게 드리는 거다. 우리가 심은 벼는 요 앞에만 있는 게 아니고 산 뒤쪽에도 있다. 사람들은 같은 논이랑 같은 물을 써도 어떤 사람 집은 농사가 잘 되고 어떤 사람 집은 안 되기도 한다. 사람의 운이라는 게 이런 거다. 차이가 엄청나다.

논밭에 바치는 헌전獻田 의례, 그리고 이와 관련된 곡혼 신앙은 다이족 사람의 종교생활에서 매우 중요한 부분을 차지하고 있다. 종교신앙은 토지와 사용자 간의 연결을 강화해주며, 이런 종교의례에 대한 국가의 묵인은 토지를 촌민들이 더 적극적으로 관리하고 사용하도록 독려하는 작용도 지닌다. 근대적 국민국가는 눈에 보이는 경계선을 통해 영토를 확정하고 영역화를 실현하는 한편, 문화적 통치나 법률 또는 행정적 명령을 통해 국경선을 관리하면서 접경지역 국민

곡식의 풍요를 비는 농경 의례

들에게 국가 관념을 고정화시키기도 한다. 이런 의미에서 토지제도
의 제정과 지속적 조정은 국가 통치의 공간화라고 볼 수 있다. 우리
는 이러한 제도의 강화와 함께 접경지역 소수민족 주민들에게 문화
적·종교적 자유가 어느 정도 주어짐으로써 땅과의 연계가 심화되고,
이를 통해 토지에 대한 촌민들의 관리와 통제가 강화되는 양상 또한
볼 수 있었다.

V

마을 내 정치적 권위와 합법성
주민의 집단이주를 둘러싼 논란

1. 전통 그리고 정치적 권위와 합법성

　C마을은 국경선 한쪽의 끝부분에 위치하여 정치적 중심지에서 멀리 떨어져 있어서 오래된 민속이나 전통가옥 등이 잘 보존되는 지역에 속했다. 2010년대 초반 중국 CCTV 관영방송에서 농촌 TV예술제 프로그램을 만들고 이 마을에 와서 취재를 하면서 C촌은 "중국의 10대 매력 신농촌 마을"로 선정되었고, 2년 후엔 "중국 전통마을 보호 목록"에도 포함되며 점점 유명해졌다. 이 마을 그리고 마을이 속한 B지역 전체의 관광개발 논의가 나오기 시작했고, B진 지방정부는 2016년경부터 관광개발 계획을 수립하여 C마을의 주민 집단이주 계획 초안을 제시했다. 이후 몇 년간 정책 조정 과정에서 이주계획은 계속 수정되었고, 마을 내에서 갈등도 고조되었다. 우리는 Ⅴ장에서는 마을의 주민 집단이주 문제를 둘러싸고 벌어진 중노년층과 젊은

이들의 갈등이 어떤 주장에 기반했으며 각자 어떤 방식으로 자신의 정치적 권위와 합법성을 제시했는지, 이 갈등 속에서 '전통'의 문제는 어떤 위상을 갖고 있었는지 이야기하고자 한다.[1]

집단이주 계획이 2016년 처음 제기되었을 때의 방안은 주민 전체가 마을 옆의 빈터에 새로 집을 지어서 집단 이주해 가는 것이었고, 그 곳의 새 집은 지방정부가 예산을 지원하고 주민도 모금하여 일부 경비를 충당하여 짓기로 되어 있었다. 이 계획에 따르면 원래의 마을은 그대로 남아 있고 정부가 업체들에게 의뢰하여 마을에서 관광개발을 하려 했다. 정부는 집단이주할 위치로 두 군데를 제시했는데 하나는 마을 왼쪽의 야산에 부지를 조성하는 것이고 다른 하나는 마을 오른쪽 돼지농장 근처에 부지를 조성하는 것이었다. 경비 조달에 대해서도 여러 차례 토론이 있었는데 그 중 한 방안은 정부가 3만 위안을 지원하고 마을주민들이 10만 위안을 보태어 업체에 의뢰해서 새 집을 지어 이주해 가는 것이었다. 새 집을 원하지 않는 사람들은 마을의 기존 집에 계속 살아도 되지만 이 경우엔 새 집을 받을 수 없고, 2017년 연말 전에는 전체 집단이주를 해야 한다고 정부는 마을주민들에게 통보했다. 이 방안이 발표된 후 B진 정부는 마을주민과 토론하면서 의견을 수렴하여 조율해 나가려 했는데, 만일 마을주민의 동의를 얻지 못하면 집단이주 계획은 무산되는 것이었다. 촌

---

1 여기서 주민의 집단이주라는 것은, 마을 자체는 그대로 보존해서 관광에 활용하고 주민만 다른 곳으로 집단 이주시키려는 지방정부의 계획을 가리킨다. 마을 이전 과정에서 노인들이 내세웠던 주장과 갈등의 구체적 양상에 대해서는 장정아·왕위에핑, "우리 민족의 땅을 떠날 수 없다", 조문영 엮음, 『민간중국』, 책과함께, 2020 참고.

민들은 강제적 집단이주에 대해 반발했고 특히 노인들의 우려가 컸다. 또 집단이주 후에 마을주민들이 관광 개발에 참여할 수 없고 새 집 건축비용도 일부 부담해야 한다는 데 대해서도 불만이 많았다. 주민들은 "우리가 원래 살던 집이 있는데 정부가 여길 개발하려고 우릴 나가게 하면서 우리에게 새 집 지을 돈까지 내게 만드냐"고 반발하였다.

이런 의견들이 많이 나오자 정부는 국가의 빈곤구제정책에 기반하여 C마을을 빈곤마을로 신청하여 주민을 빈곤구제의 대상으로 지정하여 집단이주 보조금을 국가로부터 받을 방법을 모색하기도 했다.[2] 그러나 이렇게 여러 방안을 동원해도 집단이주 후 주민들은 약 10만 위안 정도의 새 집 비용을 내야 하기 때문에 대부분 동의하지 않았고, 이후 계속해서 주민과 지방정부는 치열한 토론을 벌였고, 마을 내에서도 많은 토론이 있었다. 최근에는 주민의 집단이주 계획이 보류된 상태이다. B진의 관원이 부패 문제로 교체되어서 계획을 강행할 수 없게 되었다. 당분간 보류되긴 했지만, 이 집단이주 관련 갈등은 마을 사람들이 가지고 있는 다양한 관념의 차이가 드러나는 중요한 장場이었다. 특히 우리는 노인층과 청년층 사이의 대립이 어떤 언어로 이뤄지는지에 초점을 맞추어 관찰하였고, 노인들이 상급 정부에 저

---

2 이는 빈곤가구의 기록카드를 관리하는 제도建檔立卡戶를 가리키는데, 이는 중국정부의 빈곤구제 정책의 하나로서 기존의 빈곤구체 정책과 달리 지역이나 가구의 구체적 상황에 맞추어 빈곤가구 지정과 지원·관리를 효율화하는 것이다. 정확한 빈곤구제 조치를 위해 빈곤 상황을 세밀히 조사하여 파악한 후 이에 기반하여 지원하는 것이고, 2018년 이후에는 이 제도에 해당하는 빈곤가구로 지정되면 빈곤가구 교육 보조금 등을 정부 예산에서 지원받을 수 있다.

항과 동시에 호소를 함으로써 자신의 정당성을 얻고자 한다는 점, 그리고 노인들이 정부의 일방적인 집단이주 계획에 저항할 때 민족 전통의 문제 뿐 아니라 마을 지도부의 부패 문제 그리고 선거의 문제점까지도 공개적으로 제기한다는 데 주목하였다.

마을 주민들의 집단이주 반대 행동은 이주 방안이 제시된 직후부터 시작되었다. 초기에 회의를 열어 토론할 때에는 마을 간부와 노인층·중년층이 다함께 회의에 참가하여 의견을 나누었다. 그러다가 주민들의 의견이 점점 분화되면서, 청년층은 국가 보조금을 받아 주거환경을 개선할 수 있다는 점에서 이주에 동의하기 시작했고, 중노년층은 대부분 반대했으며 마을 간부를 불만의 타겟으로 삼게 되었다. 이들은 마을 간부와 B진 정부가 이런 불공평한 집단이주를 공모하여 일방적으로 강행한다고 여겼기 때문이다. 마을에서 아직 중요한 영향력을 행사하고 있는 노년층이 이런 생각을 가지고 마을 간부에 대해 강한 불만을 드러내며 그들의 도덕성과 정당성의 문제를 제기하면서, 마을 간부들은 토론 과정에서 발언권을 잃거나 침묵을 지키게 되었다.

노인, 특히 남성 노인들은 주민의 집단이주는 마을의 운명과 관련된 중대한 일이므로 절대 쉽게 결정해서도 안 되고 일방적으로 강행되어서도 안 된다는 인식을 강하게 가지고 있다. 특히 풍수지리에 기반할 때 현재의 마을이 다이족의 운명과 연결되어 있다는 점, 지금 살고 있는 집과 마을에 대한 감정을 포기할 수 없다는 점, 그리고 새집으로 가면서 옛집을 헐지 않으면 조상신이 그대로 남아있어서 재앙이 생길 수 있다는 다이족 관념이 이러한 노년층의 강한 반대에 작용하고 있다(자세한 내용은 장정아·왕위에핑, 2020, 앞의 글 참고). 노인들은 처음부터 다양한 방식으로 반대 의견을 표시했다. 이 안건에 대한 회의가 맨 처음 열리던 날 노인들은 불참을 통해 항의했고, 공식 자리나 비공식 자리에서 풍수지리 관념을 동원하여 마을에서 여론을 조성하였다. 초반에는 노인들이 촌민대회에서 명시적인 반대를 공개적으로 하진 않았지만 집에서나 사찰 앞에서 그리고 일상 모임에서 계속 반대 의견을 표시하며 목소리가 커지게 되었다.

마을 간부들은 상급 정부의 계획에 따라 추진할 생각을 갖고 있었기 때문에, 이주계획에 대한 촌민들의 의견을 수렴하는 과정에서 일부러 노인들에게는 의견을 물어보지 않고 이들을 배제했다. 2017년 8월경 B진 정부에서 이주계획에 대한 촌민의 의견을 수렴하기 위해 사람을 파견했을 때도 노인들의 의견은 별로 중요하게 다뤄지지 않았다. 2017년 10월 B진 정부에서 C마을 간부에게 이주계획 관련 촌민들의 동의 여부에 대한 서명을 받으라고 했을 때 동의 서명을 한 주민은 많지 않았고, 서명한 사람들은 대부분 마을 간부의 친척이었다. 이렇게 주민의 의견을 충분히 존중하지 않는 듯 여겨지는 상급 정부의 행위는 노인들의 불만을 더 초래하여, 2018년 3월 노인들은 상급 정부에 찾아가 민원을 제기했다. 갈등이 계속되면서 노인들은 단순히 집단이주 문제만이 아니라 이주를 강행하는 마을 간부들의 횡령과 선거 문제까지 지적하면서, 마을의 정치적 권위와 합법성에 대한 문제제기를 하였다는 점에 특히 우리는 주목하였다.

C마을 주민, 특히 노인들은 현임 촌장이 민주적 선거로 선출된 사람이 아니고 직무 유기와 공금 횡령을 하면서 마을의 산과 논을 맘대로 팔아 후손에게 해를 끼친다고 불만과 분노를 강하게 가지고 있었다. 이런 인식이 있기에 노인들은 집단이주 계획의 강행이 상급 정부가 아니라 마을 촌장과 사업가들이 마을 땅을 차지하기 위해 벌

인 소행이라고 굳게 믿었다. 노인들이 비난하는 촌 간부의 불법 행위
는 크게 세 가지였는데, 경제적 횡령, 전통적 관행과 풍습에 대한 무
시, 그리고 공정하지 않은 선거였다. 첫 번째 경제적 횡령 문제는 마
을 간부에 대한 노인들의 불만 중 가장 큰 부분으로서, 특히 마을
논과 산을 마음대로 팔고 농림보조금을 횡령했다고 이들은 이야기하
고 있었다. 이는 노년층만의 생각이 아니라 마을주민 상당수가 공통
적으로 가지는 생각이었다. 마을 사찰을 관리하는 보잔은 이렇게 이
야기했다.

> 우리 마을에서 첫 촌장 때는 토지 문제가 없었고 두 번째, 세 번째
> 촌장 때는 문제가 컸다. 어디든지 땅은 마을 노인들이 후손들한테
> 주려고 남겨 둔 거다. 그런데 지금 저 촌장들 때 산을 다 팔아먹어서
> 이제 산이 거의 없다. 제8생산대에서 저장 사람에게 하나 팔았고 자
> 오 씨에게도 팔았고, 이 쪽 큰 산은 특히 많이 팔았다. 절반이나 팔
> 아서 자기 주머니에 돈을 넣었다. 저 차 공장도 팔았다. 결정할 때
> 공산당원은 갔는데 농민들은 없었다. 회의할 때 되어서야 그러는 거
> 다. 당원이 결정하면 되는 거고 농민은 결정권이 없다고 말이다. 그
> 건 군중을 배신하는 거잖아. 나중에 후손들이 크고 나면 어디서 나
> 무를 구할 건가?

또 다른 노인들도 촌장이 땅을 불법 매매하는 것을 알고 있었다.
자오趙A 씨는 마을에서 매각된 땅의 면적과 가격에 대해 기억나는
대로 설명해주었다.

> 저 사람들 돈이 다 어디서 나왔겠나? 이제 정책이 느슨해져서 산
> 도 다 팔 수 있게 되었으니, 예를 들어 자오趙L에게 4천 평을 팔았

고, 그것도 글쎄 7만 위안에 팔았다. 주변의 야오족 사람도 그러더라. 7만 위안이면 자기도 살 수 있다고!! 너무 싸다고 말이다. 저 벽돌공장도 1-2만 위안에 팔았는데, 그 돈이면 우리도 살 수 있다. 그렇게 마을 재산을 싸게 팔아넘기고, 마을에는 절반만 남기고 나머지는 다 자기가 챙겨먹는 거다. 저 마을 사당도 1만 위안에 팔았다고 칠판에 써놨는데, 다른 사람이 장부를 뒤져보니까 없더라. 다른 마을 장부는 다 있는데 우리 마을 것만 없더라는 거다. 그 사람들 수입도 없고 장사하는 것도 아닌데 어떻게 몇만 위안짜리 자동차가 있겠나? 이상한 거 아닌가? 군중은 말을 할 엄두를 못 낸다. 말하면 미움을 사니까. 말을 못하고 그냥 따르는 수밖에 없다.

마을사당의 관리자 중 한 명인 다오꺄A 씨는 올해 73세인데 토지와 장부 문제에 대해서 이렇게 이야기했다.

우리가 촌 공소公所에 가서 이야기했다. 이번 달, 5월 며칠이더라, 나랑 보잔이랑 자오趙A 랑 같이 갔다. 올해 들어서 유난히 주민들 의견이 많은데, 이 재정 문제, 산 팔고 논 판 돈이 어디로 갔는지 마을사람들 다 모른다. 알 수가 없다. 말하기도 어렵다. 한 마을에 살면서 이야기하면 별로 보기가 안 좋잖나. 사무실에서 상부에 보고하겠다고 하는데, 문제 해결하려면 위에서 해결해야 한다. 우리 마을 내에선 못 한다. 사람들 올해에 정말 불만 많다. 몇 년 동안 장부보고도 안 했고 간부회의도 안 열었다.

노인들은 토지 문제에 매우 민감하기 때문에, 토지 장부를 제대로 써놓지 않았다는 이유로 마을 간부를 비판한 게 이번이 처음은 아니었고 전임 촌장 자오趙H 도 장부 문제로 노인들의 비판을 받아 해임되었다. 그러나 이번 사건은 토지 문제만이 아니라 다른 문제들(주민의 집단 이주, 농림보조금, 명절축제 등)이 결합되어 이주 반대의 중요한 근거가 된 것이다.

노인들이 촌 간부에 대해 제기하는 두 번째 문제는, 전통적 관행과 풍습을 존중하지 않고 무시한다는 것이었다. 마을 노인들은 간부들이 다이족 전통을 무시한다는 불만을 많이 가지고 있었는데, 가장 대표적 사례가 물축제 때 간부들이 전통과 노인을 무시하는 행동을 한 것이다. 2017년 물축제 전에 축제에 필요한 소와 돼지를 사기 위해 부촌장과 회계, 출납원이 함께 B진 정부에 가서 생태초원 관련 국가의 보조금을 찾으려고 했는데 이미 촌장과 당 서기가 그 돈을 찾아갔다는 이야기를 들었다. 돈을 찾아간 서류에는 부촌장과 출납원, 회계의 서명도 버젓이 있었다. 즉 이들의 서명이 도용된 것이다. 이들은 마을에 돌아와 촌민들에게 알렸고, 노인들은 이것을 촌장에 대한 반대의 중요한 근거로 삼게 되었다.

> 명절 활동 때 노래 부르고 춤추고 신나게 노는 게 우리 민족 풍습이다. 1년 중에 가장 큰 명절이 물축제다. 이 축제는 우리 다이족의 설날이나 마찬가지다. 그런데 지금 촌장은 신경도 안 쓴다. 며칠 전에 우리 집체의 보조금을 몇 만 위안이나 찾아갔는데, 그걸 가지고 뭐하는지 모르겠다. 가서 자기가 촌장이라고 하면서, 다른 사람들 이름 가지고 돈을 막 찾았다. 그 사람들이 허락해준 적 없어도 그렇게 하는 거다. 우리 부촌장이랑 회계랑 출납원이 돈을 찾으러 갔는데 이미 다 찾아갔고 이 사람들 서명까지 있다더라. 그 돈 어디 갔는지 설명 못 하면 물어내게 해야 한다. 물축제 끝나면 고발할 거다. 이건 정말 심각한 문제다. 물축제 때 진장鎭長 오면 이거 해명해보라고 할 거다. 해임할 사람은 해임시켜야 한다. 저 사람이 돈을 다 써버리는 바람에 올해 물축제 때 소도 못 잡고 불화살도 못 쏘잖나.

물축제 때 사찰에서 불교의례를 하고 온 마을 사람이 소를 잡아서 함께 먹는 것은 이 마을 다이족의 중요한 전통인데, 올해에는 이 행사를 할 경비가 없었고 보조금을 마을 간부가 사칭하여 가져가버린 것이다. 또 마을 간부들은 물축제 때의 불교의례에도 잘 참석하지 않는다. 올해 의례에는 주로 노인과 각 집안의 가정주부들만 참석했고, 일부 사람들은 손녀를 데리고 왔다. 노인 외에는 성인 남성의 의례 참여율이 낮은 것이다. 그래서 만일 이 마을에서 물축제 때의 불교의례를 올해 처음 관찰한 연구자가 있었다면 그는 C촌 종교생활의 가장 중요한 주체는 여성과 노인이라고 결론 내렸을 가능성이 크다. 점점 남성들은 종교행사에 소극적으로 변화하고 있고, 젊은 층은 더욱 그러하다. 의례가 끝나고 여성들이 다 떠난 후 중년 남성 두 명(당지부 서기와 룽토우)이 부처님께 절하고 초를 올리러 왔다.

의례가 끝나고서 노인들은 사당 바깥의 광장에서 한참동안 토론을 했는데, 이들은 이를 '노인회의'라 불렀다. 이들은 간부들의 토지 팔아넘기기와 공금 횡령, 전통 무시, 직무 유기 등에 대해 흥분하여 이

사당 바깥 광장에서 노인들과 당 지부 서기가 토론하는 광경

야기했고, 마을의 집단이주 문제는 너무나 중요한 문제이므로 절대 가볍게 처리하면 안 된다고 했다. 이 때 부처님께 절하러 왔던 당지부 서기는 나오다가 노인들과 마주쳐서는, 노인들이 너무 참견을 많이 한다고 하여 노인들은 더 격분했고, 분위기가 격앙되자 서기는 잠시 동안 언쟁을 벌이다 떠났다.

노인들이 마을 간부에 대해 제기하는 세 번째 문제는 선거의 부당성이다. 아래는 선거에 대한 촌민들의 이야기다.

> 자오趙N(현 촌장)이 어떻게 촌장이 되었는지 모르겠다. 그 때 물어보니까, 당시에 그 사람보다 표 많이 받은 사람 있었다. 자오趙N은 13장 받았는데 70장 넘게 표를 얻은 사람이 있었는데, 자오 주임이 맘대로 이 사람을 고른 거다. 내가 갔더니 이미 선거 끝났다고 하더라. 자오 주임이 자오趙N에게 "내가 있는 동안 너도 있어"라고 했다는 걸 전해 들었다. 투표할 때 글쎄 자오趙가 자기 딸을 거기 앉혀 놓고 있더라. 그러면 민주선거가 아니다. 선거에 나온 사람이 자기 딸을 앉혀놓고 표 나온 걸 적게 하면, 그 딸이 당연히 자기 아빠 이름이 나왔다고 적을 거 아닌가? 감독하는 사람도 없었다. 사람들이 그러니까 불만이 있는 거다. 난 그 때 공개적으로 말하진 않았다. 내가 말했으면 그 사람 당선 안되었겠지. 그냥 참았다. 그가 잘하면 문제없었겠지만, 그 때 내가 아무 말도 안 하고 그냥 넘어갔는데 이번에 이런 일이 생기니 내가 무슨 말을 하겠나?

> 2014년에 자오趙N이 당선될 때 사실 그 사람 표가 또다른 후보자보다 적었다. 그런데 다른 사람이 안 한다고 해서 그가 소조장을 하게 되었다.3 두 번째 선거 때는 투표는 여기서 해놓고 표 세는 건 다른 데 가서 했다. 투표하고 나서 촌민위원회 사람들이 투표함

을 다 가져가버렸는데 어떻게 한 건지 아무도 모른다. 그리고는 와서 자오趙N이 당선되었다고 하더라. 난 사실 그때 자오趙N 말고 부촌장에게 표를 찍었다.

촌민들의 이야기에 따르면, 자오趙N이 촌장으로 당선된 정황에 대해 의문이 제기되는 이유는 몇 가지가 있다. 첫째, 자오趙N이 후보로 나왔는데 그의 딸이 투표용지를 기록하는 일을 맡았으니 공정하지 않고 충분히 조작했을 수 있다는 것이고, 둘째, 선거 후 투표함을 촌 공소公所로 가져가서 통계를 냈고 마을주민 중 아무도 감독관리에 참여하지 못했으니 분명히 조작이 있었을 거라는 추정이다. 사람들은 이렇게 마을 선거가 조작되었다고 여기고 불만을 가지고 있었다. 2014년 자오趙N보다 더 표를 많이 얻었던 현임 부촌장은, 자기가 학교를 안 나왔다는 이유로 촌 간부가 자오趙N이 촌장을 하고 자신이 부촌장을 하는 게 좋겠다고 말했고 자신이 그 의견을 따랐다고 이야기했다. 즉 마을사람들의 불만이 근거가 없는 것은 아니었다. 노인들은 이러한 이유를 들며 이번 집단이주 강행의 책임을 물어 촌장을 해임시키고 이주 계획을 철회하도록 만들어야 한다고 주장했다. 이 과정에서 노인들은, 마을 간부는 못 믿지만 국가는 믿는다는 담론을 내세웠고, 마을에서 노인이 가지는 권위의 정당성을 주장하였다.

사실 이게 국가가 하는 게 아니라 사업가가 하는 거라서 우리는 동의할 수가 없다. 국가가 하는 거라면 우리 노인들은 동의한다. 노

---

3 촌민들이 이야기할 때 촌장과 소조장, 조장 등의 용어를 혼용하였고, 여기선 원문을 살리기 위해 '소조장'이란 용어를 그대로 놔두었다.

인들은 나라에서 추진했으면 좋겠다고 말한다. 그러면 합리적으로 할 테니까. 그런데 개인 사업이라고 하는데 어디 사람인지도 알 수 없다. 징훙 쪽 사업가라고 들었다. 그냥 소문만 무성하다. 국가 정책은 집 새로 짓는 농민에게 보조금 6만 위안 주는데, 저 사장들은 세대 당 3만 위안만 준다. 노동보험 타먹는 노인이어도 사실 6만 위안도 부족한데 말이다. 국가가 하면 훨씬 합리적으로 할 텐데, 저런 개인사업하는 사장들은 제대로 안 한다. 문제 많은 마을 간부가 그런 사람들이랑 추진하는 일이니까 우리 노인들이 반대하는 거다.

노인들은 국가가 하는 일이라면 이렇게 비합리적으로 추진되지 않을 거라는 말을 반복했지만, 우리는 현지조사를 하면서, 처음에 이주 계획을 세울 때 현縣 정부와 진鎭 정부 간부들도 C마을에 조사하러 왔었다는 것을 발견했다. 즉 노년층 주민의 생각처럼 마을 간부들이 일부 사업가와 벌인 일이라고만 보기는 어려웠다. 다만 추진과정에서 정보가 잘 공개되지 않았고 주민들의 의견이 충분히 수렴되거나 전달되지 않는다고 느껴진 것은 사실이고, 마을 간부들에 대한 주민들의 불신임이 의심을 증폭시킨 것으로 보인다.

원래 사업을 추진하던 B진 관리가 횡령 혐의로 조사를 받는다는 소식이 2018년 들려오자, 노인들은 민원을 더 강하게 제기해서 계획을 보류시킬 좋은 기회라고 생각하고 더 적극적으로 나섰다. 이들은 B진에서 횡령 혐의를 조사하러 마을에도 올 거라고 믿고 그 때 촌장의 문제를 제기하겠다고 생각하고 있었지만 조사팀이 안 오자, 촌민위원회에 자신들의 신고 내용을 상급 부서에 전해달라고 민원을 제기하면서, 만일 촌민위원회가 상부에 보고하지 않으면 자신들이 직접 상부에 가서 신고할 거라고 이야기했다. 이들은 지난 번에 인민대

표대회에 가서 민원을 제기한 경험에 기반하여, 이번에도 현縣 인민
대표대회 관원에게서 도움을 받아 촌장의 문제점을 상세히 적은 신
고서를 작성했고, 촌장 해임 요구도 적었다.

> 전에 인민대표대회 부주임하던 사람이 우리 마을이 이제 너무 질
> 서가 없어져서 안 좋다고 하더라. 다른 마을에서도 우리가 너무 무
> 질서해졌다고들 그런다. 마을 지도자가 너무 능력이 없다. 그렇게
> 공금 횡령을 하고 산이랑 논밭을 팔아먹었으니 후손은 어떡하나?
> 이번에는 부패 문제 꼭 조사해야 된다. 상급 부서가 개입해야 한다.
> 그 인민대표대회 부주임이, 보고서 써 오면 자기가 상급정부에 보고
> 하겠다고 했다. 지난번에 우리 마을에서 갔을 때 이야기만 전달하고
> 보고서는 안 썼다. 서류가 없으면 조사하기 힘들다고 하더라.

이러한 현임 마을 간부와 통치방식에 대한 문제제기는, 노년층이
마을 사무에서 영향력이 약해진 상황에 대한 불만과도 연결된다. 노
인들은 이제 마을에서 예전과 달리 단합이 잘 안 된다는 이야기를
여러 번 했고, 이 문제와 현임 간부들의 문제점이 서로 연결되어 있
다는 인식을 가지고 있었다. 즉 단합이 잘 안 되기 때문에 이렇게
문제있는 사람이 간부로 선출된다는 것이고, 또 그런 사람이 사심을
가지고 횡령을 하고 일을 제대로 안 하기 때문에 마을의 단합이 더
잘 안된다는 것이다.

이 책 Ⅲ장에서 이야기했듯이, C촌에는 "시사오라오반喜掃老班"이
라는 노인조직이 있었는데 덕망이 높은 남성 노인 네 명으로 구성된
조직으로서, 그들은 중요한 자리에 참석하거나 일상 업무를 관리하
거나 마을주민 간의 분쟁을 중재하였다. 그러나 이제 이 공식 제도는

쇠락했고 지금은 노인들은 비공식적으로 영향력을 행사하고 있다. 이들은 부패한 촌장을 노인들의 문제제기로 쫓아냈던 경험이 있고, 이처럼 노년층이 정치에 참여하는 공식 조직이 없더라도 마을 통치에서 노인층의 역할은 중요하다고 여긴다. 마을 간부가 비록 투표와 정부의 임명이라는 '합법적' 형식을 통해 권위를 가지게 되는 사람이라 하더라도, 그들이 올바른 방향으로 일하도록 만들 수 있는 건 노인들의 참여라고 이들은 말한다. 즉 노인의 비공식적 정치 참여가 말단 정치조직과 동등한 정치적 권위와 합법성을 지닌다고 주장하려하는 것이다.

주민의 집단이주 강행계획 논란과정에서 노인들은, 자신의 정치적 참여의 정당성을 민족 전통과 연결지어 제기하였다. 노인들은 다이족이 한족과도, 또 하니족이나 야오족과도 다르다고 하면서, 반드시 모여 살아야 한다고 강조했다. 또 집단이주해갈 곳으로 거론되는 지역이 요절한 아이들을 묻었던 곳이고 야생동물이 물을 마시는 곳이라서 사람이 살기 좋은 곳이 아니라고 했다.

> 물축제 때 사찰 쪽에서 우리 노인들과 젊은이들이 한판 붙었다. 노인들은 이주 문제 신중해야 한다고, 우리 풍속이랑 신神들 그리고 자이신을 도대체 어떻게 옮길 거냐고 했다. 우리 다이족은 한족과 다르다. 한족은 어디 살든 상관없고, 어디로든 옮겨다닐 수 있지만, 우리 다이족은 여기서 2-300년을 살았으면 다른 데 갈 수 없다.

> 우리가 안 가고 싶은 이유 중 하나는, 우리에게 가서 살라고 하는 터가 좋지 않아서이다. 여기 우리가 사는 곳은 풍수하는 사람 모셔다가 본 곳인데 터가 좋다. 그런데 우리 보고 옮겨가서 살라고 하는 곳은 예전에 요절한 애이랑 외지에서 온 사람 죽으면 묻던 곳이다.

터가 안 좋다. 우리 다이족은 죽은 사람 묻을 때 노인이랑 어린애들 나눠서 묻는다. 어린애들 묻을 때는 관을 안 쓰고 돌멩이 쌓아 놓고 묻고 묘비도 없다.

이런 노인과 주민들의 생각은 C마을의 역사 그리고 다이족의 생존에 대한 인식과 연결되어 있기에 가볍게 무시되기 어렵다. 이들은 현재의 C마을 터가 좋아서 마을이 발전하였다고 믿으며, 신과 영혼에 대한 다이족의 관념을 지켜야 다이족이 살아남을 수 있다고 믿는다. 이들의 공간 개념 속에는 오염과 청결의 공간에 대한 관념이 있으며, 귀신이 사는 곳이 재난을 일으키는 공간이라 여기기에 최대한 피하거나 사제의 종교의례를 통해 정화淨化한 다음에야 들어갈 수 있다. 이들은 원래 오염되었다고 여겨지는 땅은 절대로 집터로 고를 수 없다고 생각한다. 이들은 집터에 쌀을 놓아두거나 흙으로 점을 쳐서, 땅을 지키는 신이 사람과 어울리는지 알아본다.

이 마을에는 영혼에게 지내는 제사 등의 의례가 많다. 다양한 영혼을 부르는 초혼의례가 있는데, 전통에 따르면 집에서 사람이 멀리 떠날 때에는 무사히 다녀오도록 빌기 위해 초혼의례를 치러야 한다. 또한 마을에서 이상한 병에 걸린 사람에게도 초혼의례를 통해 악귀를 쫓아내야 한다. 신생아가 한 달 될 때나 새 집에 이사 갈 때 치르는 실감기 의례도 초혼의례의 일종이다. 초혼의례에서 가장 중요한 부분은 실을 감는 것인데 그 목적은 영혼이 본체를 떠날 수 없게 하는 것이다. 그래서 평소에 치료의례나 집을 떠나는 사람을 위한 초혼의례에서는 당사자의 손목에 실을 감아준다. 햅쌀제에서 이런 실감기 의례가 가장 두드러지게 나타난다. 햅쌀제 때 집집마다 탁자나

의자, 대들보, 기둥, 텔레비전, 소파 등에 실을 감는데 지난 1년간 집 안에서 있었던 일에 감사를 드린다는 의미가 내포되어 있다. 자이신을 정성껏 청소하거나 밭에서 신께 의례를 올리는 헌전獻田의례 그리고 곡신제사 등의 의례들 속에는 만물에 영혼이 깃들어있다고 믿는 애니미즘적 관념이 드러난다.

매년 7월 20일 마을사람들은 헌전의례를 치르는데 이는 곡신에게 쌀이 잘 자라게 해 달라고 하고 풍년을 비는 의례이다. 곡신은 곡혼穀魂 할머니라고도 불리는데 쌀을 관리하는 여신이다. C마을 다이족에게는 쌀농사가 중요한 위치를 차지하며, 마을사람들은 쌀 성장기와 수확기를 포함하여 1년에 적어도 세 번 곡혼의례를 치른다. 첫 의례는 모내기 때 지내고 두 번째는 7월 10일 쌀의 성장기에 지내며, 마지막은 쌀을 수확하고 창고에 넣을 때 지낸다. 마지막 의례 때 쌀농사

곡혼 의례를 치르는 장소. 각 집의 곡창 앞에 많이 있다.

를 짓는 집안의 남자들은 논에 가서 곡혼을 불러 집에 가자고 말한다. 그래야 곡창에 사고가 안 나고 쌀도 "아프지 않다"고 이들은 믿는다. 쌀을 수확하고 나서도 곡혼 의례는 끝나지 않는다. 여러 집안의 곡창 안에 곡혼 의례를 치르는 공간이 있다.

한 노인은 이 곡혼의례 장소를 설치한 유래를 우리에게 설명해 주었다.

> 우리 집은 사실 예전에 이미 곡창을 헐었는데 사람들이, 이 곡창 의례를 치르는 곳은 남겨놔야 한다고 하더라. 옛날에는 우리 농사짓는 사람들은 신 모시는 의례를 안 지내면 쌀을 먹을 수 없었다. 그들이 없으면 쌀이 안 좋다. 사람들 말로는 마오쩌둥 시기 합작사 때 신을 안 모셨더니 쌀이 안 좋았다고 한다. 이제 다시 신을 모시니까 쌀이 좋아졌다. 곡창을 관리하는 신이 여자라서, 곡창 제사 지낼 때 여자는 못 지내고 남자들만 가서 지내야 된다. 해마다 닭을 잡아서 논에서 제사도 지낸다. 곡창 있는 집들은 다들 곡창 앞에 곡혼 의례 지내는 장소가 있다.

다양한 영혼에 대해 주민들, 특히 노인들은 경외심을 가지고 있고, 이런 영혼에 대한 믿음이 바로 다이족의 특징이라고 믿는다. 이런 건 "관념론과 유물론의 관계로 설명할 수 없다"는 것이다. 영혼에 대한 마을사람들의 이런 관념은 집단이주 문제에 대한 태도에 큰 영향을 미쳤고, 노년층만이 아니라 중년층도 대부분 이런 관념을 공유하고 있었다. 이주해 갈 집터가 안 좋으면 사람들을 해칠 수 있다는 관념 외에도 주민들은, 집에 있는 신이나 마을에서 돌아다니는 신들을 잘못 다루면 재앙이 올 수 있다는 관념을 갖고 있다. 그동안 이 마을에서 주민들이 오랫동안 살면서 신들과 평화롭게 함께 살았는데, 만일 사람들이 이주해 가고 일부만 여기 남으면 신들은 더 이상 사람을 보호하지 않고 반란을 일으킬 거라고 여겨진다. 이들이 보살펴야 할 신에는 마을의 산신, 수호신, 토지신, 가신 등이 모두 포함된다.

이들은 노인이 세상을 떠나면 영혼이 집에 돌아와 다른 가족과 함께 산다고 생각한다. 돌아가신 노인을 다시 모셔오는 의례는 장례의 중요한 내용인데 보통 장례를 치른 후 3개월 내 날짜를 잡아서 한다. 돌아가신 부모의 위패를 침대에 모시고 명절 때 제사를 지낸다. 일상생활에서의 의례는 조상신과 후손들이 함께 있다는 것을 강조하는데 예를 들어 술을 마시기 전에 식탁 주위에 술을 몇 방울 떨어뜨리는 풍속은 조상신에게 예의를 갖추기 위함이다. 이런 풍속은 노인들에게만 남아있는 것이 아니고 대부분의 젊은 층도 따라한다. 아래는 자오趙H의 이야기다.

이사가거나 안 가는 것은 모든 사람이 다 함께 결정하고 함께 행동해야 된다. 몇 명만 마을에 남아서 살면 안 된다. 사람이 나갔는데 귀신들이 남아 있잖나. 몇 명만 남아서 살면 아프다. 귀신들이 와서 말썽을 부릴 거다. 귀신들은 마을에서 돌아가신 노인들인데 사람이 다 나가도 귀신들이 남아 있다. 우리 민족은 마을신, 산신 등 신이 여러 가지 있는데, 산신은 우리 설 때 제사 올리는 신인데 집안의 돼지나 닭, 소를 보호해 주는 신이다. 사오파페이는 신들 중에 으뜸인데, 사오파페이가 우리를 보호하지 않으면 재앙이 일어나거나 아프다. 50 몇 년 전에 B진 쪽에 불이 났는데 그때 다 초가집이어서 불나기 쉬웠다. 그런데 저쪽엔 다 불타버렸는데 이쪽까지 불이 안 왔다. 다 초가집인데도 말이다. 세 마을이 붙어있는데 이 쪽 마을만 안 탔다. 이건 마을신이 보호해 준 거다. 우리가 만일 이주해 가려면

스님들 모셔 와서 경 읽고 신들을 다 모셔가고 사람도 다 같이 가야
한다.

자오趙A는 왜 온 마을이 함께 이사 가야 하는지에 대해 다음과
같이 상세히 설명했다.

우리가 집에서 모시는 게 돌아가신 부모님들인데, 집을 안 헐고
사람만 옮겨가면 안 된다. 자이신이 우리를 보호하지 않으면 사고가
난다. 자이신 입구에 글자가 있는데 그게 주문이다. 그걸 만일 잘못
해서 막아 놓으면 문제가 생긴다. 내가 어릴 때 한 번 겪어 봤다.
그 때 사람들이 말하는 비파귀枇杷鬼가 사람을 해쳤는데, 6-70세 노
인 귀신인데 이빨도 없고 뼈만 뜯어먹는다. 영혼처럼 뭐 먹고 싶다
고 하고 이것저것 달라고 하면서 해친다. 귀신이 가면 사람이 (귀신
이 몸에 붙어서) 쓰러진다. 몇 분 동안 아무리 불러도 안 깨어난다.
그러면 업어서 집에 오면 사람이 벌써 죽어 있다. 어떤 사람 집에
항아리가 있었는데 거기 흰 닭털이 있었다. 그게 비파귀를 모시는
데였는데, 배불리 먹여주면 해치지 않는다고 하더라.
마을 입구 네 군데 있는 주문은 집에 들이면 안 된다. 그건 귀신을
쫓아내는 거다. 그걸 만일 집에다가 쓰면 가신이 못 들어온다. 그러
면 식구들이 사고 당한다. 내가 어릴 때 봤는데, 사람들이 귀신을
막 때리더라. 귀신이 신기하게 냄새 맡은 것처럼 위를 쳐다보더라.
주문을 딱 보더니 돌아서 가버리더라. 이 주문 글자들 엄청나다. 그
때부터 나는 믿게 되었다. 바깥에 제사 지내는 상자 같은 건 돌아가
신 다른 친척에게 뭔가 드리는 곳이다. 삼촌이나 숙모 돌아가시면
친척 집에 가서 먹을 걸 달라고 그런다. 그러면 바깥에 나가서 먹을
걸 드린다. 집안에 있는 제사 지내는 곳은 조상님한테 제사 지내는
곳이다. 노인이 돌아가시면 집안에서 모시고, 햅쌀제나 명절 때 다
제사 지낸다.

우리 민족은 풍속이 많다. 만일 우리가 이주해 간다면 5년 안에 사고가 안 나면 괜찮겠지만 만일 사고 나면 누가 책임질 건가? 이렇게 말하니까 다들 겁나서 못 간다. 이건 사람 목숨이랑 관련된 문제잖나. 다른 마을은 이주하라고 해서 다들 이주했는데 한 달 만에 일곱 명이 죽었다더라. 귀신에게 잡혀간 것처럼. 이런 일 있으면 누가 책임질 건가?

지방정부의 계획에 따르면 C마을 주민을 집단이주시키려는 것은 이 마을을 관광개발로 쓰기 위해서이고, 따라서 다이족의 전통가옥을 그대로 보존해야 한다. 그러나 다이족 전통에 따르면 이사 갈 새 집을 다 지었으면 원래 집을 다 헐어야 조상신이 식구를 따라 새 집으로 들어갈 수 있다. 마을의 노인들은 이런 전통 관념을 강조하면서 이주 계획에 반대했지만, 마을 간부들은 노인들보다 젊은 사람들의 의견을 중요시했다. 주민들 사이에 의견이 갈라지자 B진 정부와 마을 간부들은, 처음에는 전체 주민이 다 이주해가야 한다고 하다가, 원하지 않는 사람은 마을에 남아서 살아도 된다고 한발 물러나서 계획을 바꿨다. 그러나 이렇게 일부 사람만 남는 것은, 지금까지 보았듯 다이족 관념에서는 더 큰 재앙을 불러올 수 있다. 이렇게 전통적 영혼 관념, 풍수지리, 그리고 마을 간부들의 도덕적 문제를 제기하며 강하게 반대하는 노인들과 달리, 젊은층은 집단이주에 찬성하는 사람이 많았다.

2. 청년층의 다른 목소리

마을의 젊은층에게 집단 이주 계획은 개인적 공간이 없는 답답한 전통 가옥에서 벗어나는 좋은 기회로 여겨졌다. C마을에는 나름의 사생활 관념이 있는데, 촌민들은 조상의 영혼이 가족과 함께 산다고 여기기 때문에 부모님 위패를 침실에 모셔두고, 외부인은 침실에 들어오지 못하게 한다. 특히 주인 부모님의 위패를 외부인이 보면 외부인이나 주인 모두에게 안 좋은 일이 발생한다고 믿는다. 명절 때 조상에게 제사를 지내는 것도 매우 개인적인 일이고, 마을 주민들은 제사의 프라이버시도 매우 중요시한다. 이런 관념을 가진 주민들에게 침실은 매우 사적인 공간이고, 이 프라이버시 관념은 그들이 가진 영혼 관념에서 유래한다. 중노년층에게 프라이버시는 이렇게 조상의 영혼과 관련되는 개념이다.

그러나 젊은층의 프라이버시 관념은 다른 것으로서, 방의 쾌적함과 방음효과 등을 가리킨다. 이주 후 들어가기로 계획되어 있던 벽돌집은 다이족 전통가옥에 비해 프라이버시 측면에서 훨씬 장점이 많았다. 라오스 여성과 결혼하여 6살 아이를 둔 30대 촌민은 이렇게 이야기했다.

지금 집은 살기 힘들다. 비 오면 바람 부는 게 무서워진다. 바람만 불면 물이 샌다. 우리 부부 잠잘 때 나란히 눕는데 옆에 사람이 딱 붙어 있으니까 굉장히 불편하다. 라오스에 가 보니까 그 쪽 집은 더 불편하더라. 우리 집보다 더 작고 예전에 우리가 살았던 집이랑 비슷하다. 형제들이 결혼해도 같이 사는 거다. 형제가 분가하면 정부에 내는 돈도 많아져서 부담되어서 분가 안 한다고 하더라. 그런 집에선 프라이버시 당연히 없다. 사람이 그렇게 많은데 아내랑 밤에 관계 가질 때 소리도 못 낸다. 이런 집은 움직이면 소리가 난다. 주택에 살면 당연히 좋다. 방음이 되잖나. 이런 옛날 집은 방을 대나무로 막아놔서 전혀 효과가 없다. 주택은 인테리어도 할 수 있잖나.

다이족 가옥과 그 속의 영혼에 대해 노인들이 가지는 깊은 감정과 달리 젊은이들은 다이족 전통 가옥이 소리와 비바람을 막지 못한다는 점에 대해 가장 불편함을 느끼고 이주를 희망했다.

필자: 며칠 전에 촬영하러 온 사람이 있는데 아시나? 홍보 동영상을 촬영한 거 같더라.

여성2: 모른다. 난 그날 집에 없었다. 홍보는 했는데 효과가 없네.

여성1: 그래도 이사갈 수 있다.

여성2: 갈 수 있는지 없는지 모른다.

여성1: 성省 정부에 보고했다더라. 투자유치 계획 짠다고 들었다. 이번에는 진짜 갈 수 있을 것 같다.

필자: 아직 구체적인 방안이 안정해진 것 맞나?

여성2: 아직 안 정해졌다. 우리 백성들은 아무것도 모른다.

필자: 당신들은 찬성하나?

여성2: 찬성하고 말고 새 집 지어주면 안 산다는 사람이 있겠나? 나는 찬성한다. 우린 돈이 없어서, 정부가 지어주면 당연히 찬성한다.

필자: 지금 사는 집은 살기 불편한가?

여성2: 불편하지. 이런 집은 튼튼하지 않아서 비바람이 불면 망한다. 올해는 바람이 많이 안 불어서 괜찮은데 작년에 바람이 많이 불어서 우리 집 지붕에 있는 석면 기와도 날아갔다.

필자: 이사가고 싶지 않다는 노인들이 있는데, 그럼 그 노인들은 지금 이런 집이 불편하지 않다고 생각하는 걸까?

여성2: 저 골동품들은 말이 안 통한다. 자기 자녀들을 생각하지도 않는 거다. 집 지으려면 2-30만 위안 필요한데 그런 돈이 어디 있나?

필자: 나는 노인들 여러 명에게 물어봤는데 이런 옛날 집이 살기

편하다고 하더라. 튼튼해서 백 년도 간다고.

여성2: 말이 안 통한다. 저 사람들이 모른다. 이런 집에서 몇 년을 더 살 수 있겠나? 뭐가 튼튼한가? 바람 많이 불면 기와도 날아가고 밖에서 비오면 집안에서도 비가 오고 못 산다.

필자: 그럼 노인들은 주로 무엇 때문에 이사 가고 싶지 않은 건가?

여성2: 우린 모른다. 이쪽이 명당자리라고 하더라. 안 가고 싶다고 들었다. 그런데 몇 백년을 살았는데 우리 마을은 여전히 가난하잖나. 여기도 솔직히 풍수지리가 안 좋은 거다. 만일 정말 좋다면 우리가 왜 먹을 것도 없겠나?

필자: 생각하는 게 다들 다른 것같다.

여성2: 다르지. 좋은 곳이라면 우리가 왜 이렇게 가난하겠나?

전통가옥에 대해 중노년층은 조상에게 물려받은 민족의 전통이고 견고하다는 점을 강조하고, 그 속에 혼이 들어있기에 민족의 운명과 직결된다고 믿는 반면, 젊은층에게는 사적 공간이 부족하다는 점이 그런 '장점'을 넘어서는 큰 단점으로 여겨진다. 젊은층과 중노년층 모두 전통가옥이 튼튼하다는 것은 인정하지만, 무엇이 더 중요하다고 여기는지에 대한 차이는 좁혀지지 않았다. 마을 회계를 맡은 촌민은 이렇게 말했다.

이런 전통 가옥은 비바람이 불면 안에 빗물이 새서 다 젖고, 바람 많이 불 때 기와도 날아간다. 사실 튼튼한 건 인정한다. 수명이 없거든. 철근이랑 콘크리트로 만든 건물은 수명이 있는데 이 집은 87년도에 지어졌는데 끄떡없고 100년 된 집도 있다. 다만 대나무 줄기를 20년에 한 번 갈아야 되고 기와도 갈아야 된다.

이렇게 의견이 분분하며 반발도 심하자 상급 정부에서 한발 물러나서 일부만 이주해도 된다고 하자 노인들은 그게 더 위험하다고 하며, 우리 민족에게 큰 재앙이 닥치면 누가 책임질 거냐고 목소리를 높였다. 이런 상황에서 젊은 층은 공개적으로 의견을 표시하거나 노인층과 대립각을 분명하게 세우지는 않았고, 사적인 자리에서만 이주에 찬성한다는 이야기를 하는 정도로 의견을 표시했다. 이주계획은 상급 정부 관원이 부패 문제로 교체되면서 보류되었지만, 이 몇 년에 걸친 논란 속에서 누가 마을을 대표할 정당성이 있는가, 마을은 어떻게 통치되어야 하는가, 정치적 합법성은 누구에게 있는가, 다이족에게 중요한 것은 무엇인가 하는 데 대한 토론이 어느 때보다도 공개적으로 격렬하게 이뤄졌다는 점에서 중요한 사건이었다. 또 마을 말단조직의 정당성과 합법성에 대해 도전하면서 마을주민들이 더 상급 정부에 호소하는 양상도 볼 수 있었다.

VI

접경지역 마을의 다양한 생계방식과 초국경 교류

1. C촌의 토지관리 변천과 토지활용

앞서 살펴보았듯 C촌의 땅은 집단(집체) 산림, 개인 산림, 그리고 논밭으로 이뤄져 있다. 집단 산림은 주로 마을 앞의 두 산大竜山, 觀森山(음차)으로서 약 3000여 무에 이르고, 1무당 연간 9위안씩의 보조금을 받아 공동 소유로 하고 있다. 개인 산림은 마을 뒷 쪽의 두 산景攘山, 臭水梯山 일대를 가리킨다. 개인 산지의 귀속 역시 1980년대 호별 영농제 실행 후 정해지게 되었다. 산의 면적이 커서 엄격하게 소유를 제한하지 않고 마을 사람들이 산으로 가서 개간하는 만큼 그의 소유가 되었고, 따라서 개인 산지의 구획은 균일하지 않고 크기도 다 다르고 흩어져 있기도 하다. 마을 뒤의 개인 산림은 개간 초기에는 촌민들이 경제 작물을 심지 않고 벼와 채소, 대나무 등을 심었는데, 대부분은 마을에서 소몰이용으로 썼다. 80년대 말에서 90년대 말 마을 소가 가장 많을 때는 소의 총량이 400-500마리에 달하여 가구당 평균 4-5마리를 길렀다. 마을 사람들이 기르는 소는 황소와 물소의 두 종류가 있는데 황소가 많았다. 물소는 밭가는 데 쓰이고 황소는 수송하는 데 썼다. 소 사육업자 일을 했던 촌민에 따르면, 예전엔 황소의 경우 한 마리 300-400근 짜리를 700-800위안에 팔았고, 같은 무게의 물소는 가격이 조금 비싼데 한 마리 1,000위안 정도에 팔았다. 지금은 소 값이 10배는 더 올라서, 사서 기르기가 힘들다. 예를 들어 촌민들이 결혼할 때 일반적으로 소 한 마리와 돼지 세 마리를 잡는데 지금 가격으로는 황소 한 마리에 8,000위안, 물소 한 마리에 10,000위안이 들어간다.

촌민들에 따르면 마을 소들은 90년대 말경 점차 다 징훙 등 지역의 육류 가공공장에 팔려 나가서 마을에는 소가 거의 없어졌고, 대신 마을에서는 개인 산지에 고무를 많이 심기 시작했다. 촌민들이 처음 고무를 심기 시작한 것은 10여 년 전인데, 고무는 심어서 수확할 때까지 약 8년이 걸린다. 마을 뒤쪽 개인 산지에는 아직도 고무나무가 많이 있는데, 예전에 처음 심었던 고무나무들은 서리가 많이 내린 해에 거의 다 죽었고 다시 심은 것이라고 한다. 요즘은 고무의 가격이 좋지 않아서 고무나무들이 방치된 상태다. 아래는 고무나무에 대한 촌민들의 이야기이다.

이렇게 굵은 고무나무는 2-3년 된 건데 9년이면 수확할 수 있다. 우리 이 지역은 산이 높아서 날씨가 춥잖나. 징훙 지역은 해발도 낮고 더워서 7년이면 수확한다. 우리 산에 있는 고무도 지금 수확할 수는 있는데 그러면 값이 너무 낮아서 수확 안 하고 있다.

고무 밭은 이제 고무를 찾는 사람이 없어서 난 팔아버리고 싶다.

심은 지 9년 되어서 올해 수확하기 시작했는데, 70여 무 쯤 되어서 작업자를 두 명 구해 와야 하는데 찾을 수가 없다. 한 무에 33그루 쯤 심고, 고무나무는 30-40년 동안 수확할 수 있다. 6년 전 쯤에 고무 값이 좋을 때는, 300그루 수확하면 하루 반나절에 금방 400-500 위안씩 벌었다. 지금은 헐값이다.

처음 심었던 고무나무가 다 죽고 나서 두 번째로 고무나무들을 심기 전 중간의 몇 년 동안 마을에는 사탕수수를 심었다. 사탕수수를 딸 때는 일손이 많이 필요해서 일할 사람을 고용하기도 하는데 사탕수수의 가격이 너무 싸서, 사탕수수로 버는 돈은 많지는 않다.

사탕수수는 한 근에 1마오毛도 안 되었고, 화물차 1대에 가득 싣고 가서 팔면 500-800위안 정도 벌었다. 지금은 사탕수수가 3마오 쯤 되고, 괜찮은 편이다. 사탕수수를 다 심으면 바로 차를 심고, 그 다음엔 바나나를 심었다.

사탕수수 재배가 굉장히 힘들다. 베기도 너무 힘들고, 베고 나서 어깨에 메고 옮겨야 한다. 3-40명이면 하루에 7-8톤 벨 수 있다. 아침에 일찍 가서 베다가 저녁에 늦게 돌아와야 하는데, 1년에 1모작 해서 얼마 벌지 못한다.

C촌에서는 약 7-8년 동안 사탕수수를 많이 심었고, 1998-1999년부터는 다시 고무나무를 심는 동시에 차茶도 많이 심었다. 차 재배 면적은 몇 무에서부터 몇십 무까지 다양하다. 찻잎 채집은 차나무의 발아 주기에 따라 진행되며, 한 가구가 10여 무의 차를 재배할 경우 약 일주일 내에 한 번 수확할 수 있는데, 일주일 후에 가장 먼저 채취한

차나무에 다시 새싹이 돋기 때문에 봄차 채집 시기에는 거의 매일 차를 따러 가야 한다. 적게 심으면 며칠 따고서 며칠간은 쉴 수 있다. 어떤 집들은 많이 재배해서 친척이나 작업자를 고용해서 차 따는 일을 시킨다.

마을 남쪽에 찻잎 가공 공장이 있는데, 다른 촌에서 온 한 가족이 마을 토지를 세내어 지은 공장이다. 마을 사람들은 매일 아침 차를 따서 대부분 이 공장에 가져가고, 일부는 각자 집에서 사용하거나 친척에게 선물하기도 한다. 찻잎 가격은 계속 변하는데 대체로 1근에 5위안 정도이다. 차를 가공 공장에 보내면 가공 공장에서는 몇 근에 얼마인지 기록하여 한꺼번에 마을 사람들에게 계산해서 준다. 어떤 마을 사람들은 차를 보낸 당일에 돈을 받기를 원하면 그렇게 해주기도 한다. 촌민 자오趙B 씨는 이렇게 말한다.

> 우리가 심은 차밭은 10-13무 정도 되고, 심은 지 10년 되었다. 하루 따면 대략 100위안 남짓 받을 수 있다. 차를 직접 볶기도 하는데, 우리가 직접 볶는 건 10근 정도, 차 공장에 파는 건 30근 정도이다. 마른 차는 1근에 7위안, 젖은 차는 1근에 4위안이다. 사람을 고용해서 차를 따면 하루에 최저 80위안을 지불해야 해서 수지가 안 맞는다.

마을 동쪽에는 고무나무가 많이 있지만, 고무 가격이 좋지 않아서 이제 촌민들은 마을 뒤 개인 산에 다들 차를 심는다. 마을 남동쪽으로 가면 강변에 넓은 바나나 밭이 있고, 맺힌 바나나들에는 봉지가 씌워져 있는데 이는 햇볕과 해충을 막기 위해서다. 강을 따라 이어지는 밭은 앞서 말한 '양산일지兩山一地'의 논밭에 속하는데 지세도 평탄한 편이고 면적은 약 2,000-3,000무 가량 된다. 최근 5년간 여기 바나나를 재배하기 시작했는데, 면적은 집마다 다 다르다.

흥미로운 점은, 마을의 모든 바나나 밭이 각지의 상인들에게 임대되어 있다는 점이다. 마을 사람들의 설명에 따르면, 몇 년 전에 바나나 값이 좋았는데 요 몇 년 새 다시 나빠져서 상인 몇 명이 떠나버렸다. 상인들은 후난, 광둥, 저장 등에서 왔다. 임대료는 1무 당 연간 1,200위안인데 최근 2년간 바나나 값이 좋지 않아 논밭의 임대료에 대해서도 촌민들이 양보할 수밖에 없는 상황이다. 한 촌민은 '2년만 더 있으면 1무에 1,000위안, 심지어 800위안에라도 세를 놓아야 한다'고 했다. 바나나밭은 이렇게 임대한 상인들이 사람을 고용해서 봉지 덮기, 비료, 풀 뽑기 등을 한다. 고용된 사람들은 대부분 이 마을 촌민들로, 봉지 하나 씌우는데 1위안, 비료와 약을 주는데 하루 100위안씩 받는다. 상인들은 바나나밭 관리인도 고용하는데, 바나나 1kg당 4-5마오를 그들에게 주고, 한 달 1,000위안의 보조금도 준다.

바나나는 1년에 2월과 9월에 각각 1년 2숙을 한다. 다 익은 후에 바나나 나무는 모두 잘라버리고 남은 새싹은 계속 자라야 한다. 마을 남쪽에는 바나나 포장공장이 있는데, 여기서 포장된 바나나가 마을 밖에 있는 큰 화물차에 실어서 산시성山西, 산둥성山東, 가장 멀리 신장新疆까지 보낸다. 운송 가격은 1톤에 1,400위안으로, 차 한 대에 대략 2만 위안 정도 팔 수 있다.

마을 사람들은 매년 자신의 논밭에서 세준 면적만큼 임대료를 받아서 수입을 얻고, 또 이렇게 임대해준 바나나밭에서 자기가 '고용되어' 일을 하기도 한다. 최근 2년처럼 바나나 값이 좋지 않아서 벌이가 좋지 않을 때에는 촌민들은 임대를 놓는 수밖에 없다. 논밭은 외지 상인에게 임대를 주어 바나나를 심는 것 외에도 각종 작물이나 과일을 심기도 한다. 촌장의 부인은 자기 집에서 롱과龍果를 재배하는 밭에 대해 이렇게 이야기한다.

> 롱과 400포기 심어서 일 년에 한 번 익히는데, 지금 심은 건 5월에 꽃이 피고 6월이 되면 팔 수 있다. 일 년에 한 번 결실을 맺는다. 나무는 30년간 자랄 수 있는데, 롱과 한 그루에 2-30개 맺고 한 근에 5위안이다. 심을 때는 한 무에 30그루 정도 묘목을 심을 수 있다. 롱과 키우는 건 비료와 농약도 필요하다.

이 롱과밭에서 북쪽으로 가다 보면 수박, 옥수수, 유채, 참외밭 등이 있는데, 1무당 매 시즌 300위안의 임대료를 받는다. 이런 채소와 참외 등을 3-4월에 수확하고서 4월 중순쯤부터 물축제를 준비하기 시작한다. 물축제가 끝나고 나면 다시 벼를 심는다. 이처럼 이곳에서는 매년 여름과 가을에는 벼농사를 하고, 봄과 겨울에는 각종 경제작물을 재배한다. 자오趙Q 씨는 자기 채소밭 재배 현황을 이렇게 소개한다.

> 채소밭의 채소들은 잘 안 팔리면 40-50위안, 잘 팔리면 80위안 정도 번다. 배추랑 청경채를 재배한다. 저기 작은 참외 심은 땅은 1무에 300위안이고 20여 가구의 것인데 우리 땅은 없다. 여기 심은 걸 다 팔고 나면 상인들이 뭘 심을지 결정하는데 만일 그들이 안 심으면 우리가 옥수수 농사를 짓는다.

마을 서북쪽 밭에는 단죽순甜筍을 심는데 면적이 대략 400여 무

된다. 단죽순은 2016년부터 심기 시작했고, 자오趙C 씨는 이렇게 이야기하였다.

> 촌 북쪽 400여 무의 밭에 백여 집이 단죽순을 심어놓았다. 한 집에 3-4무 심은 거다. 원래 숲이었는데 약 3-4년 전에 개간한 거다. 우리 마을에서 재배해서 바깥 상인에게 팔면 그들이 공장에 보내서 가공한다. 아직 팔지 않아서 가격은 모르겠다. 씨앗은 정부가 준 건데, 정부의 빈곤부양 정책이다. 생산량은 지금은 알 수 없는데 비료는 1년에 한 번 8월에 복합비료를 준다. 8월에 비료를 준다. 단죽순은 농약을 치지 않는다.

지금까지 본 것이 마을의 '양산일지兩山一地'의 변천 상황과 현재의 재배 현황이다. 대부분의 마을 사람들은 여전히 농업 생산을 위주로 하고 있고, C촌은 땅이 많아서 외부 상인에게 임대해주는 땅이 마을 토지의 약 70%를 차지하며 나머지 30%는 마을 주민이 직접 재배한다. 일 년에 이모작으로, 한 번은 벼를 심고 나머지 한 번은 채소와 과일을 심는다. 일부 마을사람들은 채소와 과일만 재배하면서 식량은 재래시장에 가서 사기도 한다. C촌 사람들은 땅으로 인해 많은 수익을 얻는 것이다.

2. 다양한 생계방식을 가진 접경지역 마을의 경제활동

C촌 주민들은 광활한 토지를 기초로 주로 농업에 종사하지만 돼지와 소도 비교적 많이 사육하였다. C촌의 토지는 원래 B진 토사土

司의 소유로서, 농민들은 토지를 소유하지 못하고 임대료를 지급하고 토사의 영지를 경작했다. 민국시기 개토귀류改土歸流[1] 이후 비로소 토지에 대한 소유권을 가지게 되었다. 중화인민공화국 건국 이후 1955년 토지 개혁을 통해 집단화를 했고, 다시 개혁개방이후 1983-84년 경 토지를 가구별로 분배했다. 토지 분배는 첫째, 과거 조상들의 소유 토지를 자손들에게 분배하거나, 둘째, 노동력 인구 1인당 1.5무(단 어린이에게는 1인당 7/8무) 분배하는 등의 두 가지 기준을 따랐으며, 출생과 사망에 따른 변동 없이 기존에 분배받은 토지를 유지하도록 했다.

C촌은 20여 년 전까지만 해도 농업 위주의 생활을 했다. 마을 뒷산, 마을 앞 논밭은 모두 곡식, 옥수수 같은 농작물이었다. 가축 양식은 주로 소를 위주로 했다. 개혁개방 이후 넓은 민둥산이 개간됨에 따라 촌민들은 선택의 폭이 넓어졌다. 1990년대 말 이전에는 소를 사육했지만 고무나무와 차를 재배하면서 소는 더 이상 기르지 않게 되었다. 20여 년 전부터는 정부의 독려로 뒷산에 고무나무, 사탕수수, 차 등 경제 작물을 심었고, 평지에는 수도작 외에도 롱과, 수박, 호박 등 경제 작물을 재배하게 되었다. 돼지는 집집마다 많게는 10여 두까지 길렀는데 현재는 촌 변두리 지역에 모아서 기른다. 돼지는 경제적 이유로도 기르지만 매년 설에 집집마다 한 마리씩 잡아야 하고, 특히 결혼할 때 2-3마리씩 필요하기 때문이다.

경제 작물 재배에 대한 마을사람들의 선택은 현지 경제 작물의 가

---

1 토착 세력인 토사를 중앙 조정에서 파견한 유관流官으로 바꾸어 직접통치로 전환하고자 한 정책.

격에 근거하여 결정되는데, 어떤 작물이 가격이 좋은지, 또 마을이 재배하기에 적합하면 마을 사람들이 통일적으로 어떤 작물을 재배하게 된다. 최근 바나나 가격이 상대적으로 높았는데, 마을 사람들은 마을 밭의 대부분을 외지 상인들에게 임대해 주어 그 외지인들이 바나나를 심었고, 촌민들은 적지 않은 수익을 얻었다. 마을 앞의 논밭에서 채소·과일 재배를 하고, 채소와 과일을 수확하고 나면 옥수수나 벼를 심곤 한다.

마을에서 나이든 촌민들은 보통 집에서 농사를 지으며, 농한기에는 손자·손녀를 돌본다. 그러나 여성들은 농사를 짓기보다는 매일 아침 마을 시장에 나가 직접 재배한 채소 등을 파는 경우가 많다. 젊은이들 중 외지나 마을 근처에서 일하는 사람이 많고, 마을의 여성들 중 다수는 차를 따는 일을 하지만 동네 구멍가게를 운영하거나 가게를 내고 재봉 일을 하는 여성도 있다. 주민들은 차와 고무나무를 제외한 밭의 일부는 자기 집에 남겨두고 채소와 과일을 재배하고, 더 큰 부분은 외지 상인들에게 임대해 임대료를 받는다. 농사 외에는 대부분 돼지를 기르는데 적게는 몇 마리, 많게는 열 마리까지도 기른다. 돼지를 기르는 규모는 촌민의 경제 여건에 달려 있다. 사람들에 따르면 설날마다 돼지 한 마리씩 잡아야 하고, 만약 집안에 혼사가 있으면 친지와 마을 사람들 초대를 위해 2-3마리의 돼지가 필요하다. 돼지를 키우는 주기는 대략 8-10개월로, 대부분 A자치현이나 다른 지역의 상인에게 팔지만, 마을 내의 상인에게 파는 사람도 있다. 동네의 상인은 촌민이 기른 돼지를 사서 잡은 후 마을 앞에서 파는데 4백여 근의 돼지 한 마리는 4-5천 위안 정도 값을 받게 된다. 돼지고기는 부위별로 가격이 다르지만 보통 1kg에 30위안이다. 새끼돼지들은 암

돼지가 낳은 것이 아니라 마을 사람들이 B진의 장터이나 C촌 장터에서 산 것으로서, 새끼돼지들은 한 쌍에 2천 위안 정도 한다. 일부 상인은 새끼돼지를 데리고 동네에 나가 팔기도 하지만 가격은 비슷하다.

정부는 관광 촌락을 만들기 위해 마을에 흩어져 있는 돼지우리를 통합해서 키우기로 하여, 현재 마을에 양돈장은 세 곳이 있다. 한 곳은 마을 북쪽에, 한 곳은 마을 동북쪽에, 그리고 한 곳은 마을 남쪽에 있다. 돼지 한두 마리만 키우는 돼지우리도 있지만 마을 전체 환경에 영향을 주지는 않는다. 돼지를 기르는데 사료를 많이 쓰지는 않지만, 돼지가 어릴 때는 크게 자라도록 하기 위해 사료를 많이 먹인다. 그러다가 돼지가 좀 크면서는 잘게 썬 옥수수와 채소잎을 사료로 사용한다. 촌민들은 자신이 기르는 돼지를 다들 '생태 돼지生態豬'라고 부른다. 이제는 예전보다는 돼지를 적게 기르는데, 너무 번거롭기 때문이라는 이유를 든다. 돼지는 보통 7-8개월 동안 길러야 하고, 조금 크게 기르려면 10개월, 심지어 1년이 걸리기도 한다. 더구나 새끼돼지는 비싸서 1년에 얼마 벌지도 못하여 수지가 맞지 않는다. 다음은 자오趙B 노인의 이야기다.

돼지를 6마리 키우는데 손자가 결혼할 때 3마리 잡았고 설 때 1마리 잡고 두 마리는 팔았다. 지금은 기르지 않고 있고, 새끼돼지도 안 샀다. 작년에는 새끼돼지가 5-600위안이었는데 올해는 7-800위안까지 올라서 안 사고 있다. 작년에 팔 때 10위안에 한 근이었는데, 1년을 기르면 대략 400근 정도 된다. 사료는 어릴 때만 먹이고 자란 다음에는 사료는 안 주고 옥수수만 먹이로 준다. 이 옥수수는 우리가 심은 거다. 단죽순 밭에 심는 옥수수가 4월 중순부터 8-9월

156

까지 한철이고 그 다음 해에 다시 심는다. 예전에는 조금 팔았는데 지금은 팔지 않는다. 바깥 고기가 비쌀 때 마을에선 돼지 몇 마리 잡아서 5-6가구가 나눈다. 가구당 50근인데 50근이면 바깥보다 값이 싸다.

집에서 돼지와 닭을 길러 파는 것 외에도 일부 여성은 아침마다 자기 밭에 심은 채소를 가지고 마을 시장에 내다 팔기도 한다. 자오趙 C 노인의 가족은 아들이 모두 외지에서 일을 하기 때문에 부부가 채소밭에서 직접 채소도 많이 심고 할머니가 아침마다 마을 앞에 나가 팔곤 하며, 직접 만든 찹쌀떡과 단옥수수도 판다. 이 마을 노인들은 농업의 고됨을 잘 알기에, 다음 세대까지 농업에 종사하는 것을 대부분 원치 않는다. 마을 청년들은 다들 외지에 나가서 일하거나 장사를 한다. 자오趙D 씨의 아들은 라오스 부인을 얻어서 징훙 지역에 살고 있다. 자오趙D 씨의 아들과 며느리는 징훙에서 아침식당 장사를 하고 있는데 아침과 야식을 판다. 2013년에 갔는데 부부 모두 능력이 있어서 돈도 많이 벌었고 작년에 10만 위안이 넘는 차를 샀다고 자오趙D 씨는 자랑했다. 또 마을 앞 가게를 운영하는 자오趙E씨는 이렇게 이야기했다.

> 우리 둘째 아들이 육군으로 광시廣西에 있는데 위험한 지뢰 제거 일을 하고 있다. 국경지역에 지뢰가 많다. 우리는 사실 걱정이 많다. 큰아들은 B진의 농장관리국에 있다. 어쨌든 우리 애들 세대는 우리처럼 농민의 길을 걷는 건 너무 힘드니 외지로 나가야 한다. 내가 아들들에게, 우리가 걸어온 길이 너무 힘드니 너희들은 안 갔으면 좋겠다고 항상 이야기했다.

외지에서 일하는 사람들 외에 운송업을 하는 청년도 있다. 자오趙F 씨의 아들은 도시간 화물 운송 일을 한 지 30년이 넘었고 벽돌과 화물을 싣고 징훙과 푸얼 등을 왕래하는데 한 번에 4-500위안 정도 벌고, 하루에 2-3번 왕복하곤 한다. 확실히 농사에 비해 수입이 높은 것을 알 수 있다. 자오趙F의 부인은 C촌의 여성들에게 다이족 특색의 옷을 만들어 파는 가게를 운영한다.

내가 남성복은 할 줄 몰라서 남성복은 없다. 천은 징훙에서 사오고, 어떨 땐 거기 사람들이 와서 천을 팔기도 한다. 나는 이 일을 혼자 배웠고, 일한 지 2-30년 정도 되었다. 동네에 옷 만들 수 있는 사람은 2-3명 있다. 나는 하루에 다섯 벌 만들 수 있다. 이 천은 미터 단위로 파는데 2미터면 한 벌을 만들 수 있고, 2미터면 3-40위안 정도에 팔고 좋은 천은 좀 더 비싸다. B진과 C마을 장터에 있는 천도 다 징훙에서 가져온 거고, 징훙은 광둥에서 가져온다. 한 벌에 가공비 30위안 받는데, 원래는 15위안이다. B진 나가면 50위안 받는다. 라오스에서는 우리랑 다르게 짧게 입는다. 라오스쪽 사람들은 태국에서 옷감을 가져다 만든다.

손님이 매일 있지는 않다. 돈 많이는 못 번다. 손님들은 천을 가져와서 만들어 달라고 하고, 내가 다 만들고 나면 찾으러 온다. 며칠 전 징훙 사람이 차를 몰고 천을 팔러 왔다. 천 파는 사람들은 한두 달에 한 번씩 오는데 물축제 전에 온다.

이렇듯 마을의 젊은이들은 윗세대와 달리 대부분 외지로 나가서 일한다. 현지에서 일하거나 장사하는 사람은 화물 운송을 위주로 한다. 외지에서 일하는 사람도 직업 유형은 다양하다. 나이가 많은 노인들은 자기 논밭을 조금씩 운영하며 가축도 키우고 채소를 시장에 팔기도 한다. C촌의 경제생활은 이처럼 다양한 생계 방식이 공존한다.

3. 초국경적 교류와 경제생활[2]

라오스와 국경을 맞댄 국경지대이자, 같은 민족이 국경에 걸쳐 거주하는 동일한 경제 생활권이었기 때문에 중국과 라오스 양국의 변경지역에서는 오래전부터 빈번한 초국경적 교류가 있어왔다. 연구들에 따르면 늦어도 당대唐代에는 윈난과 라오스간의 무역 통로가 형성되어 변민끼리의 민간 호시互市는 끊긴 적이 없고, 근대 동란 시기에도 국가간 무역은 없어도 변민 호시는 계속되었다.[3] 다만 1970년대 말부터 80년대 중반까지 양국 관계가 약화되면서 통로들이 단절되고 변민들의 이동도 거의 끊겨서, "밭에서 일하다가 총소리를 들으면 빨리 집으로 돌아갔다."[4] 1980년대 말 양국관계 정상화 후 다시

---

2 Ⅵ장 3절 내용 중 일부는 안치영·장정아, "국경을 넘나드는 교역과 혼인: 중국 윈난 소수민족 촌락 사례를 중심으로"(『중앙사론』 46집, 2017)의 내용을 수정 보완한 것이다.

3 邵媛媛, "中老邊境地區的文化多樣性、跨境互動與文化傳承: 基於西雙版納猛臘縣跨境民族的考察," 『楚雄師範學院學報』 第30卷第1期, 2015, p.80. 마르티네스Martinez는 국경의 경험이 사례마다 다르다는 점에 기반하여 '경계지대 교류border interaction'라는 용어를 발전시켰다. 중국-라오스 변경지역처럼 인접국의 경계지역이 공생관계에 있는 경우에 대해 그는 '상호의존적 경계지대'로 구분하였다. 크리스 윌리엄스, "변경에서 바라보다: 근대 서유럽의 국경과 변경," 임지현 엮음, 『근대의 국경, 역사의 변경』, 휴머니스트, 2004.

4 朱淩飛·馬巍, "邊界與通道: 昆曼國際公路中老邊境磨憨、磨丁的人類學研

왕래가 살아나서 국가 간 무역과 변경의 소액 교역 모두 신속하게 증가했다.

중화인민공화국이 설립되고 국경이 확립되면서, 양국간 국제교류가 계속되고는 있지만 세관의 제약을 받아 예전처럼 왕래가 빈번하지는 않다. 출입국 때 변민, 즉 변경지역의 주민들은 비자나 통행증 같은 서류를 발급받아 다니는데 이 통행증은 A현 출입국장에서 발급받으며, 변민 신분증과 상반신 사진이 필요하고 1년간 유효하며 만기 후에는 다시 등록해야 한다. 변민 외의 내륙 주민은 별도의 절차를 밟아야 한다. 접경지역의 촌민들은 라오스에 친척이 있으면 다들 이 통행증을 갖고 있지만, 이 통행증을 자주 사용하지는 않는다. 이들이 라오스의 친척 집에 갈 땐 오솔길로 가는 경우가 대부분이다. 통행증은 만일의 경우 접경지역 경찰을 만나는 상황에 대비해 만들어놓는 것이다. 양국을 왕래하며 장사를 하거나 운전하는 사람들에게는 물론 통행증이 필수품이다.

C촌과 라오스 교류의 역사는 길다. 마을 노인들에 따르면, 중화인민공화국 성립 이전에 그들은 소금을 파는 장사도 했었다. 소금은 소금 우물에서 채취하여 말린 뒤 라오스에 판매했는데 교통수단은 바로 소였다. 마을주민들은 소금 장사 외에도 라오스와 소 사육 사업도 했다. 라오스는 소를 잘 길러서, C촌 사람들은 라오스 사람에게 부탁해 소를 키우곤 했고, 라오스에서 기르는 소를 대량으로 사들이기도 했다. 수십 년 전 C촌 사람들은 라오스 쪽 야오족瑤族이 기르는 소를 사고 그들에게 소 사육을 의뢰하기도 했다. 이런 현상은 십여

究," 『民族硏究』 2016年第4期, 2016, p.44.

년 전까지도 계속되었고, 지금도 C촌 사람 중 일부는 라오스에서 소를 사와서 팔기도 한다. 또 라오스 사람도 중국에 와서 장사를 한다. 라오스 쪽에서 찹쌀이 많이 나는데, C촌 주민들에 따르면 라오스 사람들이 부정기적으로 차를 몰고 와서 찹쌀을 팔곤 한다.

C촌 사람들은 라오스(주로 우더현 지역)와 긴밀한 관계를 맺고 있다. 우더현에서 온 라오스 며느리도 많고, 이 마을 사람들은 부정기적으로 라오스 쪽의 친척을 만나러 가기도 하며 라오스에서 장사하는 C촌 사람도 적지 않다. 자오趙D씨가 대표적인데, 그는 70대 중반이고 82년부터 소조장·회계 등의 일을 계속 맡다가 1993년 TV를 한 대 구입했는데 한 촌민이 횡령설을 제기해서 일을 그만뒀다. 그는 18-19세 때부터 마을과 라오스를 오가며 라오스에 장기 거주했고, 라오스와의 사업도 시작했다. 그의 아들이 라오스 부인을 얻은 것도 그가 라오스에 폭넓은 인맥을 가진 덕분이었다. 그는 라오스에 가서 욕실 배치와 태양에너지 설치 일을 주로 한다.

> 우리가 라오스 사람들에게 태양 에너지를 달아주고 목욕실도 만들어 준다. 이 태양 에너지 고치는 일은 라오스 쪽에선 세금을 거둬서 일 년에 50위안을 받는다. 이 태양 에너지는 대략 일 년에 한 번 수리하는데, 그 사람들이 전화해서 부탁할 때 라오스 사람들 전화로는 중국까지 걸 수가 없어서 무선전화기 같은 걸로 전화하고, 전화카드도 중국 것을 쓴다. 내 사돈집은 라오스에 있고, 그쪽 지역 사람들은 무슨 문제 있으면 내 사돈집에 와서 나한테 전화를 한다. 태양열 에너지의 경우 중국 쪽에서 구입하는 가격은 1천 위안이고 라오스에서는 한 대에 대략 1,700-1,800위안이다. 여비를 계산하면 대략 몇 백 위안 벌 수 있다.
>
> 내가 태양열을 저쪽에서 팔면서 욕실 타일을 안 붙이고 벽을 칠하

면 200위안 정도 받는다. 내가 옆에서 어떻게 하는지 알려주고 그 사람들이 일한다. 타일을 붙이면 300위안 받는다. 내가 1,000위안 정도의 태양열 에너지를 가져가면, 여비와 기름값 합쳐서 1,300위안 정도 들어간다. 나는 우리 마을에서 내가 의부로 모시는 분에게 이 일을 배웠고, 13살에 학교 졸업하고서 계속 배웠다.

라오스 쪽 가서 절絲寺 재건도 하는데 이 일은 더 골치아프다. 다 짓고 나니까 아편을 많이 주더라. 그걸 어떻게 받나? 너무 위험해서 모두 라오스 사돈집에 맡겨됐다. 라오스 가서 이 장사를 하기 전에는 라오스에서 소를 사와서 여기서 팔았었다. 소 장사는 9년쯤 되었다. 예전엔 소를 10마리쯤 데리고 오솔길을 걷기가 힘들어서 큰 길로 다니려면 중국과 라오스 쪽에서 모두 통행료를 내야 했다. 라오스에서 어려운 일도 많이 겪었고 1985-86년엔 중국과 라오스간 관계가 안 좋아서 긴장도 많이 되고 출입도 어려웠다. 그러다가 최근에야 좀 좋아졌다. 예전에는 라오스쪽이랑 결혼하는 것 다 그냥 몰래 하는 거였다. 당시 우리 지역의 라오스 며느리들이 많이 쫓겨 났는데, 군부대가 총을 들고 와서 쫓아냈는데 가다가 중도에 다시들 돌아왔다. 라오스는 빈부격차도 심하고 살기 힘들다.

이 자오趙D 노인처럼 라오스에서 장사하는 사람도 있고, 라오스에서 물건을 받아 국내로 운송하는 자오趙G 씨와 같은 주민도 있다. 그는 세관에서 화물을 차로 국내 업자에게 운송하는 일을 하는데 화물은 대부분 수박과 바나나 등의 과일이다.

예전에는 나도 수박을 많이 심어서 1천 무 가까이 심었었는데 이젠 수박은 다 라오스 쪽 상인들이 심는다. 라오스는 땅이 많아서 값이 싸다. 라오스쪽 상인들이 지방정부와 결탁해서 조직을 만들었는데, 중국 상인들이 거래하려면 이 조직을 통해야 한다. 이 조직을 통하지 않으면 재배한 물건을 처분할 수도 없고, 세관과도 끈이 닿아 있기 때문에 이 조직을 통하면 정부의 관여 없이 쉽게 처리할 수 있다. 라오스에서는 세금이 규범화되어 있지 않다.

라오스 세관 통과 후에는 중국 세관을 통과해야 하는데, 중국세관은 세금을 징수하지 않는 대신 절차가 복잡하고 관리가 엄격하다. 한꺼번에 많이 운송해도 안 되고, 차 1대에 1가지 물품만 운송해도 안 되며, 1명의 통행증으로 운송할 수 있는 화물에는 정해진 한계가 있어서, 본인 통행증 범위를 넘는 양의 화물을 운송할 땐 다른 사람 통행증을 이용한다. 통행증 없어도 통행하려면 돈으로 해결하거나 세관 상부와 인맥이 있으면 되지만 세관 사람들도 처벌이 두려워 그렇게 일 처리하는 것은 꺼린다. 절차상 문제가 없으면 약간의 통관수수료를 내고 검역을 하면 된다.

중국 세관을 통과하면 중국 상인이 파견한 기사가 화물을 중국 내지로 운송한다. 단 상인이 돈을 송금할 때까지 기사와 화물, 차를 압류하고 있다가 상인이 송금해야 차를 보낸다. 라오스에서의 화물 구입가는 1킬로에 0.8위안인데 상인은 1위안을 지급하기 때문에 중개 수입이 대략 1킬로에 0.2위안이다. 차 1대에 30톤까지 운송할 수 있어서 6,000위안을 벌 수 있는데 1,000위안 정도의 부대비용을 제외하면 4-5,000위안이 대체로 차 1대의 실제 이윤이다.

라오스 일은 위험이 있다. 누가 모함하려고 마약을 차에 두고 내리면 위험해진다. 라오스에서 작년에 형사 1명이 총 맞아 죽었다. 아편을 심으면 안 되지만, 통제가 느슨한 곳에서는 산에 온통 아편을 심어 놨다. 내가 라오스에 소 끌고 갈 때 보면 아편이 많이 보인다. 아편 꽃 특유의 향기가 코를 찌른다. 라오스 야오족이 많이 심는데, 그들은 밭을 별로 안 가지고 있어서 이 아편으로 먹고 산다. 뭔가 발전하려고 해도 정부가 특별히 해주는 게 없으니 방법이 없다.

라오스와의 장사는 이처럼 위험을 감수하기도 하지만, C촌엔 국경을 넘나들며 경제생활을 하는 이들이 여전히 많고 일상생활의 일부가 되어있다. C촌 청년들이 라오스에 가서 어떻게 노는지, 라오스 여성들과 어떻게 관계를 맺게 되는지에 대한 많은 이야기를 노인들에게 듣다 보면, 수십 년간 국경을 넘나들며 다양한 방식으로 인간적·경제적 교류를 해온 변민들의 삶이 눈앞에 생생하게 그려진다. 중국의 변민들만 라오스와 교역을 하는 것이 아니라 라오스인들도 중국으로 와서 매매를 한다. 라오스의 찹쌀은 품질이 좋고 가격도 비싼데 라오스 사람들이 차를 몰고 부정기적으로 C촌에 와서 찹쌀을 팔며, A현에 시장이 열리면 시장에 가서 팔기도 한다. 라오스인들이 중국 접경지역 마을에 열대과일, 특산품, 농산품, 육류 등을 갖고 와서 파는 것은 상당히 보편화된 현상이다. 이 모든 경제적 교역은 중국과 라오스 양국에서 각각 변경의 주민들에게 특수한 통행증을 발

중국 접경지역에서 변민 호시가 이뤄지는 장소

급하기 때문에 가능하다. 접경지역 경찰들은 변민들의 빈번한 초국경 교류를 익히 알고 있고, 오솔길로 다니는 변민들을 경찰들이 굳이 강하게 통제하지 않는 경우가 많다. 경찰은 변민 신분증을 확인하면, 또는 무언가를 제공받으면 더 이상 따지지 않곤 한다.

4. 지역시장체계와 변민의 소비생활

C촌에는 10일장이 있는데 마을 이름을 따서 C集이라고 불린다. C촌이 속한 B진에는 이 C集 외에 또 다른 마을에서 열리는 장이 있고, A자치현 전체에는 총 5개의 장이 있다. C集은 시작된 지 몇 년 되었는데, 예전에는 촌민들은 B진의 공급판매사供銷社를 통해 생필품을 구매했었고 지금은 이런 공급판매사들은 사라졌다. C촌 사람들의 소비는 시장이 주요 매개체이다. C촌의 농산물 시장은 마을 북쪽 염정 부근에 있는데 마을과 멀어서 그다지 잘 되지 않고, 사람들은 C集이 열릴 때 주로 모여서 물건을 산다. C촌 어귀에는 채소를 파는 상인들이 도로 양쪽에 분포되어 물건을 파는데 점포는 별로 없고, 몇 개의 말뚝과 비닐하우스를 이용해서 간단한 노점을 설치해서 거기서 판다. 채소를 파는 여성들은 대부분 C촌 출신이고, 다른 마을 사람들도 지나가면서 여기서 장을 많이 본다. C촌 사람들은 직접 야채를 재배하기 때문에 야채는 여기서 사는 경우가 많지 않다. 야채 외에도 도로 양쪽으로 다양한 가게가 있는데 우리가 현지조사를 통해 목록을 모아보았다.

유형	수량	유형	수량
비료 가게	5곳	마트	19곳
가전 수리	2곳	수의獸醫약국	1곳
과일가게	3곳	식당	8곳
미용실	2곳	채소 노점	6곳
정육점	2곳	사료점	4곳
핸드폰 점	2곳	이동移動 영업점	2곳
전신電信 영업점	2곳	약국	1곳
여관	4곳	문·창문 장식품	1곳
의원	1곳	건축 재료	1곳
자동차 수리점	1곳	세차장	1곳
택배소	4곳	농자러農家樂(농촌 민박)	2곳
불꽃놀이, 폭죽 가게	2곳	조각	1곳
시멘트	1곳		

이 거리에서 물건을 파는 상인들은 후난성 출신이 많고, 인근 마을의 하니족도 일부 들어와서 장사를 하고 있다. 위와 같은 가게들 외에, 10일마다 서는 장集의 지역별 목록도 모아보았다.[5]

장터의 위치	장이 열리는 시기
C	매월 2, 12, 22일
B	매월 1, 11, 21일
K	매월 3, 13, 23일
P	매월 4, 14, 24일
W	매월 5, 15, 25일
X통상구	매월 5, 15, 25일

---

5 이 책이 출판되는 현재 시점에서는 변화가 있을 수 있으며, 모두 익명 처리했다.

촌민들의 이야기에 따르면, 라오스에서도 사람들이 찹쌀이나 옥수수, 그리고 닭과 돼지도 갖고 와서 파는데 매번 오진 않고 몇 달에 한 번 온다. 이 마을의 장을 포함해 B진의 장터 두 곳 모두 열리기 시작한 지 몇 년 안 되었다고 하는데 그 전에는 생필품을 어떻게 구했는지 물어보았다. 자오趙F씨에 따르면 예전엔 채소는 직접 재배해서 먹었고, 옷을 사고 싶을 땐 나라에서 하는 상점이 있었고 가격도 안정적이었다. 향鄕마다 모두 이런 상점이 하나씩 있었고, 식량 창고를 관리하는 식량 상점도 있었다. 나라에서 월급을 주면서 운영했고 전체를 계획적으로 관리했다고 한다. 우리 현지조사팀은 C촌 어귀에서 열리는 C장터와 또 다른 장터 두 곳 모두 참여관찰을 했다.

먼저 B진 지역에서 열리는 B集부터 이야기해 보면, B集은 B진 전체에서 가장 큰 장터로서 C마을 어귀에서 열리는 C集보다 하루 일찍 열린다. 매월 1일 장이 열리고, 장터는 남북으로 수백 미터 되는 길이에 걸쳐 열려 북적거린다. 여기에는 B진과 근처 마을, A현, 그리고 다른 지역 상인들도 온다. 장터는 현지에서 상품 거래가 가장 활발한 곳이고, 각 마을에서 온 사람들은 특산품을 가져와 팔며, 각자 자기 지역에서 보기 힘든 다른 지역 생필품을 구입한다. 과일, 식품, 일용품, 옷, 천, 신발, 모자, 가방, 한약재, 병아리, 오리, 돼지 등이 거래된다. 갓 부화한 병아리, 새끼 오리, 새끼 거위를 트럭으로 10여 상자에 100마리 이상 실어 와서 한 마리에 8-10위안에 파는 상인들이 있다.

옷을 파는 노점상이 40여 명으로 가장 많은데, 다이족 의류, 다이족 옷감, 다이족 아동복 등을 팔고 청바지나 패션 자켓 등도 있다. 신발을 파는 곳도 두세 군데 있는데 여자 신발은 다이족 특유의 꽃무늬 신발이다. 과일을 파는 이들도 6-7명 있는데 주로 사탕수수나 바나나 등 현지 과일을 판매한다. 사과나 귤, 오렌지, 용안 등 외지에서 도매로 가져오는 것도 있고, 과자를 파는 이들도 2-3명 있다. 신발 ·가방·모자를 전문으로 하는 이들도 3명 정도 있는데 민족 특색의 모자, 유행하는 스타일의 모자 등 다양한 모자가 있다.

어떤 상인은 점치는 책이나 달력을 전문적으로 팔고, 한방 약품을 파는 상인도 두세 명 있으며, 관절염 약, 무좀과 냄새 치료약을 파는 이들도 있고, 밥솥 등 가전제품을 파는 이도 있다. 생선 노점상, 장신구와 팔찌 노점상도 있고, 만두집 2곳, 술파는 상인 1명, 열쇠 파는 집 2곳이 있고, 손전등과 라디오 등 간단한 물건을 파는 이들은 많다. 어린이 책과 CD를 파는 집도 3곳 있고, 수탉이나 산나물 등 농산품을 파는 이들은 4-5명으로 많은 편이다. 각종 조미료나 조미가루를 파는 집도 2-3군데 있는데 조미료를 파는 상인들은 보통 채소 씨앗을 곁들여 팔고, 콩꼬투리, 사철콩, 쑥갓, 야채, 옥수수, 배추 씨앗도 판다. 야채와 고기를 파는 이들은 대부분 B진의 농산물 시장 쪽에 모여 있는데, 채소 파는 이들이 10여 명, 고기 파는 이들이 7-8명 있다. 농산물 시장 남쪽에는 라오스에서 수입한 홍미(붉은쌀)를 전문적으로 파는 가게가 있다. 또 차를 몰고 새끼돼지를 실어 와서 파는 상인도 4-5명 있는데, 한 마리당 800위안씩 받고 20여 마리를 길가에 세워두고 팔며, 흑돼지·백돼지·황돼지 모두 값은 똑같다.

이제 C촌 어귀에서 열리는 C集으로 가보자. C集은 매달 2일 열려서, 매달 1일 열리는 B集과 하루밖에 차이가 안 난다. C集은 C촌의 농산물시장을 중심으로 남북으로 길거리 양옆에 약 100 미터 이어져서 열리고, 아침 7-8시부터 장보러 오는 사람들이 끊이지 않는 것을 관찰할 수 있었다. 다른 마을에서 오토바이를 타고 오기도 하고 C마을에서 걸어오기도 한다. 우리가 갔을 땐 음력 설이 막 지났고 한창 농번기라서, 장터에 나온 사람들에게 들어보니 이건 사람 많은 편도 아니라고 했다. 장터의 규모는 위에서 살펴본 B集보다 작지만, 파는 품목의 수량은 B集보다 적지 않다.

　C촌 농산물시장에는 네 줄의 채소 노점들이 가지런히 늘어서 있고, 마을 사람들은 대부분 자신이 재배한 갖가지 채소를 판다. 채소 노점들은 비닐하우스 안에 길게 늘어서 있고, 하우스 출구에는 고기 파는 두 곳이 있다. 하우스에서 나와 대로까지 2열로 늘어선 노점상들은 각각 옷·모자·신발, 간식거리와 조미료·조미가루, 무좀약, 책과 CD, 가정용 전기제품, 장신구, 라디오·손전등, 양말, 장난감, 벨트 등을 판다. 그리고 남쪽으로 내려가다 보면 병아리와 오리를 파는 이들이 있는데 그 중 한 집이 C촌 주민이다. 그 외에도 다양한 노점상들이 수탉, 과일, 열쇠, 한약, 대나무 광주리, 류머티즘 약 등을 팔며, 한약을 파는 한의사도 있고, 새끼 돼지를 파는 이들도 있다.

　최근 몇 년 동안 장터가 열리고 농촌의 교통수단이 편리해지면서 마을 주민들이 장터를 오가기도 쉬워졌다. 이 상인들은 대부분 여러 장터들을 다니며 장사를 하고, 또 각 마을의 주민들도 서로 다른 장터에 가서 장사를 하기도 한다. 이렇게 장터를 통해 지역 간 시장교류도 활발해지고 A현을 중심으로 한 지역시장체계도 형성되고 있다. 마을 사람들은 명절이나 관혼상제 외에는 크게 돈을 쓸 일이 없다. 다음은 마을의 한 대학생(여성)이 평소 소비에 대해 우리에게 해준 이야기를 모은 것이다.

　　다이족 전통 옷은 물축제 때나 설날에 주로 입는다. 가공비는 한

벌에 30위안이고 옷감에 따라 값은 다 다르다. 이쪽 사람들은 한족 복장은 잘 안 입는다. 겨울에 입는 코트만 한족 복장이다. 마을 노인들은 한족 복장 입는 것을 좋아하지 않는다. 옷에 드는 돈은, 상의는 20-30위안, 치마는 30여 위안, 옷감까지 합치면 100여 위안 든다.

우리 집은 2014년 4월에 지은 건데 아마 10 몇 만 위안 들었을 것이다. 외지 사람들 써서 지었다. 우리는 1년에 3-4번 정도, 카이먼지에開門節랑 관먼지에關門節 때 절에 간다. 절에 가서 1-2위안 올리는 사람도 있고 5위안, 10위안 올리는 사람도 있고 다 다르다. 1년에 한 번은 신에게 제를 올리는데 집집마다 닭 한 마리씩 잡고 술도 가져간다.

결혼식 테이블 위에 닭, 돼지머리, 찹쌀, 양초를 사서 올린다. 결혼식 때 중매인들에게는 따로 돈을 주진 않고, 경을 읽어주는 노인들에게는 합쳐서 60위안 드린다. 마을 사람들을 접대할 때 보통은 자기 집에 갖고 있는 돼지를 잡고, 만일 모자라면 사온다. 다른 반찬은 친척들이 가져오기도 하고 자기가 사기도 한다.

친척은 주로 명절 쇨 때 온다. 우리 다이족은 명절에 함께 모여서 녠주판年豬飯을 먹는다. 친척들은 올 때 과일이나 술, 음료, 혹설탕 등을 가지고 온다. 간혹 아플 때 친척들이 영양 보충제 같은 것을 가져오기도 한다. 산후 조리기간에는 친척이 닭 한 마리 가지고 오고, 조리할 때 친척들이 돈을 주는데 이건 만월주滿月酒(아기 출생 1개월을 축하하며 마시는 술) 시기에 아기에게 주는 돈이라고 할 수 있다.

나는 학비가 4,500위안에다가 숙박비 800위안 합쳐 5,300위안인데 생활비는 우리 엄마가 한 달에 1,000-1,200위안을 주신다.

이 팔찌는 보통 아이가 태어난 지 한 달 되면 끼는데, 남자아이는 하나 끼고 여자는 두 개를 낀다. 지금은 남자애들은 잘 안 낀다. 외지에 이런 팔찌를 가공해 주는 곳이 있는데 가공비는 10-20위안 정도 하고, 따로 사면 100여 위안 든다. 1그램에 8-9위안이다.

항목	액수	항목	액수
차茶밭 보조금	1무당 매년 20위안	공익림	무당 연간 9위안
초등학생 보조금	기숙생은 매년 1,000위안 비 기숙생 매년 600위안	논밭	무당 매년 10여 위안
농업 기계 보조금	구매시 보조금 700-800위안	태양에너지 설치 보조금	400-600위안
화장실 수리 보조금	가구당 1,000위안	메탄가스 건설 보조금	마을 사람이 400위안을 내고 나머지 정부가 보조
정수기 보조금	불규칙적	변민 보조금	매년 100위안
양로 보조금	60세 이상: 60원/월 80세 이상: 90원/월		

매달 일정액의 소비 외에 이 접경지역 마을사람들은 보조금을 받는다. 보조금 중에는 일회성도 있고 일정 기간 동안 지속적으로 나오는 것도 있는데 그 목록을 위와 같이 정리해 보았다. 마을에서 소조장을 지냈던 자오趙H 씨는 촌민들이 받는 각종 보조금을 소개하며 이렇게 말해 주었다.

우리 마을은 임지 보조금 외에 논밭에도 보조금이 있는데 대략 무당 10여 위안 정도 된다. 농기계 보조금, 태양광에너지 보조금, 화장실 보조금, 메탄가스 보조금도 있다. 정수기도 보조금이 있는데, 정부가 프로젝트를 진행하면서 시공사와 정부가 조율해 설치한다. 수도관 보수도 보조금이 있는데 이건 화장실 보조금에 함께 계산되어 나온다. 농기계 보조금도 700-800위안 있는데 이건 신청해 보지 않아서 잘 모른다. 지금 사면 1,000위안 정도 보조해 주는 것 같다.

태양에너지는 설치할 때 보조금을 주고 나면 촌민이 400-600위안 정도를 낸다. 정부가 지원하니까 업체에서 와서 태양에너지 기계를 설치해 준다. 화장실 수리에 대해 한 가구당 1,000위안씩 보조해 준다. 또 마을 안의 메탄가스통은 부실공사인데, 대나무로 엮어서 밖에 시멘트 바르고 만든 것이다. 지금은 전기를 사용해서 매우 편리하다. 농기계 수당은 2010년 이후에 시작된 것이고, 논밭 보조금은 최근 몇 년 사이에 시작된 거다.

또 다른 촌민들에 따르면, 차를 재배할 경우 보조금은 1무당 1가구 20여 위안으로 이 정책은 98년부터 시행되었다. 이런 보조금 외에도 아이들 취학 관련 보조금이 있고, 기숙생은 1년에 1,000위안, 비 기숙생은 매년 600위안을 보조한다. 이렇듯 접경지역의 변민들은 한편으로는 국경을 넘나들며 다양한 종류의 경제생활을 하면서 다른 지역의 마을과도 교류하고, 자기 마을 또는 근처 지역에서 열리는 장터에서 물건을 사고팔면서 살아가며, 정부에서 나오는 각종 명목의 보조금도 활용하며 생활한다.

VII

접경지역 변민의 초국경 혼인과 통혼규칙

1. C촌의 가족과 혼인: 통혼권과 통혼 규칙

C촌에서 전해지는 역사에 따르면, 한족 남성 1명과 다이족 여성 1명이 이 마을에 온 최초의 사람들이었고, 그 후 일곱 가구가 마을로 들어와 오래 거주하였으며, 점차 발전하여 현재의 110가구 총 489명이 사는 마을이 되었다. 마을 사람들은 대부분 같은 자오趙씨이고 다이족이다. 앞의 II장에 썼듯이, 원래 사람들의 성씨는 자오김씨였으나 이 성씨가 이 지역을 통치하던 토사와 관련이 있으므로 문화대혁명 시기에 박해받을 것을 우려하여 같은 발음의 자오趙씨로 글자를 바꿨다. C촌은 거대한 자오趙 종족으로 이루어져 있고 그 안에 여러 가족으로 나뉘어 있으며, 자오 외에 다른 성씨도 몇 개 있는데 이들은 나중에 마을이 발전하면서 외지에서 와서 정착한 사람들이다. 혈연관계를 통해 발전된 촌락이므로 가족과 가족 간의 통혼이 빈번하고, 거의 모든 가족 사이에 혼인관계가 있으며 이에 따라 서로 왕

래가 많다. 우리가 현지조사를 할 때 경험했던 몇 가지 큰 사건들 때마다 행사 준비부터 마무리까지 마을 전체가 함께 하는 것을 볼 수 있었고, 자오 씨끼리의 관계와 다른 성씨와의 관계에서 특별한 차이는 발견하지 못했다.

C촌 다이족의 전통 관념에서는 자식이 나이든 부모를 부양해야 한다고 여기고, 최소한 자녀 한 명이 분가하지 않고 부모와 함께 살아야 한다고 여겨져 왔다. 마을의 가족형태는 대부분 이렇게 부모와 자녀가 함께 사는 확대가족인데, 일반적으로 다이족은 아이를 한 명만 낳는 경우가 드물고 두 명 이상의 자녀가 있어서, 결혼하는 자녀 중 한 자녀 부부가 부모와 함께 생활하고 나머지 자녀 부부는 새 집을 지어 분가해 나가서 핵가족을 이룬다. 이 마을에는 아직도 데릴사위를 맞아들이는 경우가 많은데 이는 주로 노후 대비 목적이므로 분가를 하지 않는다. 자녀가 부모를 부양하기도 하지만 부모가 자녀에게 도움을 주기도 한다. 위와 같은 형태 외의 다른 가족 형태는 우리가 조사하는 동안 보기 어려웠는데 이는 다이족의 전통적 관념과 연관되는 것으로 보인다. C촌은 적어도 현재까지는, 자녀의 부양 없이 지내는 노인은 거의 없었고, 중국의 다른 지역에 비해 자녀 세대가 마을에 남아서 부모와 함께 사는 경우가 많았다.

C촌에서 가족 구성원은 집안에서 일정한 권리와 지위·의무를 지니는데, 일반적으로 부모가 집안에서 가장 지위가 높고 결정권이 있으며, 나이든 부모와 함께 사는 자녀 부부는 기본적으로 부모의 의견에 따르는 편이다. 며느리는 집안에서 발언권이 적은 편이지만, 분가해 나가면 사정이 좀 달라진다. 부모는 미성년자 자녀를 부양하고 교육시킬 책임이 있고, 자녀는 자라면 부모를 부양할 의무가 있다.

C촌에서는 가정 분업의 경계가 다소 모호하였는데, 우리가 현지조사 과정에서 관찰할 때 가정 내의 명확한 분업을 발견하기 어려웠다. 일반적으로 능력 있는 사람이 일을 많이 하고, 힘든 일은 기본적으로 젊은 남자가 담당하며, 사람들은 농사도 짓고 차도 재배하는데 차 따는 일은 부녀자만의 일이 아니라 남녀노소 모두 하는 것을 볼 수 있었다. 70대 할아버지가 차를 따러 느릿느릿 산에 오르기도 하였다. 아이를 돌보는 것도 여성들만의 일이 아니었고, 아빠나 할아버지가 아이를 업고 다니고 엄마나 할머니가 다른 일을 하거나 집을 비우는 모습도 많이 볼 수 있었다. 노인들이 집안에 가만히 있기만 하는 것이 아니라 산에 올라가 찻잎을 따거나 장에 가서 직접 장을 보고 집에서 대나무 광주리를 엮는 광경도 많이 볼 수 있어서, 가족 내 성별·연령별 분업의 경계가 명확하지 않았다.

다이족의 전통 민가는 지리적·자연적 환경의 영향으로 주로 간란식幹欄式 건축형태로 되어 있다. 집은 보통 2층으로 나뉘어 있는데 1층은 나무기둥을 받친 형태로서 도구를 놔두고 동물을 키우는데 사용된다. 2층은 일상생활의 공간으로서, 바깥채는 손님을 대접하고 본채는 거실과 침실·주방이 따로 분리되어 있지 않아서 이런저런 재료를 사용하여 침실을 분리하곤 했다. 부모가 거주하는 큰 방은 왼쪽에, 작은 방은 오른쪽에 있으며, 자녀가 많아 방이 모자라면 바깥 거실에 침실을 하나 더 내는 게 일반적이다. 나이든 부모들은 대부분 자녀 최소 한 명이 부양을 책임지며, 노인들은 60세가 넘으면 국가가 주는 보조금을 받는다. 부모가 바쁠 경우 조부모가 아이를 돌보는데, 앞에서 이야기했듯 이 마을은 외지에 나가 일하는 젊은이가 적은 편이라서 부모들이 대부분 직접 자녀를 양육하며 네 살이면 유치원을 보내고 매 학기 일정액의 학비를 지원받는다.

C촌은 부계 사회로서 자녀가 아버지의 성을 따른다. 그러나 라오스 여성이 자녀가 있는 상태에서 이 마을 남성과 결혼하여 이주해 오면서 자녀들을 데려오는 경우가 있는데 이들은 여기서 호구를 받지 못하여, 이러한 라오스 자녀들은 개명하지 않고 원래의 라오스 이름을 쓰곤 한다. 이 마을에서 태어난 아이들은 이름을 지을 때 신경을 써서 짓는데 기본적으로 노인들이 작명을 돕는다. 집안의 노인들이 신생아 이름을 지어서 족보에 적어 넣으며, 어떤 집안은 족보가 없는 경우 기억을 잘 해뒀다가 다음 세대에 전해 준다. 노인들이 지어주는 이름은 대부분 다이족 이름인데, 아이가 학교에 다니기 시작하면 한족 이름을 붙여준다. 부모는 아기가 태어나면 생일과 기본 정보를 종이에 쓰는데 이 때 종이는 다이족이 자기 민족의 문자를 써넣는 데 전문적으로 쓰는 종이이다. 이렇게 종이에 써서 노인에게 가져가면 그 정보에 따라 아이 이름을 알맞게 지어 준다. 최근에는 징훙景洪으로 가서 아이에게 이름을 지어주는 것이 유행이 되었다. 결혼해서 이 마을로 들어온 데릴사위의 경우엔 아이가 아버지의 성을 따른다.

이 마을의 혼인 형태를 전체적으로 정리해 보면, 생긴 지 약 100년 정도 되어서 상대적으로 현대적인 마을인 C촌은 기본적으로 일부일처 제도를 따르며, 전통적 혼인형태 외에는 역사적으로 네 가지 형태의 혼인형태가 있었는데 데릴사위, 교차사촌혼, 민족 간 혼인, 그리고 국경 너머 라오스 변민과의 통혼이다. 먼저 데릴사위는 마을에서 전통 혼인을 제외하면 흔히 볼 수 있는 형태로서, 앞서 서술하였듯 다이족은 자녀가 노인 부모를 봉양하는 문화로 인해, 아들이 없는 경우 데릴사위를 들였다. 여기서 데릴사위는 두 종류가 있는데 마을 내에서의 데릴사위 그리고 다른 마을에서 온 데릴사위이다. 다만 이 마을의 가정은 아들이 이미 있는 경우가 대부분이어서 데릴사위의 비율이 높은 것은 아니다.

두 번째 형태로 이성 형제의 자녀끼리 결혼이 가능한 교차사촌혼이 있는데, C촌에서 이 혼인은 1970년대까지 존재하다가 개혁개방 이후에는 거의 사라졌다. 예전에는 통혼규칙의 제한으로 인해 마을 내에서 이렇게 교차사촌혼을 하는 경우가 많았고, 과거에 자오趙씨는 귀족으로서 다이족의 타 성씨와 결혼하지 않았다.

세 번째로 민족 간 혼인이 있는데, 개혁개방 이전에 C촌의 다이족은 민족 간 혼인을 허용하지 않았고 혼인 범위는 주변 촌락에 국한되었으나 개혁개방 이후 다른 민족과의 통혼이 이뤄지기 시작했다. 1950년대 이전에는 주로 촌내에서 족내혼이 이뤄졌고, 외부 촌의 경우 종족 관계에 있는 촌락과의 혼인은 가능했다. 1950-1978년 사이에는 촌내의 족내 통혼에서 다른 촌락으로 통혼권이 확대되었지만 다른 민족과 결혼하는 경우는 실제로는 거의 없었다. 그 후 1978-2000년에는 다른 현, 다른 지역, 다른 성省으로까지 통혼 범위가 확대되면서 외래 민족과 외래 성씨를 받아들이게 되었다. 이는 장기적으로 족내 근친혼이 생물학적으로 지력智力 등의 문제를 야기할 수 있다는 우려와도 관련되었다고 촌민들은 이야기한다.

네 번째는 초국경 혼인으로서, C촌은 중국과 라오스의 국경지대여서 일상적으로 라오스 지역 사람들 특히 접경지대의 변민들과 가깝게 지내며, 마을사람들은 라오스쪽 친척과 왕래가 잦다. 국경을 가로지르는 혼인은 점점 많아져서, 조사 당시 마을에는 라오스에서 결혼해서 온 여성이 15명 있었다.

이렇게 마을 사람들은 점점 통혼 범위를 확대하여 타 민족과 통혼을 받아들이게 되었는데, 우리가 현지 조사한 바에 따르면 C촌의 통혼 원칙은 남자 쪽 가족이 7대代 이상 지나면 통혼할 수 있고 여자 쪽 가족은 3대代 이상 지나면 결혼할 수 있다. 이에 대해 자오趙F 씨는 다음과 같이 말했다.

> 예전에 우리 자오趙 씨는 다른 다이족과 통혼할 수 없었고, 바이白 씨, 다오刀 씨와 모두 통혼할 수 없었다. 자오 씨는 귀족이라서 다른 성과 통혼할 수 없었던 거다. 자매 쪽 자녀와는 통혼할 수 있었고, 형제 쪽 자녀와는 통혼할 수 없었다. 해방 전의 규칙이 이랬는데 해방 후에는 점점 외족과 통혼할 수 있게 되어서 다른 민족, 다른 마을 사람들이 결혼해서 오게 되었다. 사실 바이 씨, 다오 씨 사람들과 결혼 안 했으면 마을이 지금처럼 커지지도 못했을 거다. 역시 생각의 전환이 중요하다. 나중에는 다른 마을 사람들도 오게 되었다.

이런 통혼의 원칙은 기본적으로 지켜졌고, 최근에는 점점 국제혼인이 늘었는데, 마을 최초의 라오스 며느리는 연대가 오래되고 본인과 자녀가 사망해서 명확한 고증을 받지는 못했지만, 적어도 개혁개방 이전부터 마을 내에 국제결혼의 선례가 있었다는 점은 시사하는 바가 크다. 나중에 온 라오스 며느리들은 20세기 후반기에 집중되었다. 우리는 조사를 통해 이 마을 통혼권의 변천을 아래와 같이 정리해볼 수 있었다.

1950년 이전에는 주로 민족 내 통혼族內通婚이었고 다이족 자오趙 씨 사이에 혼인이 이뤄졌으며, 다른 촌 며느리가 있다 하더라도 그것

178

은 C촌과 종족宗族 관계가 있는 마을에서 온 경우였다. 1950년부터 1978년에 이르는 시기에 C촌의 통혼권이 넓어지기 시작하여 다른 마을로까지 확대되었되, 다른 민족과의 통혼은 아직 많지 않았다. 1987년부터 2000년에는 통혼권 범위가 더 분명히 확장되어 다른 성 시省市로까지 확대되었고, 마을 안에 다른 민족과 외래 성씨가 나타나기 시작했으며 다른 촌에서 온 데릴사위도 생겨났다. 그리고 2000년 이후부터 현재까지는 마을 여성이 외지 남성과 결혼하는 사례도 늘어났고 국제혼인도 증가하여, 최근 10여 년간 이 마을로 결혼이주해온 라오스 여성이 15명이었다. 아래는 1980년대에 다른 촌에서 이 마을로 이주해온 남성들의 사례다.

사례 1. C촌에 정착한 외부인 뤄羅 S

나는 아버지가 목수였는데 1980년에 쓰촨에서 왔다. 당시 일꾼들과 같이 이 마을에 와서 일하면서 우리 엄마를 여기서 알게 된 거다. 일을 마치고서 이 마을에서 정착해 결혼해서 데릴사위가 되었다. 내 외할아버지와 외할머니는 모두 이 마을 주민이었다. 아버지의 집에는 형제자매가 몇 명 있었는데 지금은 다들 외지에 나가 있다. 우리 아버지는 한족이고, 나는 성도 아버지를 따르고 민족도 한족이다. 여동생이 한 명 있는데 처음에는 B진으로 시집갔다가 이혼하고서 다시 쓰촨성으로 시집갔다. 내 아내는 라오스 사람인데 시집온 지 7-8년 되었고 지금은 딸과 아들이 있다.

사례 2. C촌에 정착한 외부인 단但T

'나는 1982년에 여기 왔다. 나는 기와를 굽는 노동자다. 올해 60세가 되었는데, 예전에 쓰촨에서 온 노동자들이 일을 마치고서 어떤 사람들은 돌아가고 어떤 사람들은 여기 남아 있었다. 1984년 결혼해서 C촌에 머물며 정착해 데릴사위가 됐다. 결혼할 때 식을 두 번 했었는데, 여기서 결혼할 때 아버지가 고향에서 오시고서 그 후 몇 년 동안 계속 친척들도 이쪽으로 오신 적이 있다. 나도 몇 년에 한 번 쓰촨의 고향에 갔었는데, 이젠 부모님도 거기 안 계셔서 갈 일이 없다. 형제자매도 있는데 그 중 한 명이 윈난성에 살고 있다. 아내는 C촌 토박이인데 몇 년 전에 세상을 떴다. 아들이랑 딸 하나씩 있는데 딸은 마을 안에서 결혼을 했다. 나는 지금 호적이 쓰촨성이고 호적을 여기로 옮길 수 있지만 난 안 옮겼는데, 우리 애들 호적은 여기 있다. 나는 한족이라서 아이들도 한족이다. 아들은 지금 선전으로 일하러 갔는데 아직 결혼은 안 했고 여자친구는 후난 사람이다. 아들은 나중에 돌아올 거다. 난 한족인데 이 마을에 오래 살아서 다이어傣語도 할 줄 알고, 쓰촨 말도 지금도 할 줄 안다. 마을에 쓰촨에서 온 사람들 몇 집 더 있었다. 구이저우貴州에서 온 사람도 있었는데, 군인으로 왔다가 마을에 남아서 살게 되었다. 난 마을에 늦게 와서 밭을 못 받았다가 나중에 분배받았다. 처음 몇 년 동안은 계속 기와 굽는 일하다가, 몇 년 후에 사탕수수 재배하고 농사짓기 시작했다. 그런데 사탕수수 재배가 힘들고 명절에도 쉴 틈이 없고 수확도 오래 걸리고 작업량도 많아서 나중에 고무랑 차를 심었다.

C촌의 통혼권은 통혼 지역과 거리 그리고 민족간 통혼 등 모든 면에서 변화를 겪어왔고, 이러한 변화는 사람들의 인간관계 범위 변화와도 관련된다. 정부의 정책으로 C촌 아이들의 교육 수준이 높아지면서 마을의 여자아이들은 다들 나가서 공부를 하게 되었고, 반면 남자아이들 중에서 공부를 좋아하지 않는 아이들은 집에 남아 있게 되었다. 밖으로 나가서 공부한 여자아이들은 인간관계 범위가 넓어지면서 외지에서 결혼하는 경우가 많아졌고 마을에는 혼자 사

는 남성이 늘어났으며, 최근 남성들과 라오스 여성과의 혼인이 증가하였다. 통혼권 변화에 대해 마을 노인 보波A 씨는 이렇게 이야기해 주었다.

예전에는 마을에 모두 자오趙 성씨 가진 사람들만 있었는데, 언제부터 외지 사람들이 결혼해서 왔는지 나도 정확히 잘 모른다. 지금 마을에는 바이白 씨랑 다오刀 씨도 있는데 이 사람들 다 데릴사위로 온 사람들이다. 그리고 뤄羅 씨는 쓰촨에서 왔고 단但 씨도 한 집 있는데 쓰촨에서 왔다. 쓰촨에서 제일 먼저 온 사람은 후湖 씨인데 군인으로 일하러 왔다가 남았고, 아이가 없어서 이 마을에서 아이를 입양했다.

원래 우리는 성이 자오趙가 아니고 자오刁였는데 다이족 토사랑 같은 성씨라서 문화대혁명 때 글자를 바꿨다. 다이족 이름 중에서 남자는 옌岩을 ai라고 부르는데 여자는 위玉다. ai는 남자라는 뜻이고, 옥은 여자라는 뜻이다. 신분증에는 다이족 이름과 한족 이름이 다 있다. 마을 사람들은 다 친척지간이고 여자 쪽 아니면 남자 쪽 친척이다. 우리 다이족은 예전에는 3대까지 지나지 않아도 결혼할 수 있었는데 혈연이 너무 가까워서 아이에게 안 좋아서 나중에는 3대 이상 지나야 통혼할 수 있게 되었다. 개혁개방 후에는 이런 근친결혼 안 하게 되었는데, 당시 한족 사람들은 다이족 아이들이 이런 근친결혼 때문에 머리가 안 좋다고 생각했다. 예전에는 분가할 때 첫째 자녀가 나이든 부모를 봉양했었는데 지금은 상황에 따라 다르다. 어떤 혼자 사는 노인은 처음엔 큰아들과 살고 다른 자녀들은 따로 살다가, 큰아들 죽고 나서는 손자가 봉양한다.

우리 동네는 다들 자기 손으로 채소를 재배해서 먹는다. 우리 마을 논밭은 예전부터 남겨진 거라서 집마다 다 다르다. 지금은 인구에 따라 나눠주고, 분가할 때도 노인들이 농지를 나눈다. 바깥의 다른 마을로 나간 사람 있어도 그 땅을 회수하지 않고 그 집의 다른 식구들이 나눈다. 우리는 재산이 많지 않고 논밭만 좀 있으니까 재산 다툼 별로 없다. 예전엔 다이족끼리만 있었는데 지금은 하니족, 이족, 한족도 있다. 예전에는 우리 마을 노인들은 한족이나 다른 민족에게 시집가는 것 허락하지 않았다. 1970년대쯤부터 통혼할 수 있게 되어서 사람 많아지고 다양해졌다. 예전엔 노인들이 다른 민족에게 시집가는 것 허락 안 하니까 여자들이 25살, 30살 되어서도 결혼하기 힘들었다.

이제는 결혼 대다수가 외지 사람들이나 외국인과 하는 거다. 이 마을 젊은 여자들은 여기서 결혼하기 싫어하고 공부하거나 일하러 외지에 나갔다가 거기서 결혼하고, 이 마을 남자들은 밖에 안 나가고 싶어 해서 여기 남아있다. 남자애들은 중학교 때부터 공부하기 싫어하고 그냥 집에 있는데 여자애들이 더 개방적이고 밖으로 많이 나간다. 그래서 마을 남자들이 라오스 여자랑 결혼 많이 하는데, 호적을 여기 넣을 수 없어서 골치 아픈 것 빼면 다른 건 다 좋다. 라오스 여성이랑 결혼하는 데 들어가는 돈이 예전엔 몇 천 위안이었는데 이젠 많이 비싸졌다.

이제 C촌의 혼례에 대해서도 살펴보자. 일반적으로 마을 여성은 20-22세, 남성은 22세에 결혼을 한다. 남녀가 연애하면서 결혼하려고 생각하면 남성 쪽 집에서 중매인 두 명을 찾아서 여자 쪽 집에 가서 중매를 하게 된다. 일반적으로 C촌에서는 결혼 절차와 풍속을 잘 아는 남성을 중매자로 삼는다. 결혼에 앞서 중매인은 신랑 측 가장家長을 대표해 신부 측 집에 찾아가 혼담을 나누고 양가 가장의 의견을 서로 전한다. 예전에는 중매인이 적어도 3-9번 양쪽 집에 왔다 갔다 해야 했는데, 지금은 많이 간소화되어서 3번만 왕래하면 된다. 결혼

전에 약혼을 치르고 약혼날은 '츠샤오지우吃小酒'라는 잔치를 벌이는데, C촌에서는 보통 밤에 이 잔치를 벌이고 다른 마을에서는 점심때 하거나 하루종일 벌이기도 한다.

C촌의 결혼 잔치는 남녀 양가 모두 각자 마련하기 때문에, 혼례를 하루 앞두고 마을 사람들은 모두 모여 잔치를 돕는다. 여자들은 모여 반찬을 만들고 남자들은 돼지·닭·소를 잡고 생선을 굽는다. 돼지와 소의 수량은 결혼식에 초대받는 사람 숫자에 따라 정해지는데, 돼지는 집에서 기르던 것을 잡고, 소와 물고기는 마을 밖에서 사온다. 아침에 큰 솥을 받치고 땔감을 준비하여 물을 끓이기 시작하여, 오후에 잡은 동물들을 요리할 때 쓴다. 재료를 다 준비하고 나면 밤이 되는데, 씻은 재료와 양념은 주인공 집 1층에 놓고, 고기들은 판자 위에 놓고서 파리가 꼬이지 않도록 양초를 켜놓는다. 손질한 생선은 냉장고에 넣어서 다음날 굽는다. 음식준비를 마친 마을사람들은 저녁에 주인공 집에 모여서 음식을 먹고, 남자 쪽 집에서는 마지막으로 중매인을 여자 쪽 집에 보내서 다음날 결혼식 준비를 협의한다.

C촌은 다른 마을에서 시집·장가오는 사람들에 대해서는 결혼식 전에 마을에 들어올 때 정화淨化 의례를 치른다. 독경하는 사람이 마을 어귀에서 경을 세 번 읽는데, 경서는 옛날 다이족 글자로 되어 있고, 동자승을 해본 사람만 읽을 수 있다. 경을 읽을 때 물을 뿌리기도 하는데 이는 마을 외부 사람의 불결함을 없애려는 것이다. 경을 마치고 나면 외지 사람이 정식으로 마을에 들어와 마을 구성원이 될 수 있다. 우리는 현지조사 기간에 결혼식 과정을 실제로 관찰할 수 있었다.

결혼식 시간: 2017년 2월11일

신랑: 마을 사람, 둘째 아들인데 아버지가 안 계심.

신부: 마을 사람, 외동딸.

이 결혼의 경우 혼인식 후에 남자가 여자 집에 들어가서 사는 데릴사위 방식이므로, 신랑이 신부 집으로 오기 전에 먼저 자기 집에서 의례를 거행하였다. 오전 9시에 신랑 집 거실은 전날 밤 이미 준비가 완료되어 있어서, 각양각색의 꽃과 풍선으로 장식되어 있었고, 거실에는 긴 탁자 가운데 생돼지 머리가 놓여져 있어 신에게 올리는 제물을 상징했다. 돼지머리에는 복숭아꽃 가지가 가득 꽂혀 있고 그 위에는 붉은색과 흰색 실이 많이 감겨 있다. 노인은 우리에게, 돼지머리가 번들번들해서 예쁘지 않기 때문에 장식해야 한다고 말했다. 탁자에는 다듬은 수탉 한 마리도 놓여 있었는데, 식이 끝나면 신랑은 신부집으로 가서 수탉을 건네고 암탉을 받는 의식을 치르게 된다. 결혼식에서 교환하는 닭은 익힌 토종닭이어야 하며, 닭의 깃털은 깨끗하고 예뻐야 한다. 다이족 전통은 혼을 부를 때나 결혼할 때나 닭을 한 마리씩 잡는데 이것은 신을 섬기는 의미이다. 탁자에는 그 외에도 다이족 옷 몇 벌과 다이족 비단 그리고 찹쌀밥 한 덩이가 놓여 있었고, 그 앞에는 카페트가 깔려 있었다.

의식이 시작되면 먼저 신랑과 신랑 들러리가 탁자 앞에 무릎을 꿇고 붉은 실로 두 사람의 머리를 감싼다. 실의 다른 한쪽은 경을 읽는 노인이 손에 잡고, 신랑에게 경을 읽기 시작한다. 경을 읽으며 노인이 신랑에게 축복을 할 때, 신랑은 탁자 앞의 대야 안에 있는 술잔의 술을 대야에 쏟았다. 노인은 경을 읽은 뒤 일어나 찹쌀밥을 두 덩이로 쪼갠 뒤 탁자 위 물건에 한 번씩 찍고 신랑의 손등을 문질러 준 뒤 신랑의 두 손에 붉은 실을 감아준다. 마지막으로 신랑은 노인에게 절을 하고, 노인이 다시 경을 읽으며 당부한 후 신랑은 부모님께 양초蠟條를 바치며 자기 집에서의 의례를 끝냈다.

이제 신랑은 신부대를 가지고 중매인의 인솔에 따라 신부 집으로 가고, 신랑 집 테이블 위의 죽은 수탉은 식이 끝난 뒤 중매인이 신부 집에 가져다준다. 신랑 행렬은 가는 길에 '물! 물! 물!'이라고 외치며 분위기를 띄웠다. 두 집 사이의 거리는 가까워서 걸어갔고, 신랑이 신부 집에 들어서기 전에 신부 친척이 준 술을 마시고 나서야 들어갈 수 있었다. 신부는 집에서 일찍부터 머리를 빗고 몸치장을 하였고, 신부 집안의 장식은 신랑 집의 장식과 비슷했는데 신랑 측에서 주는 혼수품이 추가되었다. 신부는 전통적인 붉은 색 다이족 복식을 입고, 신랑은 핑크색 다이족 남자 복식을 입었다.

신랑과 신부가 신부 집 거실로 들어와 탁자 앞 첫 줄에 서는데 신부가 왼쪽, 신랑이 오른쪽에 선다. 이들은 함께 무릎을 꿇고, 들러리들은 뒷줄에 무릎을 꿇는다. 이어 남녀 양가 친척들이 입장해 주위에 자리를 잡는데, 마을 노인들이 결혼식의 증인이 된다. 결혼 후 변화가 있거나 이혼할 때에도 노인이 증인이 되어야 하며, 이런 증인이 되는 노인들은 60위안을 받는다. 노인의 자리 배치에도 규칙이 있는데, 가장 가운데 자리가 가장 높은 지위이고, 그 양쪽은 같은 연배의 노인들이다. 이런 노인들은 예전에 스님이었던 자들로서, 그들 사이의 지위에 따라 자리를 배치한다. 식 시작에 앞서 신랑은 빨간 줄을 잡아당겨 오른쪽 귀로 돌아서 신부의 왼쪽 어깨에 매단다.

먼저 신랑의 친척이 신부 집에 축복을 빌며 부부에게 당부의 말을 하고, 이어서 신부 친척들이 축복을 빈다. 부부는 탁자 밑에 놓인 대야에 담긴 두 잔의 술을 따르고 컵을 뒤집으며 결혼 맹세를 한다. 그리고는 노인이 탁자 위에 찹쌀밥을 집어들어 상 위의 물건들을 한 번씩 찍고는 신랑과 신부 손등에 문지르고 신부 집의 삼발이 위에 올려놓으면, 오랫동안 안정된 가정을 꾸리고 산다는 의미가 된다. 노인은 빨간 실을 부부의 손에 감고, 양가 부모도 이들의 손에 실을 감아주며, 양가 친척은 흰색 실을 감아준다. 이제 들러리들을 포함해서 모든 사람이 몸에 실을 감고 나면, 신혼부부는 양푼에 두 개의 신촉神燭(마을에서 가장 중요한 제사용품으로 얇은 촛불 두 개를 하나로 붙인 것)을 담아 안채에 들어가 신부의 조상께 제사를 지내고는, 나와서 양푼에 촛불과 잔돈을 넣는다. 신부와 신랑은 무릎을 꿇고 합장하고 허리를 숙여 노인의 독경을 듣는다. 양푼에 있는 잔돈은 보통 경을 읽는 노인에게 드리는데, 혼례의 증인이 되어준 것에 대한 감사의 표시이다. 신혼부부의 손에 감긴 실은 예전에는 3일간 감고 있어야 했지만 지금은 간소화되면서 특별한 요구는 없다.

본격적인 결혼식은 남자 측이 낮 11시 30분에 문화실 아래에서 하고 여자 측이 저녁 5시에 같은 장소에서 피로연을 하기로 했다. 이 마을에서는 대부분의 행사가 문화실 광장에서 열린다. 정해진 시간이 되자 사람들이 잔치에 참여하러 오기 시작했고, 신랑·신부와 들러리들이 거실에 서서 해바라기씨와 사탕이 가득 든 접시를 들고 대접했다. 손님들이 입장하는 곳에는 아치형 문이 있는데 그 위에는 솔잎과 나뭇가지를 휘감고 중간에 희囍 자를 붙여 놓았다. 입장하는 손님들은 축의금(보통 수십 위안에서 100위안까지)을 주고 서명한 후 자리는 마음대로 정해서 앉았다. 식을 마칠 무렵엔 신혼부부가 차례차례 손님에게 술을 권하고, 축배를 다 같이 들고 나면 결혼식이 거의 마무리되었다.

C촌에서 예전에는 결혼식이 3일간 열렸지만 지금은 많이 간소화되어 하루만 치른다. 결혼식을 하는 동안에는 신혼부부의 손에 실이 감겨져 있어야 한다. 노인들의 이야기에 따르면 예전에는 결혼식 때 신부대를 줄 필요가 없었고, 대신 사위가 결혼 후 3년간 신부 집에 가서 함께 살면서 농사를 지었다고 한다. 일종의 신부대인 셈인데 지금은 이런 풍습 대신 신부대를 준다.

2. C촌 변민의 초국경 혼인

(1) 라오스와의 초국경 혼인[6]

중국과 라오스 변경지역에 대한 기존 연구들에서는 언어와 문화를 공유하는 라오스인과 중국인의 통혼 역사가 상당히 오래 되었다고 언급하고 있지만, 정식 혼인신고를 하지 않아 기록에 안 남아있는 사례가 많다. 2000년 이후 중국정부가 '변경지역을 진흥시키고 변민을 부유하게 만든다興邊富民'는 프로젝트를 시행하면서 더욱 변경지역의 발전이 빨라져 타국 변민들에 대한 흡인력이 강해져서, 라오스 여자와의 통혼이 전체적으로 많이 늘어나 '거의 모든 변경 촌락마다 라오스 변민과 결혼한 집이 있을 정도'[7]가 되었다. 미얀마, 베트남, 라오스 3국과 국경을 맞대고 있는 서남변경지역으로 넓혀 통혼상황을 보면, 합법적이지 않은 절차로 중국에 오거나 합법적 절차로 와서도 중국에서 기한을 넘겨 불법체류하며 중국 남성과 결혼해 아이를 낳고 사는 불법혼인도 장기간 있어왔고 지금도 상당히 많이 존재한다는 연구결과들이 있다. 중국의 관련 법률규정에 따르면 이웃국가 변경지역의 주민들은 변민증을 신청하여 들어오면 1주일 이내, 3개월 이내, 또는 반년 이내로 거류기한이 나뉜다. 그런데 이렇게 합법적으로 들어와서 체류기한을 넘겨 거주하면서 현지 남성과 결혼하는 경우가 많고, 또는 아예 변민증 수속을 하지 않고 뒷길로 와서 결혼

---

6 Ⅶ장 2절의 (1)과 (2)의 내용 중 일부는 안치영·장정아, "중국과 베트남·라오스의 국경 형성과 과계跨界 민족 문제"(『중앙사론』 52집, 2018)의 내용을 수정 보완한 것이다.

7 邵媛媛, "中老邊境地區的文化多樣性、跨境互動與文化傳承: 基於西雙版納猛臘縣跨境民族的考察," 『楚雄師範學院學報』 第30卷第1期, 2015, p.80.

해서 살거나, 간혹 국제 인신매매범에게 끌려온 경우도 있다.[8] 2017
년까지 조사한 바에 따르면, 마을에 있던 라오스 신부 15명은 모두
2000년대에 왔고, 연령은 23살부터 38살까지 다양했으며, 15명 중
5명이 이 마을 남성과 결혼 전에 라오스에서 낳아 키우던 라오스 자
녀를 데리고 왔다.

　이 마을에서 라오스 변민과의 통혼의 정확한 역사를 조사과정에서
추적하기는 어려웠다. 그러나 변경무역과 관련된 다른 인터뷰에서,
사실혼 관계에 있는 라오스 신부들이 개혁개방 전에도 많았는데
1985-86년에 중국과 라오스의 관계가 악화되었을 때 군부대가 와서
총을 겨누고 쫓아냈지만 여자들이 가다가 다시 돌아오곤 했다는 진
술이 나왔다. 라오스 변민과 통혼을 한 사례들 중 아래 두 사례를
통해 구체적인 상황을 살펴볼 수 있다.

사례 1. 라오스 여자를 맞은 부부 중 가장 젊은 부부 사례_ 2017년 2월 시아버지와의 인터뷰

　내 며느리는 내가 먼저 알았다. 우리 중국쪽 여자들은 말이지, 내

8　吳春玲, "我國西南邊境地區非法涉外婚姻問題初探,"『湖南警察學院學
　報』, 第9卷第2期, 2017, pp.16-17. 이런 사실혼 사례가 늘어나면서 중국 내에서
　는 관련 대책에 대한 논의가 계속되고 있는데, 2013년 九三學社 윈난성위원회
　는 2012년을 분계선으로 윈난 각지에서 특수정책을 택하여 2012년 10월 1일
　이전에 형성된 사실혼을 하고 아이를 낳았거나 임신한 경우엔 결혼증을 보충
　수속해주고 중국국민대우를 누리게 하자고 했다. 대신 아이를 낳거나 임신하지
　않은 경우엔 엄격하게 법률규정을 집행하여 강제송환을 하자고 했다. 高小雅,
　"中老邊民涉外婚姻法律問題研究: 以雲南江城曼灘傣寨爲例,"『法制博
　覽』2017年10月, p.119.

가 감히 얘기하지만, 10명 중국 여자 중에 8명이 도박을 한다. 나는 도박을 아주 싫어한다. 좋은 점, 나쁜 점이 꼭 정해져 있진 않지만 말이다. 내가 종종 외국에 가서 집을 짓고 다니면서 라오스쪽에 아는 형이 있는데 그 집에 갔다가 그 딸을 본 거다. 내가 이 아가씨를 알게 되고 나서 너무 좋아서, 돌아와선 아들에게 가서 좀 만나보라고 했다. 아들이 가서 마침 첫눈에 반한 거다. 이 며느리가 고등학교를 다니고 있었는데, 졸업도 안하고서 여기로 왔다. 며느리도 오고 싶어 했다. 다들 우리 아들이 중국에서 쉽게 며느리 찾을 수 있는데 왜 라오스 가서 찾냐고들 하더라. 내가 연분緣分이라고 했다.

우리 아들이 다른 여자를 접촉 안해본 게 아니다. 예전에 후난湖南 여자 있었는데, 우리 집에 하루 와서 저녁까지 있으면서 계속 잠만 자고 설거지도 못하고 그러더라. 맨날 우리 농민은 바쁜데 말이다. 차茶 따고 고무 자르고, 그런 게 우리들의 유일한 경제수입인데, 내가 아침 8시에 밥도 잘 차려서 그 여자 보고 밥먹으라고 했더니, "너무 시간이 일러요, 일 있으면 먼저 드세요. 난 나중에 먹을께요" 하더라. 그래가지고 무슨 농촌에서 생존하겠나? 그래서 내가 아들 보고, 이런 며느리 들이면 아빠가 힘들어서 죽는다, 즐길 복이 없게 된다, 그치만 니들 자유연애하면 우리 부모는 상관 안하겠다고 했다. 또 한 명은 쓰촨四川 여자였는데, 밥도 우리가 퍼주고 젓가락도 그 여자 손에 건네주면서 아들에게, 니가 능력 있으면 쓰촨 여자 데리고 살아라, 근데 나는 필요 없다고 했다.

그리고는 내가 라오스 가서 집을 지을 때 이 며느리를 보고는 아들에게, 중국에서 청춘 낭비하지 말고 가서 한번 만나보라고 한 거다. 이 며느리는 마침 고등학교 2학년 다니고 있어서, 내가 보고 나서 돌아와서는 아들에게, 중국에서 청춘을 낭비하지 말고 가보라고 했다. 마침 우리쪽 작은 길로 해서 라오스로 가면 2시간이면 가니 가보라고 했다. 아들이 가서 보고는 첫눈에 반해서, 와서는 너무 좋다고 해서 3주일 만에 아들이 며느리 데리고 와서 결혼했다. 내가 결혼식에 돈을 아주 많이 썼다. 신부 쪽 가족이 우리 아들을 좋아해서, 나 보고 신부대를 600위안만 내면 된다고 했다. 그래도 라오스쪽 가서 결혼식 치르려면, 이쑤시개까지도 우리 쪽에서 다 가지고 가야 하더라. 3일 낮밤동안 라오스에서 3만 위안 이상 썼다. 그리고는 여기 와서 또 4만 위안 이상 써서 손님접대하고 그 며느리는 내가 7-8만 위안 써서 데려왔다. 그래도 나는 그럴 가치가 있다고 생각한다. 이제 손녀도 2명 생겼다. 나는 아들이랑 며느리 보고, 농촌에선 애들이 크고 나서 화장품 사기도 부족하니 니들 열심히 노력해라, 우리 노인들이 줄 수 있는 것도 많지 않다고 말한다.

사례 2. 라오스 부인과 결혼한 촌민의 남동생 _ 2017년 2월 인터뷰

라오스 여자는 지금은 여기로 데리고 오려면 비싸졌다, 왜냐면 나오는 사람이 많아서 저쪽 인구가 적어져서 비싸진 거다. 최근 2년 동안 비싸졌다. 우리 형한테 물어봐라. 예전에 신부대 얼마였는지. 몇 천 위안이었다, 근데 지금은 몇만 위안 든다. 촌이랑 라오스 저쪽에서 다 결혼식 치러야 하잖나. 그거 간단하지 않다. 라오스 맥주 한 상자 당 100위안이다. 맥주 비싸다. 그리고는 악대 부르고, 열 몇 개 음향이랑 탁자랑, 여기보다 더 비싸다. 저쪽에선 악대 부르면 몇천 위안이다. 저쪽 풍속은 춤추는 걸 좋아한다. 밥 먹고는 나가서 춤춘다. 춤추고 노래부르고, 마시면서 노래 부르고 다른 건 우리쪽 풍속이랑 비슷하다. 다 다이족이잖나. 그치만 우리 쪽은 춤은 안 춘다. 저쪽은 춤도 추고 노래도 불러야 하고, 목소리 좋으면 올라가서 부르고 그런다.

라오스 신부들 여기 중국 호구는 없다. 그 여자들이 잠주증(임시거주증) 수속을 해야 하는데, A현까지 나가서 해야 한다. 첫해에는 유효기간 1년 주고, 두 번째에는 6개월 준다. 비용은 많진 않다. 기한을 지나고 나서는 벌금 낸다. 결혼해서 애가 생기면 애는 아빠 따라서 호구 가질 수 있다. 우리 형네 애 둘도 다 호구 있다. 큰 여자애랑 작은 남자애 다 호구 있다. 라오스 형수가 여기 온 지 6년 되었다. 중국어 좀 듣고 말할 줄 안다. 사람들 평소에는 라오스쪽 가서 친척들 집 다니고, 설 쇠고 명절 지낼 때 다 라오스 간다. 그 부인들도 다 라오스 사람들이니까, 매년 1-2번만 갈 수 없다. 물축제潑水節니 뭐니 다 가야지. 포수이제는 같은 날이니까. 우리 쪽에서 2-3시간이면 넘어갈 수 있다. 오토바이 타고 작은 길로 몰래 간다. 작은 길은 몇 갈래 있다. 어느 방향으로 가는지에 따라서 간다. 작은 길은 많다. 몰래 건너가는 곳도 많다. 가려면 쉽게 갈 수 있다.

라오스 가서 신부 데려올 때 중매인이 있어야 하는 건 우리랑 같다. 먼저 마음에 들어야 하고, 그리고는 중매인 찾아서 이야기하고, 여자 쪽도 좋아하고, 남자 쪽 좋아하고, 동의하고, 중매인 찾아서 가는 거다. 중국에서 결혼증 수속하는 건 간단하다. 양쪽 신분증만 있으면 된다. 중국 쪽은 20살 넘으면 결혼할 수 있고, 저쪽은 열 몇 살이면 결혼한다. 거짓말로 신고하는 거다. 그 여자들 16살 때 가짜로 20살이라고 해서 이쪽 와서 했잖나. 그 여자들 결혼 일찍 해서, 라오스에서 13-14살에 결혼했다. 그 사람들도 결혼해서 오길 원한다. 우리 쪽 노인들이 가서 설득해서 서로 동의하면 올 수 있다.

사례 3. 2000년 이후 마을에서 처음으로 라오스 신부를 맞이한 남편
_ 2017년 2월 인터뷰

내 아내는 마을에 처음으로 온 라오스 부인인데 2005년에 왔다. 내 아내랑 다른 라오스 부인들은 다들 호적이 없다. 결혼 증서는 모두 있다. 내 부인은 그 때 이쪽 친척집에 놀러 와서 잤는데 내가 그녀에게 와서 같이 놀자고 하면서 친해졌고, 라오스로 데려다주면서 점점 친하게 지냈다. 그 이후엔 라오스 부인이 우리 마을에 점점 많아져서 이제 15명이 되었다. 그 때도 중매인이 라오스에 가서 결혼 이야기를 나눴는데 저녁때 몰래 들어갔다. 저녁 8-9시쯤 마을에 들어가서 그쪽 노인들과 이야기하다가 아침 5-6시 되어서 돌아왔다. 나는 그 때 같이 가지 않았고 친척 형이랑 형수가 다녀왔다. 중매인이 갈 때 선물은 집마다 좀 다른데 우리는 그냥 편하게 과일 좀 사가지고 갔다. 그때 라오스 쪽 공안들이 우리 보고, 들어가면 안 된다고, 근데 꼭 가야 될 일 있으면 몰래 가라고, 밤늦게 가서 아침 5-6시에 나오라고 말해줬다. 그 때 라오스 쪽 집안에 준 돈은 4천여 위안이다. 지금은 1만 위안 넘게 필요하고, 라오스 쪽에서 결혼식도 해야 하고 손님 대접도 해야 한다. 그때 나는 라오스 쪽에선 별다른 행사 안 했고 다 이쪽 중국에서 주로 했다. 지금은 중국이랑 라오스 두 군데서 다 해야 된다. 예전에는 신부 쪽 집안에 선물을 주는데 정해진 건 없었고 노부모에게 새 옷 선물하면 됐었다. 신부대는 내가 4,700위안을 그 집에 줬는데 당시엔 많이 준 편이었다. 라오스 쪽 결혼은 우리 쪽과 다르다. 노래하고 춤추고, 먹고 노래하고 그러는데 그 쪽이 우리보다 더 재미있다. 결혼식은 우리 쪽과 마찬가지로 오전 5시에 불을 지펴 돼지를 잡아서 시작하고, 우리 쪽보다 좀 일찍한다. 결혼을 2-3일 앞두고 준비하러 가서 신부 집에서 잤다, 내가 처음에 그녀를 데려다 주러 갔을 때 이미 장모님은 나를 사윗감으로 여겼다더라. 라오스 쪽에서 결혼할 때는 탁자 위에 돼지머리는 놔두지 않아도 되고, 중국에서 결혼식할 땐 신랑이 돼지머리를 탁자 위에 놓아야 한다. 신랑신부에게 빨간 실을 감아주는 것은 중국이나 라오스나 마찬가지더라. 먼저 집안 노인이 잘 감아준 다음 친척이 뒤에서 감아 준다.

결혼식할 때 처음에 경을 읽어주는 노인은 라오스 쪽에서 온 사람이었고, 라오스에서 온 스님들도 있었다. 좋은 날 고르는 것도 신부 쪽에서 한다. 스님을 2년간 했던 사람이면 경 읽어주는 것 할 줄 안다. 경 읽는 건 반드시 스님해본 사람이 해야 한다. 경 읽어준 분에게 드리는 돈은 우리 마음에 따라서 하는 건데, 20위안, 30위안,

그렇게 드린다. 실 감아줄 때 대야에 넣는다. 그런데 라오스 쪽은 술을 따르는 절차가 없는데 우리 쪽은 술을 따라야 한다. 저쪽은 신에게 제사 지내는 것도 없고, 그냥 사찰에서 절하면 되고, 새벽 3-4시에 집안 어른들이 부처님께 절하고 돌아와서 집에서 집안의 신들에게 절하면 된다. 결혼식 끝나면 식사를 하는데 11-12시부터 먹기 시작해서 저녁까지 먹고, 8명이 한 테이블에 앉고, 밥 먹고 나선 노래하고 춤추기 시작한다. 오디오 장비도 십여 개가 있는데, 특히 라오스 쪽에서 결혼할 때는 아주 신난다. 그 쪽이 재미있다.

결혼하면 정부에 가서 출생증명서를 발급받을 수 있고, 허가를 받으면 아이를 낳을 수 있다. 아기 한 달 잔치, 돌잔치 다 했다. 아이가 만 한 달 되면 친척과 친구들이 닭을 가지고 와서 아기를 본다. 라오스 쪽에서는 이런 것 안 한다. 결혼식할 때는 통행증을 받아서 라오스 쪽 갔다가 일주일 만에 돌아왔고, 나는 2월 3일에 가서 9일에야 돌아왔다. 가장 최근에 우리 마을에 라오스 부인이 온 건 5년 전이고, 그 다음엔 없다. 라오스 쪽에서 지금은 여자들 못 나오게 한다. 그쪽에 사람이 적으니까 못 나가게 해서 몰래 나와야 하는데, 결혼 증서도 잘 안 내준다. 나는 그때 돈 안 내고 결혼증서 받았는데 지금은 인맥도 있어야 하고 돈도 내야 한다. 지금도 라오스에 자주 간다. 한 달에 2-3번 간다. 아내의 조카가 결혼하는데 그 때도 갈 거다. 그 쪽 결혼도 돼지와 소, 물소를 잡는다. 라오스 쪽에서 결혼하면 9시에 실을 감아주기 시작해서 11시에 밥먹기 시작해서 저녁 8시까지 밥 먹고 남녀노소 모두 춤춘다. 신부의 부모가 첫 줄에 서 있고 뒤에는 친척들이 줄지어 춤을 춘다. 우리 마을 문화실 같은 곳이 거기에도 있어서 거기서 다 같이 춤을 추는데 우리 마을보다 넓어서 무대도 있고 밴드도 불러온다. 맥주도 거의 100박스 쯤 마신다. 거기 사람들은 술을 너무 잘 마신다. 나는 열한 살짜리 아들 하나 있다. 라오스 쪽에서 데려온 아이는 중학교까지만 공부했다.

사례 4. 라오스 며느리를 맞은 시어머니 _ 2017년 2월 인터뷰

　라오스 쪽에서 결혼식을 올리는 데 3일이 걸리고, 노래하고 춤추고 실을 감아주는 것은 이쪽과 같다. 결혼식 날에는 절에 가서 제사를 지내진 않는데, 라오스 쪽은 우리보다 일상적으로 절에 훨씬 자주 가더라. 라오스 신부를 데려올 땐 둘이 연애를 오래 하고 결혼하진 않는다. 주로 노인들이 찾아가서 부모들이 정하고 소개로 결혼하는 거다. 라오스 쪽 마을 안에서 결혼할 땐 다들 자유연애지만, 다른 마을과 결혼할 땐 소개받거나 부모가 정해서 결혼하는 거다. 여자가 별로 결혼하고 싶어하지 않아도 대개 부모의 뜻을 따른다.

　중국에 시집오는 사람들도 다들 부모 뜻대로 결혼하는 거다. 남자 쪽 부모가 먼저 가서 보고, 괜찮다고 생각되면 서로 소개하고, 라오스 쪽 사람들이 우리 마을에 와서 이 쪽 생활 여건과 상황을 보고, 양쪽 노인들이 다들 괜찮겠다고 생각하면 결혼하게 된다. 먼저 라오스 쪽에서 결혼식을 올린 다음에 여기 와서 한 번 더 식을 올린다. 결혼식에 앞서서 양가 부모도 만나서 결혼식 어떻게 할지 의논을 해야 하는데, 의논을 하려면 남자 중매인 두 명도 함께 가야 한다. 두세 번 이런 상의 과정을 거치면서, 서로 이야기가 잘 안되는 경우도 있고, 한 번 만에 다 잘 되는 경우도 있다. 남자 쪽에서 줄 신부대도 중매인이 중간에서 이야기하는데, 몇천 위안도 있고 몇만 위안도 있다. 결혼 후에도 두 집 사이에 왕래가 많고, 사돈집에 사정이 생기면 우리가 가서 돕기도 한다. 그런데 서로 출국증을 받아야 하는데 아이를 데리고 가려면 사진을 가지고 통행증을 받는 곳에서 도장을 찍으면 된다. 아이가 만 한 달 되었을 때 잔치하는 만월주滿月酒는 라오스 쪽에서 하지 않고 중국 쪽에서 한다. 아이를 낳거나 만월주를 할 때 모두 여자 쪽 라오스 부모가 여기로 온다. 명절이나 큰 행사가 있을 때에도 라오스 사돈집 사람들이 와서 같이 명절을 쇠곤 한다.

194

위의 사례들에서 볼 수 있는 것은, 중국과 라오스 변민간의 혼인이 이뤄지는 데 있어서 지리적 근접성과 문화적 근친성이 매우 중요한 요인으로 작용한다는 점이다. 첫 번째 사례에서도, 지리적 근접성이 있었기에 시아버지가 먼저 며느리 될 라오스 여자를 알게 된 후 아들에게 한번 놀러가서 보라고 했고 곧 당사자들끼리 좋은 감정이 생겨서 빠르게 결혼하게 되었다. 특히 흥미로운 점은 첫 번째 사례에서 시아버지가 중국 여자들에 대한 부정적 언급을 하는 부분이다. 이는 중국 여자들 자체에 대한 부정적 평가라기보다, 그들이 과연 농촌생활에 안분지족하며 살 수 있을지에 대한 우려로 인해 부정적 이미지를 가지고, 중국보다 좀 더 경제적으로 낙후된 수준인 라오스에서 오는 여자에 대해서는 중국 여자보다 좀 더 근면하고 중국 농촌생활에 만족하며 생활할 거라는 관념을 갖는 것이다. 첫 번째 사례에서 보듯, 신부대 자체는 적게 들더라도 혼례는 양쪽에서 다 치르다 보니 오히려 상당한 액수가 지출되지만 그래도 그럴 만하다고 기꺼이 받아들이는 것은, 이런 평가와 관련지어 이해할 수 있다.

또 위 사례에서 볼 수 있는 것은, 결혼 자체는 여전히 중매인을 통해서 하는 관습이 있지만 당사자간의 감정이 당연히 전제되어야 한다는 것이다. 이는 현대 중국의 혼인문화와도 연결되지만, 혼인과 이혼에 있어서 부모는 자녀의 선택을 존중하고 자녀는 부모의 동의를 받는 다이족의 문화와도 연관된다.[9] 기본적으로 양쪽의 언어와

---

9 楊子誼, 「中老邊民跨境婚姻法律研究」, 『普洱學院學報』第32卷第2期, 2016, p.51. 중국 농촌에서 연애와 혼인의 관념과 실천이 변화해온 양상 그리고 신부대 관습 변화의 의미에 대해 탐구한 저서로 이현정, 『펑룽현 사람들: 개혁기 중국 농촌 여성의 삶, 가족 그리고 문화』, 책과함께, 2020 참고.

풍습이 같은 민족으로서 비슷하고 포수이제와 같은 중요한 문화를 공유한다는 점도 라오스 변민과의 혼인을 쉽게 받아들이게 만드는 중요한 요인이다. 라오스와의 변경지역에 있는 중국의 다른 마을에 대한 연구에서도, 민족의 명절 때 양측 변민이 집중적으로 왕래하여 서로 상대 국가에 가서 친척과 친구들을 만나고 정부간에도 서로 협조를 요청하는 현상이 관찰되고 있다.[10] 또한 결혼 전 뿐 아니라 결혼 후에도 양가가 서로의 지역을 빈번히 오가면서 교류하는 것을 볼 수 있다. 변민 통혼은 이 지역에서 전혀 낯설지 않은 현상이 되었을 뿐 아니라 점점 증가하여 신부대 가격도 높아져서, 과거에는 몇 천 위안 이었지만 지금은 1-2만 위안이 되어 오히려 현지 신부보다 더 많은 비용을 치르기도 하여, 최근 2년간 촌에 시집온 라오스 신부가 없었던 데에는 이렇게 높아진 비용도 관련 있는 것으로 보인다.[11]

이러한 통혼이 계속 증가한 배경에 대해 인터뷰를 해보니, 이 마을의 여자들이 외지에서 학교를 다니거나 더 나은 조건의 외지로 시집을 가는 경우가 많아지면서 마을의 남녀비율 균형이 깨져, 많은 남자들이 연령이 지나서도 부인을 못 찾으면서 평소 왕래가 밀접한 라오스에 눈을 돌리게 된 것을 주요 이유로 꼽았다. 현재 중국의 생활조건이 라오스보다 낫기 때문에 라오스에서는 이쪽으로 혼인이주해 오

---

10 邵媛媛, "中老邊境地區的文化多樣性, 跨境互動與文化傳承: 基於西雙版納猛臘縣跨境民族的考察," 『楚雄師範學院學報』第30卷第1期, 2015, p.79.

11 혼인을 앞두고 신랑과 신랑의 부모가 신부 부모에게 보내는 신부대의 의미 그리고 중국 농촌에서 신부대 관습 변화가 지니는 함의에 대해서는 이현정, "현대 중국 농촌의 시장개혁과 혼인관습의 변화: Jack Goody의 신부대 이론에 대한 비판적 고찰," 『한국문화인류학』50집 1호, 2017 참고.

기를 원하는 사람이 많았다. 공동조사팀의 장기간 현지조사를 통해, 이 마을의 라오스 부인들과 현지 부인들과의 관계 및 현지의 노인 등 다른 주민들과의 관계가 모두 좋다는 것을 발견할 수 있었다.[12]

(2) 혼인의 행정적 수속과 관리

C촌 변민들이 라오스 변민과 행하는 통혼은 같은 민족끼리의 결혼 이라는 성격도 가지지만 국경을 넘어서 이뤄지는 국제혼인의 성격도 지닌다. 국제혼인은 양국의 출입경 및 호구관리와 관련되는 민감한 문제로서 이에 대한 행정적 관리는 중요한 문제이며, 변민 혼인은 더욱 그러하다. 결혼 수속은, 중국에서는 '혼인법' 8조 규정에 따라 남녀쌍방이 직접 혼인신고기관에 가서 신고를 하면 혼인이 성립한다. 그러나 여러 특수한 경우의 혼인을 고려하여 중국은 일반적인 '혼인 법' 외에도 다른 규정을 두고 있다. '섭외민사법률관계법률적용법涉 外民事法律關係法律適用法' 22조에 따르면 섭외혼인[13]은 결혼체결지 법률이나 한쪽 당사자가 주로 거주하는 곳 법률 또는 국적국 법률에 부합하면 모두 유효한데, 중국과 라오스 변민간 섭외혼인은 대부분 라오스 변민이 중국으로 이주해온 것이므로 결혼수속은 중국 법률규 정을 따라야 한다.

---

12 그러나 중국과 라오스간의 통혼 상황이 모두 이 마을처럼 좋다고 보기는 어렵 다. 다른 연구들에 따르면 특히 윈난성과 광시성에 광범하게 존재하는 라오스 ·베트남·미얀마 여자들과의 혼인 가정, 특히 불법으로 체류하며 사는 사실혼 가정들의 경우 상황이 별로 좋지 않다.
13 '섭외혼인'은 서로 다른 국적의 국민이 결혼하거나, 같은 국적의 국민이 타국에 서 결혼이나 이혼 등을 하여 생겨나는 혼인관계를 가리킨다.

또한 중국이 변민 통혼과 관련하여 추가로 제정한 '중국 변민과 인접국 변민 혼인등기방법中國邊民與毗鄰國邊民婚姻登記辦法' 6조[14]에 따르면 이웃국가의 변민이 중국에서 혼인신고를 하기 위해서는 다음과 같은 자료가 필요하다. 본인의 변민 신분을 증명할 유효한 증명자료(여권이나 국제여행증 또는 변경지구출입경통행증), 소재국 공증기구 또는 유관 기관에서 발급하고 그 국가에 있는 중국대사(영사)관이 인증한, 또는 중국에 있는 그 나라의 대사(영사)관이 인증한 본인의 배우자없음 증명 또는 중국에 있는 소재국의 대사(영사)관이 발급한 본인 배우자없음 증명, 또는 이웃국가 변경지구와 중국 향(진)인민정부 동급 정부가 발급한 본인 배우자없음 증명.

이처럼 변민 통혼은 일반적 국제혼인과 달리 특수한 관리를 점차 제도화하고 있다. 뿐만 아니라 중국은 2004년 라오스와 협의를 맺어, 너무 멀리 가지 않고도 A현 민정국에서 중국 변민과 라오스 변민의 혼인신고를 할 수 있도록 하였다.[15] 중국으로 혼인하여 이주해오는 라오스 여자들이 많아지면서 라오스 인구 감소 문제를 완화하기 위해 라오스측에서는 현재 관련 증명서류 발급 협조를 원활하게 해주지 않고 있고 중국보다 비용도 비싸서, 중국 내에서 혼인신고를 하지 못하고 사는 사실혼이 증가한다는 이야기를 촌민들과의 인터뷰에서 들을 수 있었다.

---

14 2012년 제정된 이 규정은 1995년 제정되었던 「중국과 인접국 변민 혼인등기관리 시행방법(中國與毗隣國邊民婚姻登記管理施行辦法,1995.2.17)」을 대체하였다.

15 高小雅, "中老邊民涉外婚姻法律問題研究: 以雲南江城曼灘傣寨爲例," 『法制博覽』 2017年10月, p.118.

이처럼 라오스 변민과의 통혼 절차는 중국에서 점점 제도적 편의가 제공되고 있지만, C마을 촌민들은 막상 라오스 부인을 데리고 각종 수속을 밟으려면 어렵다고 하였다. 먼저 중국 호구가 없는 라오스 부인은 잠주증暫住證(임시거주증)을 발급받아야 하는데, 라오스 신분증을 가지고 파출소에 가서 해야 한다. 잠주증 발급은 10위안이 들고, 기한이 넘어 다시 연장하려면 50위안 벌금을 내야 한다. 첫 수속에서 받는 유효기한은 1년이고, 그 다음엔 6개월에 1번 발급받게 된다. 결혼증 수속을 할 때는 먼저 라오스에 가서 신분증을 가지고 마을 촌 公所에서 증명 도장을 찍은 다음 중국측 현縣에 와서 설명해야 한다. 가지고 온 증명서류가 라오스 문자이기 때문에 번역해서 설명한 후 다시 민정국에 가서 결혼증 수속을 한다. 조사에 따르면 현재는 변민 통혼이 보편적 현상이 되어서 이 수속을 전문으로 담당하는 인력이 있다. 중국 쪽에서 결혼 증서를 받는 데는 비용이 들지 않는다. 라오스 쪽에서 결혼증명서를 받으려면 4천 위안이나 들어서, 비용 문제 때문에 아직도 마을에서 세 쌍의 부부는 결혼증명서를 받지 않은 채 지내고 있었다. 라오스 아내를 맞은 한 마을 청년은 결혼 수속의 어려움에 대해 토로하였다.

임시거주증은 처음에는 1년 기한을 주는데 그 다음 해에는 반 년 주고, 세 번째에도 반년을 준다. 다 쓰고 나면 책자를 바꿔야 하고, 기간 지나면 벌금을 내야 한다. 그래서 내가 무슨 꿍꿍이수작이냐며 화를 낸 적이 있다. 임시거주증 발급은 10위안인데 기간 지나면 하루에 50위안씩 벌금 내는 게 말이 되나? 임시거주증은 신분증을 가지고 중국 쪽 공안국에서 하는 것이다. 라오스 쪽에서 만드는 증명 서들은 우리도 잘 못 알아보는데, 결혼증명서 만들기 전에 라오스

쪽 성도省城에 가서 증명서 하나 만들고 현縣에도 가서 도장을 찍어야 하는데, 거기에 자발적으로 중국에 시집간다고 적혀 있고 도장도 찍는 건데, 이 증명서 하나에 4천 위안이다. 만일 아는 사람 없으면 1-2만 위안 내야 한다. 중국 쪽에서는 한 푼도 안 드는데 라오스 쪽에서 관문들 통과하는 데에 돈이 많이 든다. 그쪽 지역은 작은 벼슬은 1년만 하고 나면 다른 데로 보내는데, 너무 돈을 많이 벌어서 그런 거다. 벼슬하는 사람들은 돈이 많고 농민은 가난하다. 우리 중국은 농민이 잘 살게 되어도 관리들은 돈을 못 벌 수도 있는데 말이다.

중국 국적법 7조에 따르면 외국인 또는 무국적자가 중국 국적에 가입하는 조건은 중국인의 근친속이거나 중국에 정착했다거나 하는 등의 정당한 이유가 있어야 한다. 이 기준에 따르면 중국 변민과 결혼한 라오스 변민들은 중국 국적을 취득할 수 있는 기준에 부합하지만 대부분의 라오스 신부들은 중국 국적을 잘 취득하지 않는다. 그 이유로는 법률의식이 높지 않고 심지어 중국에 '국적법'이 있다는 것도 모르는 경우가 많다는 점이 제기된다.[16] 라오스 정부는 현재 국경을 떠난 사람이 일정 시간이 지나 돌아올 뜻이 없으면 자동적으로 국적을 상실하는 정책을 펴고 있어서 무국적자들이 생겨나고 있으며 이는 변민 통혼으로 인한 문제점 중 하나로 지적되고 있다.

국경을 넘어서 하는 변민 통혼은 정치적 영향에서 무관할 수 없으므로, 행정적 관리제도와 절차는 시기에 따라 국제관계의 영향을 받았다. 조사에 따르면 2000년 이전에 온 사람들은 3백 위안만 내면

---

16 高小雅, "中老邊民涉外婚姻法律問題研究: 以雲南江城曼灘傣寨爲例," 『法制博覽』 2017年10月, p.119.

중국 호구에 들어올 수 있었다. 따라서 현재 이 마을에서 중국 호구를 갖고 있는 사람은 2000년 이전에 시집온 사람이 유일한데, 이에 대해 사람들은 그가 2000년 이전에 시집온 유일한 라오스 신부이기 때문이라고 하지만, 다른 사람의 인터뷰에 따르면 그 전에도 사실혼은 있었다. 라오스 부인들은 중국 호구에 들어오기 위해서는 라오스에서의 행정처리가 필요한데, 앞에서 보았듯 라오스에서 중국과의 통혼으로 인한 인구 유출 문제가 심각해지고 있어서 행정협조를 원활하게 해주지 않기 때문에 수속이 어려워 중국 호구를 못 얻고 있는 사람들이 많다. 이렇게 부인들이 중국 호구가 없어서 장기적으로 의료보험 등 여러 면에서 문제가 생겨나고 있지만, 아직까지는 이런 불편을 감수하고라도 중국으로의 결혼이주를 선호하고 있다.

부인이 중국 호구를 얻지 못하더라도 자녀의 호구는 큰 문제가 없다. 라오스 부인들이 와서 낳은 아이는 모두 부친을 따라 중국 호구에 들어오게 된다. 심지어 사실혼 관계에서 나온 자녀문제까지도 해결하기 위해, 2016년 중국 국무원 판공청이 공포한 「호구 없는 사람의 호구 등기문제에 대한 의견關於解決無戶口人員登記戶口問題的意見」 7조는 이렇게 규정하였다: "중국 공민과 외국인, 무국적자가 국내에서 불법혼인으로 낳고 타국 국적을 취득하지 않은 호구없는 사람은, 본인 또는 중국 국적을 가진 감호인이 '출생의학증명'과 부모의 비혼출생 설명, 중국공민측의 주민호구부에 따라 상주常住호구등기 수속을 신청할 수 있다."

다만 C촌에서 보면 라오스 부인이 중국에 오기 전 라오스에 있을 때 낳은 아이들의 경우 호구에 문제가 생긴다. 조사에 따르면, 라오스 부인 중 과거에 라오스에서 결혼을 했다가 이혼을 하고서 중국 남자와 만나서 결혼하여 오게 된 사람들이 많았는데, 사실 상당수는 라오스에서 결혼을 하지 않은 미혼모 상태로 아이를 낳은 경우라고 촌민들은 말해주었다. 이렇게 라오스에서 낳아서 데리고 온 아이들은 모친과 마찬가지로 중국 호구에 들어오지 못한다. 이 마을에 라오스에서 이렇게 온 아이가 2017년 12월 기준 현재까지 5명 있는데 모두 호구가 없다. 호구가 있는 아이들은 5살이 되는 해 9월에 취학 전 준비반에 들어갔다가 그 다음에 촌 옆의 초등학교에 들어갈 수 있다. 중학교 갈 때는 B진으로 가야 한다. 라오스 부인들이 라오스에서 데리고 온 아이들은 중국 호구가 없어서 중학교까지만 허락이 된다. C촌 아이들은 초등학교 입학후 학기마다 300위안 넘게 보조를 받을 수 있고 중학교 때에는 학기마다 625위안 보조를 받는다.

이 마을은 소수민족 촌락이기 때문에 계획생육 실시 후 집마다 2명을 낳을 수 있다. 초과하면 벌금을 무는데 아이 한 명당 5천 위안을 내야 한다. 2명의 출생 간에 4년 간격이 있어야 하고, 이 간격을 지키지 않아도 벌금을 문다. 마을 부녀들은 대부분 2명을 낳고서 병원에 가서 피임수술을 한다. 8-9년 전에는 나팔관을 묶는 방식이었는데 지금은 고리를 자궁에 넣는 방식으로 피임수술이 이뤄진다.

의료시설은 촌과 가까운 곳에 위생원이 하나 있지만 조건이 안 좋아서 촌민들은 B진에 있는 병원에 가고 만일 안 되면 A현까지 간다. 부녀들에게는 아이를 낳는 것이 가장 어려운 점이다. 과거에는 B진에서 낳을 수 있었는데 나중엔 B진에 의사가 없어져서 A현까지 가야 하는 상황이다. 1명당 의료보험비가 매년 120위안인데 라오스 부인들은 의료보험이 없으므로 보험비를 낼 필요가 없다. 과거에 출산은 약 200위안 정도 소요되었고 지금은 순산을 해도 2-3,000위안이 든

202

다. 호구가 없는 라오스 신부들이 A현 가서 출산할 때 돈이 크게 더 들지는 않는다. 라오스쪽 의료조건이 더 열악하기 때문에 대부분의 부인들이 A현에 가서 애를 낳고, 가다가 길에서 낳는 경우도 많다. 라오스 여자들이 와서 애를 낳을 때 언어가 안 통하면 마을 사람들에게 번역을 도와달라고 도움을 구한다.

C촌 풍속에 따르면 바깥 촌에서 온 사람은 며느리든 사위이든 촌에 들어올 때 모두 신분의 전환을 상징하는 뜻으로 촌에 몇십 위안의 돈을 내야 하고, 이후에 그래야 촌사람들과 함께 활동과 제사에 참여할 수 있다. 라오스 신부들이 호구가 없어서 생활 보장이 없어서 생기는 문제점들에 대해 이 마을 촌민들은 오랫동안 고민 끝에 대책 마련을 위해 촌 대회를 열었다. 촌에서 대회를 열면 당원과 촌 간부가 모여서 문제를 제기하고 토론하여 방법을 찾는다. 촌대회 결정을 통해 촌의 호구 없는 이들도 촌에 어느 정도의 돈을 내면 이후 촌에서 논밭을 나눠주고 상응하는 보장을 해주기로 하여, 2016년부터 호구가 없는 라오스 신부들도 돈만 내면 이후 촌 내에서 땅을 분배받고 동등하게 촌 대회에도 참가할 수 있게 되었다. 이와 같은 상황은 마을마다 조금씩 다르다.

(3) 혼인 생활

이렇게 국경을 가로질러 혼인을 하는 사람들은, 결혼 전에 오랜 기간 깊은 감정적 교류를 하지 못한 채 혼인하는 경우가 대부분이다. 이들 대부분이 상대와의 감정적 교류가 먼저 있고서 자연스럽게 혼인을 하게 된다기보다, 결혼이 급해서 집안 어른들이 라오스 쪽 인맥을 통해 라오스 여자를 찾은 경우이고, 때로는 남자 본인이 일부러 라오스에 가서 여자를 찾기도 한다. 마음에 들면 집안 어른이 중매인을 불러 라오스 쪽에 보내서 혼담을 나누는데, 중국 쪽이 라오스보다 생활 여건이 훨씬 좋고 서로 문화적 유사성이 있어서 혼담은 쉽게 성사된다. 라오스 여성들은 혼전 임신한 경우도 많고, 남성들이 아이를 낳고서 돌보지 않아서 젊은 여성 혼자 아이를 데리고 사는 경우도 많다. C촌 사람들은 나이가 많은 남성이 부인을 얻기 힘들다는 점을 잘 알고 있고, 이렇게 이미 아이를 낳아서 키우고 있는 라오스 여성들을 며느리로 맞는 것에 대해 특별히 신경 쓰지 않는다.

라오스 신부들은 시집와서 생활에서 큰 문제가 없는데, 대부분 다이족이어서 다이어를 할 수 있고 생활습관도 크게 다르지 않아서 쉽게 적응한다. 오히려 마을의 중국인 여성들에 비해 더 검소하고 근성 있게 일을 잘 한다는 평가를 마을에서 받는다. 만일 라오스 신부에게 집안의 윗사람이 잘 대해주지 않으면 마을사람들이 그 윗사람을 비판하기도 한다. 우리가 조사하며 관찰한 바에 따르면 이 마을에 결혼 이주해온 라오스 여성들은 대부분 마을사람들과 잘 어울리고 있었고, 딱 하나의 예외만 있었는데 마을사람들은 이 사례가 특이한 경우라고 했다. 아래는 그 사례에 대한 한 촌민의 이야기이다.

동네의 라오스 신부를 나도 많이 안다. 우리 집 바로 옆에 한 집이 있는데, 신부가 굉장히 어려서 20살 정도밖에 안 되었는데 신랑은 40살이 넘었다. 남자가 라오스에 가서 여자를 찾다가 이 여자가 눈에 띈 거다. 그래서 집안 노인이 가서 보았는데, 노인이 보기에 여자가 너무 어리다고 느꼈다. 그땐 겨우 17-18살이었으니까. 사실 시골에서 제일 중요한 건 집안일 돕는 거다. 여자는 남자를 별로 마음에 안 들어 했는데, 라오스는 부모가 결혼하자고 하면 자식들이 따른다. 이 라오스 신부는 시집와서 마을사람들과 별로 안 어울렸고, 부부가 분가해 나가서 딸을 하나 낳았다. 그 부부는 일도 안 하고 맨날 집에 있었다. 다른 사람들처럼 찻잎 따고 돈 벌러 다니고 그러지 않고 맨날 집에서 놀고먹으면서 자주 다퉜다. 이 라오스 신부는 다른 라오스 신부들이랑 달랐다. 특이했다. 부부가 다툴 때 이웃 사람들이 가서 말리면 그 여자가 노인들에게도 막 안 좋은 소리를 했다. 우리 전통은 노인들에게 그렇게 대들고 심한 소리하지 않는데 말이다. 그래서 나중에는 아무도 그 부부 집일에 신경 안 쓰게 되었다. 남자도 술 많이 마시고 성격도 안 좋고 둘 다 특이하다.

C촌은 다른 마을에 비해 좀 더 결혼생활이 화목한 편으로서, 부부 중 한 쪽이 세상을 떠나도 다른 한 쪽이 재혼도 잘 안 한다고 하였다. 마을의 라오스 신부는 이혼율이 매우 낮아서 우리 조사기간 동안 딱 한 사례만 발견했는데, 4년 만에 아들을 낳고서 라오스로 혼자 돌아갔다가 다시 A현으로 시집갔다. 그 집은 집안 어른이 성격이 안 좋아서 며느리를 자주 야단쳐서 못 견디고 파혼한 경우라고 하였다. 라오스 여성들은 결혼 이주해 와서 현지 여성들과 똑같이 집안일과 농사일을 한다. 평일에는 산에 올라가 찻잎을 따고 밭에 나가 채소를 거두거나, 찹쌀밥을 짓고 옥수수를 쪄서 아침마다 마을 입구에서 팔기도 한다. 그러다가 아이를 낳으면 아이 돌보는 일을 주로 하며, 만일 바쁘면 마을 이웃들이 아이를 대신 봐주기도 한다.

매일 저녁 식사를 마친 뒤 8-9시면 마을 문화실에서 노래를 틀어, 부녀자들이 모여서 광장춤을 춘다. 라오스 사람들은 춤을 좋아하는 것으로 널리 알려져 있고, 이 마을의 중국 여성들이 라오스 여성들에게 라오스 춤을 따라 배우는 경우도 많았다. C촌은 대외적으로 개방되어 외지인과 접촉도 많은 마을이어서, 라오스 여성들은 외지인에게 보여주는 관광용 춤 연습을 하기도 했다. 이 마을의 15명의 라오스 여성들은 서로 잘 알고 지내고, 라오스에서부터 서로 알던 사이인 경우도 있으며, 혼인을 중매해준 경우도 있다. 이들은 서로의 집에 행사가 있을 땐 모여서 일을 돕고, 대나무를 베고 옥수수를 따는 등의 농사일도 함께 한다. 여가 시간에는 함께 모여 춤을 추고 고기를 구워먹거나 어느 한 집에서 훠궈를 먹기도 한다. 다른 현지 여성들과 함께 A현으로 놀러가 노래방에서 노래를 부르며 놀기도 하는데, 노래방에 그들이 부를 노래가 없어서 다른 사람들이 노래하고 라오스 여성들은 춤을 추며 노는 경우가 많다.

라오스 여성들은 C마을로 시집온 뒤에도 친정과 계속 연락과 교류를 자주 하는데, 라오스 사람들은 자녀를 많이 낳기 때문에, 자녀 1명이 중국 쪽에 와있다고 해서 부모가 부양을 못 받을 걱정은 없다. 예전에는 라오스 상황이 열악하여 전기도 안 들어오고 연락이 어려웠지만 지금은 전화걸기 편해져서 라오스 결혼이주 여성들은 라오스 가족과 전화통화도 많이 하고, 결혼 후 생활용품이나 전자제품을 많이 사가지고 가서 집안에 도움을 주기도 한다. 친정에 무슨 일이 있어서 전화 연락이 오면, 가까운 거리는 하루면 오갈 수 있기 때문에 부부가 함께 라오스로 건너가서 집안일을 돕곤 한다. 때로는 자녀들을 데리고 라오스에 놀러 가기도 하지만, 아이가 커서 학교에 다니기 시작하면 아이들은 라오스로 잘 가지 않는다. 만약 라오스 쪽 노부모가 병이 나면 부부가 라오스에 병문안을 가고 돈도 몇백 위안씩 드리고 오곤 한다. 대부분의 경우 중국 쪽 시부모는 라오스를 자주 방문

하지 않되, 라오스 쪽 부모의 장례 때는 다함께 가기도 한다. 마을 사람들이 설에 함께 모여 밥먹을 때면 라오스 처가 사람들이 특산품을 갖고 와서 함께 명절을 보낸다. 이 마을은 라오스보다 물축제가 며칠 빨라서, 서로 왔다갔다하며 물축제를 함께 즐긴다. 라오스 여성이 아기를 낳고 한 달이 되어 만월주 의식을 치를 때면 라오스 친척들이 찾아온다. 이 마을에서는 만월주를 먹을 때 사람들이 닭 한 마리를 사서 아이를 보러 오고 의식을 치를 때 50위안을 주지만, 라오스 친척들은 50위안 풍습을 따르지는 않고 물건을 가지고 와서 축하를 해준다.

접경지역 마을의 종교와 민간신앙

1. 불교

　수많은 다이족 촌락과 마찬가지로 C촌 사람들은 남방 불교를 믿으며, 다른 종교 신자는 우리가 C촌에서 현지조사를 하는 동안 발견하지는 못했다. 마을에 있는 미얀마식 불교 절緬寺에는 불상들이 봉안되어 있고, 명절 때 등 부처님께 진상할 일이 있을 때 마을 사람들이 여기 모여 노인들의 염경을 듣고 절을 한다. 우리가 현지조사를 하는 기간에, 물축제를 하루 앞둔 4월 14일 마을의 중년·노년 여성과 몇몇 노인이 이 절을 찾아와 공물을 바치고 경을 외우며 절을 했다. 부처님께 재물을 바치는 의식은 보통 카이먼지에開門節, 관먼지에關門節, 물축제, 새해 등 특별한 시기에 행해진다. 마을의 노인들은, C촌 전체가 불교를 믿고 명절 때면 집집마다 사람들이 모여 부처님께 재물을 바치는 의식에 참석한다고 하였다. 그러나 구체적인 의례들을 관찰해 보니 대부분 중장년층 여성과 몇몇 노년층 남성이 참석했고, 여기 오지 않은 집도 많았고, 특히 젊은 사람들은 한 명도 오지 않는다는 걸 발견했다. 우리가 관찰한 바로는, C촌 사람들의 불교 신앙은 전통적·종교적 정서의 연장선상에 있되, 개개인의 신앙이 강렬하거나 의례적 성격이 강하게 드러나지는 않았다.

물축제 전에 부처님께 재물을 바치는 의식贖佛

C촌의 사찰에는 관리자 두 명이 있는데 보잔波占으로 불리며, 정正 보잔과 부副 보잔으로 나뉘어 있다. 보잔波占은 미얀마식 불교 절이 있는 다이족 촌락에서 상시적으로 운영되는 직위로서, 절의 일상 업무를 관리하고 청소를 하며 월별로 몇 차례씩 '챠오망敲釭(타악기 두드리기)' 의례를 수행한다. 마을에서 관혼상제를 지낼 때는 보잔을 초대하거나 또 그 외에도 경을 읽을 줄 아는 사람을 초대하는데, 이들은 초혼叫魂 의식을 주재할 수도 있다. 보잔을 맡는 사람은 일반적으

로 예전에 승려이던 사람들로서, 환속한 승려는 나이가 들고서 촌민 (통상적으로 노년층)의 추대를 통해 보잔을 맡을 수 있다. 승려이던 사람이 보잔을 맡는 것이 가장 이상적인데, C촌에는 승려를 지낸 사람은 없고, 현재의 보잔은 동자승이던 사람이라는 점에 대해 일부 노인은 아쉬워한다. 보잔을 하는 사람들은 일정한 수입을 받게 된다. 매년 마을에서 집집마다 일정한 돈을 내서 두 보잔의 월급을 마련한다. 절에는 향불香火 수입도 있어서 이걸 가지고 절을 유지하는 데 쓰기도 한다. 지금의 보잔은 좀 더 큰 절을 만들려 했지만 아직은 돈이 부족하다. 관혼상제 때 보잔이 가서 경을 읽어주는 일을 하면 수입이 생기지만 그건 액수도 다양하고 개인 소유가 된다.

노인들은 절의 존재 여부와 위치가 한 마을의 풍수에 큰 영향을 미친다고 여긴다. 그들의 관념에 따르면 사찰은 마을이 평안하고 부유하도록 보호할 수 있다. C촌의 부副 보잔은 마을이 몇 가구 안 되

C촌의 사찰

게 시작해서 500여 명까지 발전할 수 있었던 건 바로 절이 있었기 때문이라고 말했다. 예전에 사찰이 파괴되자 마을의 닭과 오리가 많이 죽으면서 동네에서 닭 우는 소리를 들을 수 없게 되고 모든 일이 순조롭지 못했는데, 절을 다시 짓고 나니 마을 상황이 훨씬 좋아졌다는 것이다. 절은 종교적 장소인 동시에 다이족 문화를 전승하는 장소이기도 하다. 큰 사찰에서는 동자승들에게 다이족의 다이문傣文을 가르치고, 마을의 가구 중 자녀를 몇 년간 사찰에 보내는 경우도 있다. 현재 C촌에서 독경을 해주는 사람들과 보잔들은 모두 예전에 이런 사찰에서 공부했던 경험이 있기 때문에 지금 의례를 주관하거나 보잔 일을 할 수 있는 것이다. 사찰에서 공부하는 것은 종교적 지식 전달의 주요 방식 중 하나이다. 현재 C촌에 있는 사찰은 작아서 승려나 큰스님이 상주하지 않는다. 노년층 촌민 자오趙A씨는 사찰의 예전 상황에 대해 이렇게 말했다.

승려는 사찰에서 학교처럼 많은 걸 배워야 하고 일종의 등급 제도라서, 먼저 동자승에서 시작해서 몇 년 공부하면 승려가 될 수 있고, 만약 큰스님에 오르려면 큰 절에 가야 하는데 큰 절은 B진에 있다. 일반 승려는 스무 살이 되면 큰스님이 될 수 있다. 학교와 마찬가지로 일정 연령이 되면 능력이 되든 안 되든 큰스님이 될 자격이 있다. 큰스님도 선생님처럼 공부와 정책 등을 가르친다. 마을에 재난이 있거나 사람이 죽는 등 어려움이 닥치면 큰스님을 모셔서 염불을 부탁하기도 한다. 관문절關門節에는 스님들은 해가 진 후 밤에 나올 수 없고 절에서 염불을 해야 한다. 규율을 지키지 않는 승려는 제명당한다. 마을에서는 다함께 승려를 공양하고, 집집마다 일정 시간씩 사찰의 스님들에게 잿밥을 제공해야 한다. 부처님께 제물을 바칠 때 마을 사람들은 절에 필요한 천과 옷들을 보낸다. 승려들이 입는 옷

사찰 앞에서 '챠오망' 의례를 하고 있는 광경

은 다 다른데, 한족의 당승唐僧과 마찬가지로 등급이 높은 스님은 더 좋은 옷을 입고 등급이 낮은 스님은 덜 좋은 옷을 입는다.

C촌의 사찰은 여러 번 파손과 재건을 겪었다. 마을 최초의 촌민이 염정에 머물 때 지었던 사찰은 화재로 소실되었고, 다시 사찰을 건설한 것은 현재의 C촌이 있는 장소로 옮겨온 이후다. 현재의 사찰이 있는 자리에 촌민들은 절을 상당히 크게 지었는데, 마을사람들이 시솽반나에서 모셔온 큰스님이 절에 상주하면서 동자승들에게 경을 가르쳤다. 촌민들은 큰스님과 승려의 끼니를 다함께 마련하고, 네 집이 한 팀이 되어 돌아가면서 밥과 소금·기름을 제공하며, 옷 만드는 천도 마을이 단체로 제공했다. 여기까지가 해방 이전의 상황이고, 해방 후 민주개혁과 토지개혁 등을 거치며 몇 차례 정치운동이 발생했는데 그 중 하나가 '파사구破四舊' 운동이었다. C촌의 사찰 역시 이 타

파해야 할 '네 가지 낡은 것四舊' 중 하나였다. 그리하여 사찰은 버려지기 시작했고 큰스님과 승려들도 마을을 떠나, 아무도 관리하지 않은 채 사찰은 훼손되었다. 마을 노인들에 따르면, 집단화 시기와 문혁 때도 계속 사찰은 없었고, 신앙활동은 다 사라졌고 몰래 불교를 믿는 경우도 없었다. 이런 말이 사실인지를 정확히 판단하기는 어렵지만, 호별영농제가 도입되고 상황이 바뀌면서 다시 한 번 미얀마식 사찰이 건설되었다. 자오趙A 씨가 촌장을 할 때 사찰을 재건하기 시작했는데 그에 대해 자오趙A 씨는 이렇게 회고하였다.

> 시간이 지나 인민들의 생활이 나아지면서 다들 절을 다시 짓자고 요구하기 시작했다. 원래의 절은 파괴되고 그 위에 초등학교가 지어져 있었다. 그 자리에 새 절을 세우려면 초등학교를 다른 데로 옮겨야 했다. 내가 문교국文教局에 가서 만났는데, 당시 문교국 국장의 성씨가 푸蒲씨였고 나와 잘 아는 사이였다. 내가 그에게 초등학교 옮기는 일에 대해 이야기한 후 그는 나에게, 절이 원래 승려가 공부하던 곳이었고 지금은 초등학교를 지어서 애들이 공부하니까 다 마찬가지라고 관료적인 말투로 말했다. 나는 그에게 말하길, 당신이 말하는 유심주의든 유물주의든 상관없이 나는 이 절을 꼭 지어야겠다고 했다. 절이 다 지어지고서 우리는 시솽반나에서 큰스님을 모셔왔다.

사찰을 지을 때 마을 사람들은 조직적으로 도왔다. 건축 자재도 촌민들이 구하고 직접 나서서 일꾼 노릇도 해서 비용이 별로 들지 않았다. 나중에 사찰 건립을 축하하는 행사를 치르며 주변 이웃들을 초대하는 데에 마을 집체의 돈을 좀 사용하였다. 절을 짓고 나서 시솽반나에서 모셔온 큰스님은 이 절에 오래 머물지는 않았다. 마을이 작고 자원이 한정되어 있는데다가 불상에 대한 공양도 충분치 않아서 큰스님들이 여건이 더 좋은 곳으로 갔다는 이야기가 있다. 이 큰스님이 떠나고서 또 다른 큰스님을 모셔왔는데 그 역시 오래 머물지 못하고 떠났다. 그리고는 절이 비고 아무도 관리하지 않아서 다시 절이 버려졌다가, 2014년에 이르러 지금의 절을 다시 짓게 되었다. 이번에는 마을 노인들의 제안으로 지었는데, 예전의 절보다는 규모가 작고 나중에 가능하면 좀 더 크게 개축할 계획이다. 이렇게 C마을의 절은 훼손과 재건을 반복하며, 상황에 따라서 어쩔 수 없을 땐 방치했다가 여건이 좋아지면 다시 지었다. 노인들은 예전의 사찰들에 대한 기억도 간직하고 있고, 마을에는 예전에 승려였던 사람들도 있기에 이렇게 끈질기게 신앙심을 가지고 절을 다시 짓고 관리하는 게 가능했을 것이다. 그러나 이제 젊은 세대는 절에 대해 그렇게 강렬한 감정이나 기억이 별로 없다. 지금 보잔을 맡고 있는 사람은 나이가 많고, 보잔을 이어서 맡을 사람도 찾기 어려운 상황이다.

2. 민간신앙

이 지역에는 C촌과 관련된 자오파페이召帕非 전설이 전해 내려온다. 자오파페이는 신격화된 사람으로서, 사후死後에는 '디우와라丢瓦拉' 신앙과 연결되었다. 마을사람들의 기억에 따르면 '丢瓦拉'는 신을 가리키는 것이고, 어떤 이는 토사의 영혼이라고 말하기도 하지만,

자오파페이 전설의 연대가 토사보다 이르므로 토사는 아니다. 사람들마다 자오파페이 전설에 대한 이야기는 조금씩 다르지만 대체로 자오파페이가 자오징양이라는 사람과의 싸움에서 계속 부활했고, 자오징양은 자기 여동생과 결혼시키는 전략을 통해 그의 불사不死 비밀을 알게 되고 결국 살해에 성공하여 시체를 세 토막으로 잘라서 세 군데에 묻었다는 점은 공통적이다. 자오파페이는 이렇게 패배했지만 C촌 사람들은 여전히 자오파페이를 숭배한다. 마을사람들의 서술 속에서 자오파페이는 어떨 때는 丟不拉를 대표하는 의미를 지니며, 매년 롱산竜山에 지내는 제사는 丟不拉에게 지내는 제사인데 가끔 자오파페이에게 제사를 지낸다고 표현되기도 한다.

롱산에 제를 올리는 의식은 매년 거행된다. 촌민들은 롱산에 제를 올리는 것이 丟不拉에게 마을의 평안을 빌기 위해서라고 이야기한다. 제를 올릴 땐 마을 여기저기서 여러 활동이 벌어지지만 주요 의례는 제5생산대의 한 나무 아래서 진행된다. 매년 롱산 제사의 시기와 방식은 논의를 통해 결정된다. 롱토우竜頭라고도 불리는 자이토우寨頭(자이신 우두머리)는 세습되는 직위이며, 특별한 경우를 제외하면 대대로 한 집안의 장남이 맡아왔다. 현재 C촌의 롱토우를 맡고 있는 보波A 씨는 이렇게 말한다.

> 롱산제를 지낼 때 내가 주재하는데, 자이신寨心(마을의 심장이란 뜻) 쪽에 있는 향로는 롱산제 때 사용하는 것이다. 우리는 인빙陰兵(음차표기)이라는 신선을 모시는데, 향로에 넣는 다이족의 향초는 바로 그에게 바치는 것이다. 마을에 새 집이 완공되거나 결혼 등의 일이 있을 때 절을 하면서 양초를 바친다. 자이신은 나 혼자 관할하는 게 아니고 여러 사람들이 집단적으로 관리한다. 자이신은 마을의

C촌의 자이신寨心 그리고 자이신 옆의 두 그루 나무와 향로

안전을 지켜주는 것인데, 다이족 언어로는 "제이반喊班(음차표기)"
이라고 한다. 자이신 앞쪽에 나무 두 그루 심은 지 2-30년 되었을
것이다. 이런 나무를 심는 건 첫 번째로 자이신이 거기 있다고 표시
하기 위해서이고, 두 번째로는 이런 나무가 귀신을 물리칠 수 있기
때문이다. 한족이나 야오족이 문 앞에 뭔가 걸어놓는 것과 비슷하다.
매년 롱산제를 지내기 이틀 전에 우리는 자이신을 깨끗이 닦는다.
1년에 한 번씩 청소하고, 그럴 때 집집마다 한 사람씩 과일과 모래를
가지고 온다. 다들 오면 내가 경을 읽기 시작하고, 그 다음에 모래를
마을이랑 강에까지 다 뿌리면서 나쁜 것을 없애고 불길한 것들을
다 없앤다.

　지심을 다 닦고 나면 이틀 후에 롱산제를 지내야 한다. 롱산제
날짜가 정해지면 나는 마을사람들에게 다들 오라고 알린다. 롱산제
때는 돼지 한 마리와 닭 두 마리를 잡는데, 이건 생산대의 돈으로
다같이 사고, 만일 생산대에 돈이 없으면 돈을 모아서 산다. 롱산제
를 지내는 곳은 5생산대 쪽에 있는데, 롱산에서는 나무를 베면 안된

다. 롱산 나무를 베면 신이 벌을 내려서 사람이 아프다. 롱산제를 지내고 돌아와서는 밥을 먹는다. 귀신이 먹고 나서 사람이 먹는 거다. 롱산 관리는 대대로 이어져 왔는데, 우리 증조할아버지에서 할아버지, 아버지, 그리고 나까지 이어져 왔다. 내가 죽을 때 아들에게 전해줄 것이다.

　롱산제를 지내는 날엔 촌민들은 외부 사람들이 마을에 들어오지 못하도록 하는데 이를 '펑자이'封寨라고 한다. 마을의 네 개 출입문에 외부인 출입을 금한다는 안내문을 붙이고, 만약 그래도 들어오는 사람들은 벌금을 내고 억류되었다가 이틀 후 제례가 끝나면 풀려난다. 롱토우는 롱산제를 주재한다고 해서 금전적 수입이 생기는 건 아니지만, 결혼하는 사람들은 자이신에 가서 양초와 쌀을 바치고 롱토우에게도 소액의 돈을 바친다. 자이신과 롱산제는 한 사람이 주재하고, 마을사람들은 자이신에 대한 봉헌과 롱산제를 같은 성격의 일로 여기는 경우가 많지만, 롱토우를 맡고 있는 보波A 씨는 자이신을 자신이 관할하는 게 아니라 마을사람들이 집단으로 관리하는 것이라고 강조했다.
　또 촌민들은 돌아가신 부모님의 제사를 지내는데, 외부에 널리 알리지 않고 자기 집 침실에서 조용히 지낸다. 대개의 경우 제사의 대상은 돌아가신 부모에 한정되고, 먼 조상까지 거슬러 올라가지는 않으며 주로 명절 때 제사를 지낸다. C촌 사람들은 사람에겐 혼魂이 있다는 관념을 전통적으로 가져 왔다. 혼은 각각 크기가 다르고 사람의 몸을 떠나면 질병을 일으킬 수 있기 때문에 혼을 불러와야 한다고 여겨진다. 조상의 혼을 모시는 장소가 좋지 않으면 악한 행위로 돌아와 가족의 건강을 해칠 수도 있다. 혼을 부르는 초혼 의식은 매년 몇 차례씩 진행하며 보잔 또는 경을 읽을 줄 아는 노인들이 주관한다. 오래된 병이 낫지 않으면 혼이 나간 것으로 여겨, 보잔이나 다른 노인들을 불러 초혼 의식을 치른다. 혼을 부르는 의식을 주재하는 노인들은 보통 5위안에서 몇십 위안의 보수를 받는다.

C촌의 다이족은 가옥에 관한 규칙과 금기를 가지고 있는데, 현지 조사 과정에서 발견한 바에 따르면 집을 지을 때 사용한 목재가 새로 채집된 것일 경우 목재가 마을에 들어올 때 정화 의식을 진행할 필요가 없다. 그러나 집에 사용할 목재가 오래된 것, 예를 들어 다른 마을 가옥에서 뜯어온 것이라면 이 목재가 마을에 들어올 때 정화 의식을 거행해야 한다. 정화 의식은 보잔 또는 이런 의식을 다룰 줄 아는 사람들이 주관한다.

초혼 의식을 진행하고 있는 광경

3. 국경을 넘나드는 종교적 교류

우리 현지조사에 따르면 C촌 사람들은 국경 너머 라오스의 다이족 촌락과 종교적 교류를 하고 있었다. 예를 들어 라오스 쪽에서 사찰을 새로 짓기 시작하면서 C촌 사람들을 초대하기도 한다. 마을 사람들은 노래와 춤을 준비해 가서 일종의 공연을 하기도 하고, 라오스쪽 현縣의 현장과 함께 활동을 즐기기도 하였다. 마을사람들 말에 따르면 시쐉반나 내에서는 이런 식으로 서로 어떤 일이 있을 때 초대해서 가서 함께 즐기는 일이 많다. C촌에서도 절을 지었을 때 라오스 다이족 마을 사람들을 초대했는데 1989년 국경 통제가 심해지면서 라오스 사람들이 오지는 못했다고 한다. 물축제와 같은 중요한 명절에는 서로 많이 왕래를 한다. 초대장을 보낼 때 한 마을에 보내거나 여러 마을에 보내 서로 알려달라고 할 수도 있지만, 상급 정부에까지 보내지는 않는다. 마을사람들은, 이렇게 국경을 넘어서 다이족 마을끼리 왕래하는 건 민간에서의 교류이고 정부 차원의 교류가 아니라고 이야기했다. 라오스 쪽에서 초청장이 오면 C촌 소조장은 몇 명을 보낼지, 언제 어떻게 갈지를 회의를 거쳐서 상의해 결정한다.

라오스 쪽 마을과는 불경佛經 교류도 하는데, 어떤 불경이 이 쪽 마을엔 없고 국경 너머 마을에 있으면 거기 가서 보고 필사본으로 가지고 오면 곧 경을 구해 오는 것이 된다. 마을사람들은, 라오스의 다이족 마을과 같은 종교이기 때문에 이런 교류가 쉽고 많이 이뤄진다고 말했다. 이 책의 Ⅶ장에서 보았듯 C촌은 라오스의 다이족과 통혼관계를 유지하고 있고, 우리가 현지조사를 할 당시 C촌에는 라오

스 신부가 15명이 있었다. 따라서 C촌과 라오스의 다이족 마을간에
는 서로 친척관계가 많이 맺어져 있어서 명절에는 서로 왕래하며 상
대 마을의 종교의식에도 쉽게 참여하고 있었다.

결론
국경과 국가를 새롭게 바라보기

    중국은 2.2만 킬로미터의 긴 국경선 중 86%가 넘는 1.9만 킬로미터가 소수민족이 거주하는 접경지역이다. 근대 이후 그어진 국경은 이들이 생활하던 강역과 반드시 일치하는 것이 아니었고, 이로 인해 이들의 생활공간과 국경 간의 괴리가 생겨났다. 그러나 근대 이후 인간의 행위 범위를 제한하는 가장 강력한 규제력을 가지는 국경이 이들의 생활 양태를 반드시 변화시키고 제약한 것은 아니었다.

    중국에서 변경邊境은 국경 즉 변계邊界 또는 국계國界, 그리고 그에 인접한 지역이라는 이중적 의미를 지닌다. 이에 비해 변강邊疆은 주로 강역을 가리키는데 국경에 인접한 지역을 의미한다. 현대 중국의 변강은 다음과 같은 다층적 함의를 지닌다고 볼 수 있다: 지리적으로 중심부와 구분되는 주변부(지리적 변강); 문화적으로 한문화와 다른 이질적 문화가 공존하는 지역(문화적 변강); 정치적으로 중앙정부로부터의 원심력이 상존하는 지역(정치적 변강); 민족적으로 한족 이외의 다양한 소수민족집단이 거주하는 지역(민족적 변강).[1] 변강은 청대에는 내지內地가 아닌 번부藩部가 있던 지역을 의미하였고, 민국 시기에도 이를 계승하여 변경의 소수민족 지역을 지칭하는 의미로 사용되었다. 이러한 현대적 '변강' 개념의 출현은, 원심력이 상존하던 번부지역에 대해 배타적 영토임을 표현해야 할 필요성과 관련이 있었다.[2] 현재 중국에서 변강은 주변국가와 국경을 접하고 있는 성省과 소수민족 자치구를 가리킨다. 좁은 의미로는 그 중 국경을 접하지 않는 비非소수민족 지역 현을 제외하기도 한다.[3] 중국의 전체 육지에서 국경은 2.2만 킬로미터이며 그 중 소수민족 지역이 1.9만 킬로미터에 달하고, 변경의 현縣, 旗은 143개인데 그 중 소수민족 지역이 112개이다.[4] 이는 중국의 변경·접경 지역이 주로 소수민족 지역임을

---

1 박상수, "중국 근대 민족국가의 창조와 변강문제: 청말 – 민국시기 변강 인식의 변천", 안병우 외, 『중국의 변강인식과 갈등』, 한신대학교 출판부, 2007, p.218.

2 중화민국 정부 시기부터 다양한 행정적 수단과 논리를 통해 변강에 대한 영토화가 이뤄졌다. 변강지역 소수민족에 대해 1930-40년대에 등장한 다양한 논리, 즉 한족 중심의 흡수동화론, 한족과 같은 기원이라는 민족동원同源론, 나아가 변강과 변강민족의 존재와 특수성 자체를 부정하는 변강민족 부정론에는 모두 국가주의가 공통적인 기반을 이루고 있었다. 박상수, 앞의 글, 2007 참고 소수민족의 특수성이 어떻게 현대적으로 재발명되거나 억압되는지에 대해서는 김광억, "총론: 종족Ethnicity의 현대적 발명과 실천", 김광억 외, 『종족과 민족; 그 단일과 보편의 신화를 넘어서』, 아카넷, 2005.

3 馬大正 主編, 『中國邊疆經略使』, 中州古籍出版社, 2000, pp.1-2. 안병우에 따르면 변강이라는 용어 자체는 전근대에도 사용했지만 이는 내지보다 뒤진 지역이라는 의미였고, 邢玉林이 지적하였듯 '관습적·자연적 경계의 안쪽'을 의미하여, '국가 육로변계선의 안쪽'이라는 근대 이후 의미와 달랐다. 안병우, "총론: 중국의 변강인식과 민족갈등", 안병우 외, 『중국의 변강인식과 갈등』, 한신대학교 출판부, 2007, pp.21-22.

4 羅崇敏, 『中國邊政學新論』, 人民出版社, 2006, p.8.

의미한다.

따라서 중국의 변강 또는 변경은 중앙권력으로부터 멀리 떨어진 권력의 점이지대인 주변의 오지이자 서로 이질적인 것이 접하는 분계지역이라 할 수 있다. 그러나 모든 국경이 명확한 지리적 분계나 민족과 문화·경제생활의 공간적 차이를 기초로 그어진 것은 아니다. 분명한 지리적 경계를 기준으로 그어진 경우도 있지만, 불충분한 정보와 부정확한 지도를 바탕으로 사람들의 생활공간과는 괴리되게 국경이 그어진 곳도 많았다. 그렇기에 중화인민공화국 건국 이후 국경을 재확정하기 위한 협상이 필요했고 국경 충돌도 생겨났으며, 중국과 부탄·인도의 국경문제는 여전히 미제로 남아 있다.

이러한 문제는 국경의 형성과정과 관련된다. 중국의 전통 관념에서 변경 내지 국경은 선 개념이 아니라 '계역界域 국경' 관념에 기반한 것이었다.[5] 변강을 포함한 중국의 강역은 역사적으로 형성되어 왔지만 선으로서의 국경은 근대 이후에 형성되었다. 영토의 역사적 고유성에 대한 수사에도 불구하고 전통적으로 강역을 나누는 명확한 국경선은 존재하지 않았다. 강역을 선으로 구분하는 국경은 기본적으로 근대 이후 중국 주변을 식민통치하던 제국주의 국가와 중국의 중앙권력에 의하여 그어진 것이었다. 영토를 분할하는 국경은 지도 위에 분명한 선으로 그어졌지만 불충분한 정보와 부정확한 지도 위의 선은 실제와 괴리가 있었을 뿐만 아니라 변경지역에서 생활하는 사람들의 민족·문화·경제생활 공간과도 괴리가 있었다.

지도와 실제의 괴리는 국가가 주목하는 국제적 문제였을 뿐만 아

---

5 김홍철, 『국경론』, 민음사, 1997, p.163.

니라 상대적으로 많은 연구도 이루어졌다. 이는 비단 중국만의 문제가 아니다. 국경으로서의 경계선과 변경·접경지대를 구분하고, 본질적으로 불확정적이고 유동적인 공간으로서 접경지대를 바라보며 변경으로부터 국경과 국민국가를 새롭게 이해해야 한다는 지적이 계속 제기되어왔다.[6] 그런데 중국에서 접경지역 사람들의 생활공간과 국경의 괴리는 국경 결정 과정에서 제대로 다뤄지지 않았을 뿐 아니라 연구에서도 주변적인 문제였다. 주목할 점은, 변경·접경지역 사람 즉 변민邊民들은 국경에 의해 자신들의 생활공간이 재분할되었지만 여전히 전통적 생활공간을 기초로 한 활동과 교류를 유지하고 있다는 점이다.[7] 변민들의 그러한 교류는 한편으로는 기존 생활공간에서 이루어져온 전통적 활동의 연속이지만 다른 한편 국가의 범위를 넘는 초국가적인 것으로서, 전통과 관례에 따른 자율성을 지니는 동시에 국가의 특수한 관리와 묵인 하에 이루어지고 있다. 우리 책에서는 바로 이러한 중국 접경지대 변민들의 초국가적 교류를 윈난의 변경 라오스 접경지대의 다이족 촌락민의 교역과 혼인 그리고 종교적 교류를 통해 살펴보았다.

---

6 김홍철, 『국경론』, 민음사, 1997, p.42; 임지현 엮음, 『근대의 국경, 역사의 변경』, 휴머니스트, 2004. 강주원은 북중국경지역인 단둥 연구를 통해, 선으로서의 국경이 아니라 공유되는 지역으로서 국경지대를 바라봐야 한다고 제시하였다. 강주원, 『나는 오늘도 국경을 만들고 허문다』, 글항아리, 2013.

7 국경에 걸쳐서 분포해있는 과계跨界민족이 갖는 위험을 약화시켜야 한다는 필요성이 신중국 이후 민족식별작업 및 소수민족자치지역 성립과 가지는 관계에 대해서는 이강원, 『중국 변강에서 민족과 공간의 사회적 구성: 어룬춘족 사회의 다민족화와 정체성의 정치』, 서울대학교 대학원 지리학과 박사학위논문, 2000 참고.

우리가 현지조사를 수행한 윈난성 C촌의 사례는 국경을 가로질러 변민들끼리 빈번한 교류와 혼인이 끊이지 않고 이루어져 왔음을 보여주었다. 그러한 교류와 혼인은 한편으로는 접경지역의 특수성을 인정한 정부의 정책으로 인한 것이고 다른 한편으로는 정부가 집행 과정에서 변민의 관행을 묵인하기 때문에 가능한 것이다. '변민증'이라는 특수한 신분증의 발급과 관례적 왕래와 교류에 대한 불간섭은, 변강이 국경선에 의해 단절되는 공간이 아니라 국가를 뛰어넘는 자유로운 교류가 이루어지는 지역으로 만들었다.[8]

이처럼 변강에서 큰 문제가 없는 한 변민증 소지자들에게 자유로운 왕래가 묵인되는 현상은, 윈난 뿐 아니라 다른 접경지역에서도 상당히 많이 볼 수 있는 것으로 보인다.[9] 이를 반증하는 것이 현재 북중지역에 설치된 철조망과 엄격한 통제이다. 북중국경의 철조망은 1990년대 탈북자 문제가 국제적 정치 문제가 된 이후 비로소 만들어진 것이다. 윈난의 사례를 통하여 유추할 수 있는 것은, 1990년대까지 북중 국경도 현재의 윈난과 같이 자유롭게 왕래할 수 있는 변경이었지만 국제 정치적 문제로 인해 변화가 생겨났을 거라는 사실이다.

---

8 이상국은 태국과 미얀마의 국경지역에 대한 연구를 통해 국경지역에서 비공식성과 비합법성이 가지는 중요성을 보여주고, 끊임없는 이동과 역동성 그리고 다양한 양태의 상호작용과 초국가적 공간의 형성 등의 특징을 '국경사회체제'라는 개념으로 제시하였다. 이상국, "이주민, 비합법성, 그리고 국경사회체제: 태국-미얀마 국경지역 사회체제의 특성에 관한 연구", 『동남아시아연구』 18권 1호, 2008.

9 2022년 현재에는 지난 2년여 간 지속된 코로나 바이러스의 대확산을 이유로 중국을 비롯한 세계 여러 지역에서 국경에 대한 통제를 예전보다 훨씬 강화하고 있다.

이는 변강이 국가로부터 자유로운 지역이 아니라 국가가 현지의 역사·전통과 특수 상황을 인정하고 묵인하는 지역이며, 문제가 있다면 언제든지 간여할 수 있음을 보여준다. 이러한 변강에 대한 특수 정책은 역사·전통과 현상에 대한 인정, 즉 국가와 소수민족 혹은 국가와 지역간의 타협이기만 한 것은 아니다. 현재의 '일대일로—帶一路'나 중국의 대외개방 정책에 변강의 교류가 부합하기 때문이기도 하다. 일대일로가 중국의 긴 역사적 실천을 현재적 담론으로 소환한 것이라면 변강에서의 교류도 과거의 역사와 미래가 조우하며 재구성되고 있는 현상이다. 우리 책에서는 이러한 상황에 대해 구체적 마을의 사례를 통해 접경·변경지역과 변민의 의미가 무엇인지 질문을 제기하고자 했다. 앞으로 계속해서 C촌에 대한 심층 조사와 더불어 중국-베트남, 중국-라오스, 중국-미얀마 국경지대의 교류에로 연구를 확장해나가면서, 접경지역에서 국경을 가로지르며 살아가는 사람들의 움직임과 국가 권력이 서로 어떻게 영향을 주고받으며 재구성되는지에 대한 분석으로 나아가고자 한다. 그럼으로써 변경의 관점으로부터 국가에 대한, 나아가 국가들 간의 관계에 대한 새로운 접근을 제시할 수 있을 것이다.

국경을 넘나드는 이동과 교류에 대한 합법화·제도화는 일대일로를 비롯한 중국의 대외전략의 일환으로 진행되는 중국 국경지역에서의 개방과 교류 확대의 중요한 기초가 된다. 변민 호시가 점점 규범화되고 확대되며, 생활용품에 대한 변민들의 면세 교역을 1997년 1,000위안에서 2008년 8,000위안으로 확대한 조치 등이 이를 보여준다. 다른 한편 합법화·제도화된 변경 관리와 변민들의 교류 확대는 변경·접경지역에 대한 국가의 통제와 관리의 강화를 의미한다. 접경지역에서 변민들이 국경을 넘나드는 활동이 변민증이나 변민들의 생활용품 교역 면세 등의 특수한 정책과 더불어 일상적 교류에 대한 국가의 묵인에 의해 이뤄져 왔던 바, 그러한 변경 관리가 점점 합법화·제도화되면서 변민들의 교류가 확대됨에 따라 '묵인'의 영역은 축소되기 때문이다.

국가의 '묵인'으로 국경을 넘나들면서 이루어지는 혼인·이동·교역은 국가가 접경지역 관리를 강화하면 불법 이주와 밀수가 된다. 따라서 접경·변경지역에 대해 국가가 관리를 강화함으로써 소수민족의 생활공간은 국경에 의한 분리 현상이 심화된다. 이를 상징적으로 보여주는 것이 북·중 국경과 마찬가지로 중국 베트남, 라오스, 미얀마 국경에 설치되고 있는 철조망이다. 이렇게 보면 중국의 개혁개방과 일대일로를 통해 거시적으로는 접경 지역의 개방이 확대되고 있지만, 중국의 접경·변경지역에 대한 관리 강화로 소수민족의 생활공간은 국경에 의한 분리가 강화되는 모순적 현상이 나타나고 있다. 앞으로 중국 접경지역에 대해 지역별 차이와 시기별 차이에 대한 후속 연구가 계속 이뤄짐으로써 접경지역에 대한 연구가 심화되고 타국가와의 비교연구로도 나아갈 수 있기를 희망한다. 특히 우리가 이 책에서 주목한 과계민족이 접경지역을 어떻게 역동적 공간으로 만들어내는지, 국가의 접경·변경지역에 대한 관리 강화가 그것에 어떤 영향을 미치는지에 주목해볼 필요가 있을 것이다.

우리가 이 책에서 살펴본 마을과 같이 접경지역, 즉 현대 국민국가 물리공간의 변두리에 있는 마을들은 늘 국가의 국경 관리, 그리고 농촌건설과 발전계획 등 정책의 영향을 받는다. 예를 들어 2017년부터 시작된 이 지역 정부의 고촌락古村落 관광개발 그리고 이후 중국 농촌에서 대대적으로 추진된 정밀빈곤구제精准扶贫 정책 등이 C촌에 미치는 영향은 매우 컸다. 마을 사람들이 자랑하던 전통적인 민가는 경제적 가치가 있는 자본이 되었고, 지방 정부로부터 투자를 유치하는 방식으로 마을을 정비하게 되었으며, 마을사람들은 집단이주를 할지 아니면 마을에 계속 거주할지를 결정해야 했다. 이 과정에서 전통과 민족의 운명이 달려있다고 주장하며 집단이주에 반대하는 노년층과, 좀더 사생활이 보장되는 집으로 옮겨갈 권리를 주장하는 청년층 사이에는 의견의 차이가 컸다. 이 사건은 중국 사회의 전환과정에서 향촌 사회 중장년층 권력의 몰락과 청년층 부상 간의 경쟁과 충돌, 그리고 이 과정에서 서로 다른 집단이 민간 지식 뿐 아니라 통치 정당성에 대한 담론을 어떻게 동원하는지를 보여주었다.

다이족 사회는 노년층이 마을 통치에서 많은 영향력을 지녀왔지만 이제 주로 종교 영역에 그 영향력은 집중되어 있다. 젊은 층이 '속박된 땅被束縛的土地'에서 '풀려난' 뒤에도 과연 그들은 윗세대처럼 땅에 대한 애착을 강하게 가질까? 윗세대는 토지·지역·고향家園 속에 담긴 혼과 민족의 운명에 대한 이야기를 공유하고 있었지만, 젊은 층은 더 나은 발전기회와 사생활 보장에 훨씬 관심이 많았다. 상급 정부 관원의 문제로 이 집단이주는 일단 보류되었지만, 이러한 전통 마을 개발 모델은 중국의 다른 곳에서 계속되고 있다. 마을을 잘 '보존'한다는 것은 어떤 의미일까, 마을사람들 내부에서 특히 연령에 따라 점점 격렬해질 관점 차이는 무엇을 기준으로 토론과 수렴을 해나갈 수 있을까, 점점 통제가 강화되는 국경은 접경지역 사람들에게 어떤 변화를 가져올 것인가, 국경을 상당히 자유롭게 드나들며 살아온 변민들에게 있어서 '전통'은 결코 고정된 의미일 수 없을 터인데,

이런 역동성 속에서 '전통'의 의미는 어떻게 계속 경합되며 재구성될 것인가, 이런 변민들에게 국가와 국경은 어떤 의미이며, 또 이들은 국가와 국경에 어떤 영향을 미치고 있는가. 우리는 이런 질문들을 안고 앞으로도 계속 연구해 나가고자 한다.

부록

중국의 접경지역 관리 관련
조약과 규정

1

중화인민공화국과 라오스 인민민주공화국 정부의 변계 제도 조약

　중화인민공화국 정부와 라오스 인민민주공화국 정부는 서로 독립·주권과 영토 완전을 존중하고 서로 침범하지 않고 서로 내정을 간섭하지 않고 서로 평등하고 이익을 보고, 평화롭게 공존하는 원칙 위에, 양국의 선린 우호 관계를 공고히 하며 발전하고, 공동으로 양국 변경의 안정과 변경지역의 안녕을 수호하고, 서로 양해하고 협력하는 정신에 따라 변경 문제를 처리하여, 중국 – 라오스 변경을 평화적이고 우호적이며 협력하는 변경을 만들고, 또한 양국 변경지역 인민의 생활과 왕래에 편의를 제공하기 위하여, 1991년 10월 24일 베이징에서 체결한 「중화인민공화국과 라오스인민민주공화국 변경 조약」과 1991년 10월 24일 베이징에서 체결한 「중화인민공화국과 라오스 인민민주공화국 양국 변계 관련 의정서」에 따라 본 조약을 체결하기로 결정하고, 아래와 같은 각 조를 상의하여 정했다.

제1장 변계선 방향, 장계, 부 장계와 계선 표지의 유지와 보호

제1조
　중화인민공화국과 라오스 인민공화국의 변경은, 이미 「중화인민공화국과 라오스 인민민주공화국 변경 조약」과 「중화인민공화국정부와 라오스 인민민주공화국 정부 양국 변계 관련 의정서」에서 확정하고 표시하여, 또한 수직 방향을 따라 상공과 지하(경계)를 확정했다.

쌍방은 양국 변계선을 존중할 의무가 있으며 보증해야 한다.

제2조

1. 쌍방은 아래에 열거한 문서에 따라 양국 변계선 방향, 계장, 부계장과 계선 표지를 유지하고 보호한다.

    (1) 1991년 10월 24일 「중화인민공화국과 라오스 인민민주공화국 변계 조약」(이하 양국변계조약),

    (2) 1993년 1월 31일 「중화인민공화국과 라오스 인민민주공화국 양국 변계 관련 의정서」(이하, 양국변계의정서)

    (3) 「중화인민공화국과 라오스 인민민주공화국 변계 조약 세부 첨부 지도」(이하 변계 조약 세부 지도),

    (4) 양국 정부에서 향후 체결할 변계 관련 문서와 지도.

2. 현지에서 중국-라오스 변계선 방향 및 계장, 부 계장 및 기타 계선 표지의 위치를 확정할 때, 마땅히 양국 변계 의정서 제2부분의 서술, 변계 조약 세부 지도 및 양국 정부에서 향후 체결할 관련 문서와 지도에 근거해야 한다.

제3조

1. 효과적으로 계장, 부 계장 및 계선 표지를 유지하고 보호하기 위하여, 쌍방은 아래와 같은 책임을 분담하는데, 홀수 호 계장,

부 계장은 중국 측에서 책임지고, 짝수 호 계장, 부 계장은 라오스 측에서 책임진다. 계장, 부 계장의 방위물이 한 측 경내에 있는 것은, 소재하는 측에서 책임지고; 변계선 상에 위치한 것은, 쌍방에서 공동으로 책임진다.

2. 쌍방은 계장, 부 계장 및 기타 계선 표지를 마땅히 유지하고 보호해야 하고, 계장, 부 계장 및 기타 계선 표지가 이동되거나 파손되거나 파괴되지 않게 마땅히 필요한 조치를 해야 한다. 만약 어느 한 측이 계장, 부 계장 및 기타 계선 표지가 이동되었거나 파손되었거나 파괴된 것을 발견하면, 마땅히 최대한 빨리 상대측에 통지해야 하며, 해당 계장, 부 계장 및 기타 계선 표지의 유지와 보호를 책임지는 측은 마땅히 상대방 파견 인원이 있는 상황하에서 원래 있던 곳에 보수하거나 재건해야 한다. 쌍방은 공동으로 기록하여 각자 보고한다.

만일 일방의 인원이 계장, 부 계장 및 기타 계선 표지를 이동, 파손, 훼손하면, 그쪽에서 복구에 대한 모든 비용을 부담해야 한다.

만일 이동, 파손, 훼손된 계장, 부 계장 및 기타 계선 표지를 원위치에 복구하거나 재건하는 것이 불가능하면, 변계선의 방향을 변경하지 않는 원칙하에서 쌍방이 협상하여 적당한 지점에 세우고 아울러 그것에 대하여 문서를 체결하고 쌍방 정부의 비준 후 양국 변계 의정서의 부속문서附件로 삼는 동시에 차기 연합 조사 문건 중에 기재한다.

3. 이동되었거나 파손되었거나 파괴된 계장, 부 계장 및 기타 계선 표지를 복원할 때 반드시 그 기존 형태, 규격, 표기와 문자를

유지해야 하며, 또한 양국 변계 의정서에서 규정한 위치를 유지한다. 복구 이후 쌍방은 반드시 그에 대해 다시 촬영하고, 위치 약도를 제작하고 복구 기록을 해야 한다.

4. 어느 한 측이든 변계선의 방향, 변계선 상의 계장, 부 계장 및 기타 계선 표지에 대하여 일방적인 조사를 할 수 있다. 만약 월경하여 조사하는 것을 필요로 한다면 마땅히 조사 전 최소 10일 이전 상대측에 고지해야 하며, 상대의 동의를 얻은 후에야 진행할 수 있다.

5. 어느 한 측도 일방적으로 변계선 상에 새로운 계장, 부 계장 및 기타 계선 표지를 세울 수 없다.

6. 변계선을 유지하고 변계선 상의 촌락이 출현하는 것을 방지하기 위하여, 쌍방의 동의를 거치지 않고서는, 변계선 양측 각 100미터의 지역 내에 새로운 주택 혹은 기타 영구적인 건축물을 건설하는 것을 금지하며, 단, 변계선을 보호하기 위한 건축물은 예외로 한다.

제4조

1. 변계선을 더욱 명확하게 하기 위하여, 쌍방이 필요하다고 생각할 때 변계선의 일부 지점에 공동으로 새로운 부 계장을 추가로 설립할 수 있다.

2. 변계선을 더욱 쉽게 알아볼 수 있게 하기 위하여, 일부 구간에서, 쌍방이 필요하다고 생각할 때 마땅히 공동으로 변계선 양측 각 3미터 넓이의 통시도通視道를 개척할 수 있다.

제2장 변계 연합 조사

제5조

1. 쌍방은 마땅히 양국 변계 의정서 제12조의 규정에 따라 변계에 대하여 연합 조사해야 하며, 또한 외교 경로를 통하여 양국 변계 전체 선 혹은 부분 구간에 대해 연합 조사의 관련 문제를 상정한다.

2. 매번 연합 조사할 때 쌍방은 마땅히 변계 연합 조사 위원회를 구성해야 한다. 연합 조사의 임무, 원칙, 업무 절차와 방법 등은 해당 위원회에서 확정한다.

3. 매번 연합 조사 이후 쌍방은 마땅히 협의 달성한 문제에 있어 연합 조사 의정서를 체결해야 하며, 해당 의정서는 쌍방 정부의 비준을 거친 이후 양국 변계 조약의 첨부 문건과 양국 변계 의정서의 보충 문건이 된다.

제3장 변계 지역의 생산 및 기타 활동

제6조

1. 양국 변경을 흘러 지나는 하천은 본 조약 중에서 변계수水로 칭한다.

2. 변계수 중에서 수문水文을 측정하고 변계수와 기타 변계수 제도를 이용하는 활동은, 쌍방이 반드시 평등하고, 호혜적이고, 상대방 이익을 서로 존중하고 최대한 상대방에 대한 손실을 면하는 원칙에 따라 별도로 협상해야 한다.

만약 일방이 변계수 상에 제방, 수문과 기타 수력발전소를 건설하거나 제거하고, 물 사용과 물길 변화 등으로 상대방에 손실을 초래하면, 쌍방은 마땅히 평등과 상호 편의 제공, 상대방 이익 존중의 정신에 따라 협상하여 해결한다.

3. 쌍방 주민은 본국 법률과 규정에 따라 변계선 본국 측에서 변계수 수역에서 생계를 도모할 수 있다. 단 변계수 수역에서 폭발물 혹은 수생 생물 자원을 파괴할 수 있는 독극물, 화학물질, 유독 나무뿌리와 마취제 등을 사용하는 것을 금하여, 수역 오염과 수원 고갈을 조성하는 것을 면해야 한다.

제7조

쌍방은 마땅히 변경 지역 생태 환경을 보호하여 청결하고 오염되지 않도록 조치해야 한다. 변계 부근에 유독 오염 물질을 보관하거나 산포 하는 것을 금하고 지상, 지하, 대기 오염을 조성하는 것을 막아야 한다.

만약 일방이 유독 오염 물질을 보관하고 산포하여 상대에 손실을 초래하면, 쌍방은 마땅히 공동으로 손실 정도를 확인하고, 손실을 초래한 측에서 손해를 본 측에 배상해야 한다.

제8조

쌍방은 변경민이 월경하여 벌목하고, 경작하고, 수렵하고, 특산품을 개발하고 혹은 기타 목적의 활동에 종사하는 것을 금하며, 단 쌍방 주관 기관에서 비준한 것은 제외한다. 쌍방은 필요한 조치를 취하여 진귀한 야생 동물을 보호할 것이며, 또한 어떠한 방식으로

도 야생 동물을 한 측의 영토에서 다른 한 측의 영토로 이전하는
것을 금한다.

제9조
일방이 만약 변계 부근 지역에서 항공 촬영과 항공 물리적 탐사
등 활동을 하려고 할 때 마땅히 외교적인 경로를 통하여 사전에
상대에 고지해야 하며, 만약 상대측 경내로 넘어가는 것이 필요하
다면 반드시 상대의 동의를 받아야 한다.

제10조
쌍방은 변계선 양측 각 2,000미터 지대 내에서 군사훈련을 하는
것을 금한다.
쌍방은 경외로 사격을 금한다. 일방이 만약 변계 부근 지역에서
폭약 폭발이 필요하면 마땅히 사전에 상대방에 고지해야 한다.

제11조
변경 지역에서 지질 조사와 채굴 등 활동을 종사하려면 마땅히 변
계선에서 500미터 떨어진 본국 경내에서 진행해야 한다.
만약 지질 조사와 채굴 활동이 변계선에서 500미터 이내라면, 쌍
방은 마땅히 호혜와 상대에 영향을 미치지 않은 기초 위에서 협상
으로 해결해야 한다.

제12조
1. 양측은 경계선 양측 각 500미터 지대 내에서 화전燒荒을 금한다.

2. 양측은 산림 보호 측면에서 조치를 제정하고 협력하여, 변계 부근에서 화재가 발생하는 것을 피하고, 또한 변계 부근 지역의 삼림 화재가 변계를 넘는 것을 방지해야 한다. 화재발생시 즉각 진화해야 한다. 만일 일방에서 발생한 화재가 변계를 넘을 가능성이 있을 때에는 화재 상황을 즉시 상대에 통보해야 한다. 만약 일방에서 호소하면, 상대방은 마땅히 제때에 최대한 협조하여 소화해야 한다.

3. 만약 화재가 만연하여 상대방의 물질적 손실을 가져오면, 쌍방은 마땅히 손실의 정도를 확인하고, 또한 화재를 야기한 측에서 배상을 책임진다. 단 화재가 불가항력적인 자연 원인으로 발생한 것을 명확히 증명할 수 있는 것은 제외한다.

4. 쌍방은 마땅히 조치를 취하여, 인간과 동물 전염병, 식물 병충해가 경계를 넘는 것을 방지해야 한다. 만약 변계 부근 지역에서 인간과 동물 전염병 증상 혹은 위험성 식물 병충해 상황을 발견하면, 마땅히 최대한 빨리 상대방에 고지해야 한다. 필요할 때, 양측은 공동으로 인간과 동물 전염병, 식물 위험성 병충해의 전파 문제에 대한 전문적 협정을 맺을 수 있다.

제4장 변경 지역 인원 왕래와 치안 유지

제13조

1. 양국 변경민 사이 우호적인 왕래와 합법적인 무역을 발전하기 위하여, 쌍방은 양국 변경민이 변경 지역에서 출입국 하여 친인척을 방문하고 병을 치료하고 상품 무역에 종사하고, 또한 전통

적인 민족 명절의 친선 활동에 참여하는 것을 허락한다.

본 조약에서 지칭하는 변경민은, 양국 각자 변계선 측 현의 주민이다.

2. 양측 변경민과 변경 무역 인원이 출입국 할 때, 반드시 여권 혹은 본국 주관기관에서 발급한 출입국 통행증을 소지해야 하며, 쌍방이 규정한 출입국 통상구口岸 혹은 임시 통로를 통하여 출입국 해야 한다. 출입국 통행증에는 마땅히 출입국의 사유, 시간, 목적지와 거주지를 명확히 기록해야 한다. 출입국 통행증은 쌍방 변경민과 변경 무역 인원이 규정된 변경 지역에서 활동하는 것에 한하여 사용할 수 있다.

16세 미만자는, 출입국 통행증을 소지하고 있는 인원의 수행 인원으로 출입국을 할 수 있으나, 다만 출입국 통행증에 수행 인원수, 성명과 나이를 명확히 적어야 한다.

3. 출입국 통행증은 반드시 본국 주관기관에서 통일적으로 제작하고, 중문과 라오스문 두 가지 문자로 작성하고, 아울러 사용 전에 양식을 상대방에게 고지해야 한다.

4. 변경민은 상대방 경내에서 활동할 때, 마땅히 소재국의 법률과 쌍방이 공동으로 제정한 관련 규정을 준수해야 한다. 일방은 상대방 변경민의 정당한 권익에 대하여 마땅히 보호해야 한다.

제14조

1. 양측 변경 지역 왕래 인원에 대한 관리 편의를 위하여, 쌍방은 아래에 열거한 육지 출입국 통상구(변경 구안)를 개척할 것을 결

정했다.

중국 통상구 명칭	라오스 통상구 명칭
멍캉猛康, Bakahe	란투이Lantouy, 蘭堆
만좡曼莊	루앙 남사Luang Namtha, 帕卡
모한磨憨, Bohan	보턴Boten, 磨丁
멍만猛滿, Chahe	팡하이Panghai, 班海

쌍방은 제3국의 인원이 모한磨憨 - 보턴Boten 통상구를 통하여 출입국하는 것에 합의했다.

2. 본 조 제1항에서 규정한 변경 통상구에서 멀리 떨어진 지방에서, 만약 필요가 있다면, 쌍방 변경 지역 소재 성급 지방정부에서 협상하여 임시로 통로를 열 수 있다. 쌍방 변경 지역 소재 성급 지방정부에서 협상하여 일치를 이룬 후, 각자 본국 정부에 보고하여 비준 이후 집행한다.

3. 향후 양측이 만약 임시 통로를 새로운 통상구로 추가로 개척한다면, 외교 경로를 통한 문서 교환으로 확인할 수 있다.

4. 통상구 왕래에 대한 검사는 쌍방이 마땅히 각자 규정 혹은 쌍방의 결정에 따라 진행한다. 임시 통로의 왕래에 대한 검사는 정식 통상구의 관리 방법에 따라 처리한다.

제15조

1. 일방 변경 지역의 사람 혹은 동물에 전염병이 발생했을 때, 해당 지방정부는 즉시 보호 조치를 취해야 하며, 동시에 상대

방에 고지하여 잠시 왕래와 무역 교환을 정시키시고, 만약 일 방에서 상대에게 도움을 요청하면, 상대방은 최대한 협조해야 한다.

2. 변경 지방정부는 전염병이 발생한 변경 지역 범위 내에서 왕래, 호시 및 동물의 월경 이전의 잠시 중지를 결정할 수 있고, 아울러 긴급하게 본 측 상급 기관에 보고한다.

3. 만약 환자가 있거나 혹은 사고가 발생하여 긴급 치료가 필요할 때, 일방의 변경민은 직접 상대방의 가장 가까운 기층 위생 기관과 연락하여 치료 협조를 구할 수 있다. 동시에 자기 지방정부에 통지하여 필요한 증명서 발급이 편리하도록 연락한다.

4. 일방의 변경민 가축이 월경하여 상대측 농작물을 훼손했을 때, 가축의 주인은 마땅히 쌍방의 협상을 통하여 합리적인 보상을 해야 한다.

   만약 일방의 변경민 가축이 월경하면, 상대측은 협조하여 대신 사육하고, 또한 상대방 및 가축의 주인에게 통지하여 수령하게 하고, 가축의 주인은 마땅히 노무와 사육비용을 적당히 지불해야 한다.

   가축을 자신들이 관리할 때, 일을 시키거나 때리거나 학대하여 치상·치사하는 것을 금한다. 만약 고의로 가축을 치상·치사했다면, 가축을 대신해 사육한 자는 마땅히 적당한 배상을 해야 한다. 만약 관련 쌍방이 스스로 해결할 수 없다면, 양측 지방정부는 마땅히 선린 우호와 상호 양해의 정신에 따라 그들이 협력하여 해결하도록 한다.

제16조

1. 만약 일방의 인원이 불법으로 월경하면, 법률 규정에 따라 조사하고 필요한 조치를 취한 후 마땅히 상대측에 고지하고, 쌍방 관련 부처에서 협력하여 협상하여 이송 문제를 해결하며, 쌍방은 각자 상급 기관에 보고한다.

2. 본 조 제1항에서 서술한 월경 인원을 이송할 때, 쌍방은 마땅히 공동으로 의사록紀要에 서명하고, 아울러 쌍방이 상정한 가까운 출입국 통상구에서 진행한다.

3. 만약 일방이 변경 지역에서 시체를 발견하고 어느 측에 소속되는지를 확정할 수 없을 때, 마땅히 최대한 빨리 상대방에 고지하여 공동으로 시체를 식별해야 한다. 만약 고지 48시간 이후 상대방이 도착하지 않았다면, 시체를 발견한 측은 시체에 대해 처리할 것이고, 아울러 상대방에 처리 보고를 제공하여, 증명의 수단으로 삼는다.

제17조

1. 양측은 마땅히 양국 경계 지역의 사회 치안 유지에 관하여 협력한다.

   일방이 상대방 범죄자가 변경 지역에서 활동하는 것을 발견하면, 마땅히 바로 상대방에 통지하고, 필요할 때 협력하여 체포하여 상대방에 이송한다.

2. 쌍방은 마땅히 본국 법률에 따라 변경 관리 규정을 위반한 자에 대하여 적당한 조치를 취하고, 그 소속 측에 보내 처리하고, 이송 전에 반드시 상대방에 당사자의 성명, 사진, 상세 주소를 제

공하고, 상대방의 동의를 거친 이후 다시 이송 시간을 상의하여
정하고, 관련 증거도 함께 상대방에 이송하여 처리한다. 운송,
의료 등 관련 비용은 쌍방의 지방 당국에서 별도로 세부적으로
상의하여 정한다.

3. 어느 일방 인원도 무기를 휴대하고 상대측 경내에 들어갈 수
   없지만, 단 공동으로 치안을 유지하기 위하여 허락된 상황은 제
   외로 한다.

제18조

변계를 통한 육로, 수로 운송 혹은 여행 인원과 운송 수단의 관리
문제는 쌍방 관계 당국이 별도로 협의를 체결하여 세부적으로 규
정할 수 있다.

제19조

보턴 - 모한 통상구에서 루왕남타 - 만짱 통상구 사이에서 생활용품
과 물자를 운송하는 라오스 운송 수단은 중국 측 동의를 거친 이후,
지정된 노선을 따라 중국 영토로 변경을 넘을 수 있고, 쌍방 지방
당국에서 공동으로 확정한 통과비용과 기타 비용을 납부한다.

제5장 변민 호시, 변경 소액 무역과 지방 무역

제20조

1. 양국 변경 지역의 경제 발전을 촉진하고, 양국 변경민 사이 생산
   수단과 생활필수품 교환의 편의를 위하여, 쌍방은 양국 변경 성

혹은 현금 무역 기관이 변경 지역에서 지방 무역을 진행하는 것에 동의한다.

2. 쌍방은 제14조에서 규정한 통상구 내측의 적당한 지점에 변경 호시 지점(변경 시장)을 개설하는 것에 동의한다. 만약 호시 지점을 증가시키거나 바꾸고자 한다면, 반드시 쌍방 지방정부가 협상하여 결정해야 한다.

제21조

1. 양국 변경 지방 무역은, 수요와 가능성에 따라 화폐 무역 물물 교환 방식을 택하여 진행한다. 지방 무역의 구체적인 실시 방법은 양국 변경 지역 소재 성급 지방정부에서 협상하여 확정한다.

2. 양국 지방 무역, 변경민 호시와 변경 소액 무역 중에서, 쌍방이 받아들이는 화폐를 사용할 수 있다.

제22조

1. 쌍방은 본 조약에서 규정한 각종 방식의 무역 중에서, 본국의 법률과 규정에 따라 상품에 대해 관세와 기타 관련 세수를 징수하거나 감면할 수 있다.

2. 쌍방은 본 조약에서 규정한 각종 방식의 무역에서 반드시 쌍방의 수출입 법규를 준수해야 하며, 금지품이 국경을 넘는 것을 금하고, 밀수를 조사하여 금지시킨다.

3. 쌍방은 각자 해관의 규정에 따라, 각자 변경민이 휴대하고 국경을 넘어 호시, 교환 및 친우에 선물하는 물품 종류, 가치, 수량 및 화폐에 관하여 규정한다.

4. 쌍방 수출입 무역 상품과 교환하는 상품 및 운송 수단은 마땅히 각자 주관기관에서 발급한 허가증이 있어야 하고 해관 규정, 국제 검역 규정과 쌍방의 관련 법률에 부합해야 한다.

5. 본 조 제4항의 절차에 따른 증명 서류를 모두를 취득한 사람, 물품, 상품과 운송 수단은 마땅히 쌍방이 규정한 변경 통상구를 왕래해야 한다.

6. 특수 상황 검역 면제에 관하여 쌍방은 건별로 협상한다.

제23조

양측 변경민이 변경 호시 지점(변경시장)에서 상품 교환과 호시의 편의를 위해, 조건이 된다면 쌍방은 각자의 변경 통상구 혹은 변경 시장에 화폐 환전소를 설치한다. 환율은 관련 부문에서 상의하여 정한다.

제24조

본 조약에서 규정한 각종 방식의 무역 중에 발생 가능한 분쟁은, 당사자가 우호적인 협상으로 해결한다. 만약 당사자가 해결할 수 없다면, 쌍방 변경 소재 현급 혹은 성급 지방정부에서 협상하여 해결한다.

제6장 변경 지역 연락 제도

제25조

양국 변경 지역의 관리를 강화하기 위하여, 쌍방 변경 지역 소재

지방정부는 대등한 연락 제도를 설립한다.

(1) 양측 지방 당국의 대등한 연락은:

윈난성雲南省(중국 측) ― 퐁살리 주Phôngsali, 豊沙裏省

오돔싸이 주Oudomxay, 烏多姆賽省

루앙 남사 주Luang Namtha, 南塔省

(라오스 측)

장청현江城縣(중국 측) ― 욧우Yot Ou 約烏縣

멍라현猛臘縣(중국 측) ― 욧우Yot Ou 約烏縣

번누Boun Neua, 奔怒縣

나모Na Mo, 納莫縣

루앙 남사Luang Namtha, 南塔縣

무앙싱Muang Sing 猛新縣

(라오스 측)

(2) 쌍방 지방 당국은 본 조약과 관련된 이하 중요 사항을 처리하고 집행하는 것을 책임진다.

1. 중앙정부에서 권한을 부여한 사항

2. 관할 구역 내의 변계선과 계장의 관리, 검사와 유지

3. 변경 지역의 왕래 문제(쌍방 변경민의 생산과 상업 활동, 전통 친목 활동, 일상 왕래 관리 등을 포함)

4. 변경 지역의 치안 문제(치안 관리와 밀수 조사와 마약 금지의 협력과 본 조약의 각항 규정을 위반한 인원에 대한 처리 협력 포함)

5. 기타 양측 지방 당국에서 공동으로 처리해야 하는 사항.

(3) 쌍방 지방 당국의 연락은 회담의 방식으로 진행한다. 회담의

내용, 시간과 장소는 마땅히 사전에 쌍방 통상구 변방 기관을
통하여 연락하여 확정한다.

(4) 매번 회담은 쌍방이 각각 기록하고, 달성한 협의의 중요 사항
은 마땅히 회담 의사록을 작성하고, 중문과 라오스문으로 각각
한 가지 양식을 두 부 작성하여, 양측 대표가 서명하고 각자
보고한다.

제26조

변경 일상 사무를 즉시 처리하기 위하여, 쌍방은 변방 대표, 부대
표, 연락관 회담 제도를 구축한다. 쌍방 변방 대표, 부대표는 각
정부의 주관기관에서 임명하고, 회담의 방식으로 업무를 진행하고,
연락관은 변방 대표가 임명하고, 마찬가지로 회견의 방식으로 업
무를 진행한다.

제27조

변경 지역 소재 현에 설치한 양측의 대응 업무 부처(해관, 상품
검역, 위생 검역, 동식물 검역, 변방 검사 등 기관)와 무역 기관
사이는 업무 연락을 할 수 있다. 대응 업무 부처 사이에는 정기
회의를 진행할 수 있다.

제28조

필요하다면, 지방정부와 변방 대표는 회담을 진행하여 관련 부처의
대표와 전문가를 흡수하여 참가할 수 있지만, 사전에 상대방에 고
지해야 한다. 회담은 쌍방이 필요하다고 생각하거나 혹은 일방이

제기할 때 진행하며, 회담은 쌍방의 경내에서 번갈아 진행한다. 회담 장소에 소재하는 측이 회담 기간의 모든 관련 비용을 책임진다.

제7장 최후 조항

제29조

쌍방 지방정부와 관련 부문이 본 조약을 집행할 때 만약 분쟁이 발생하여 일치를 이루지 못할 때, 마땅히 바로 각자 정부에 보고하여 평화적인 방식으로 해결해야 한다. 분쟁 해결 전에 쌍방은 마땅히 정상적인 연락을 유지하여 상황이 복잡해지지 않게 해야 한다.

제30조

본 조약은 반드시 비준을 거쳐야 하며, 비준서는 비엔티안에서 서로 교환한다.

본 조약은 비준서를 서로 교환한 날로부터 효력이 발생하며, 유효기한은 10년이며, 만약 일방이 본 조약 유효기간이 만기 6개월 전에 서면으로 상대방에 본 조약의 종결을 고지하지 않으면 본 조약은 자동으로 10년 연장되며 이 방법에 따라 계속 이어진다.

본 조약은 쌍방의 동의를 거쳐 수정 보충될 수 있고, 수정과 보충을 제기하는 측에서는 90일 이전에 관련 의견을 상대방에 고지해야 한다.

제31조

본 조약이 효력이 생기는 날로부터 시작하여, 1989년 10월 8일에 체결한 「중화인민공화국과 라오스 인민민주공화국정부의 양국 변경 사무 처리에 관한 임시 협정」은 즉각 효력이 상실되며, 양국 사이의 기타 협정 중에서 본 조약과 저촉되는 관련 규정도 모두 바로 효력이 상실된다.

본 조약은 1993년 12월 3일 베이징에서 체결하고, 모두 두 부이며, 매 부는 모두 중문과 라오스문으로 작성되었다. 두 가지 문서는 동등하게 효력을 갖는다.

중화인민공화국 정부   라오스 인민민주공화국
전권대표   전권대표
李鵬   Khamtai Siphandon(坎代·西潘敦)
        (사인)   (사인)

2

중화인민공화국과 라오스 인민민주공화국 정부 변계 제도 조약의 보충 의정서

중화인민공화국정부와 라오스 인민민주공화국정부(이하 "쌍방"으로 약칭)는 「중화인민공화국정부와 라오스 인민민주공화국정부 변계 제도 조약」(이하 「변계제도조약」으로 약칭)을 더 잘 이행하고, 「변계제도조약」 집행 과정에서 출현한 새로운 상황, 새로운 문제를 처리하고 해결하기 위하여, 상호 존중과 우호 협력의 정신에 따라, 본 보충 의정서 체결을 결정하고 아래와 각 조와 같이 정했다.

제1조

1. 「중화인민공화국과 라오스 인민민주공화국 변경조약」, 「중화인민공화국정부와 라오스 인민민주공화국정부 양국 변계에 관한 의정서」와 「변계제도조약」의 규정에 따라, 쌍방은 최대한 빨리 각자 책임지고 파괴된 계장을 보수하는 것에 동의했다.

2. 개별적인 상황 하에서, 일방이 본국 경내 위의 경계에 가서 계장을 확인하고 보수하기 어려울 때, 상대방은 자신의 경내로 경계에 가서 보수하도록 작업에 편의를 제공한다. 다만 확인하고 보수하는 쪽은 10일 전에 서면으로 상대방에 고지해야 하며, 월경하여 경계에 가는 임무, 시간, 인원, 교통수단, 경계에 가는

노선, 작업 도구와 재료 등을 명확히 적어 상대측의 동의를 거친 이후에야 진행할 수 있다.

제2조

1. 쌍방은 마땅히 본국 변경민에 대한 교육을 강화하고 조치를 취하여 불법 월경을 제지해야 한다. 불법 월경, 기간을 넘긴 체류 혹은 불법 이주자에 대하여, 쌍방은 마땅히 신속히 서로 상황을 알리고 신분을 확인하고 최대한 빨리 인도하거나 송환해야 한다. 구체적인 관련 상황은 쌍방 관계 부문에서 협상하여 처리한다.
2. 쌍방의 집행 인원은 마땅히 법에 따라 처리하고, 고문, 몸수색 기타 불법 행위를 엄금한다. 어기는 자는 소속국의 법률에 따라 처리한다.
3. 쌍방은 월경하여 통혼하는 자 및 그 자녀에 관련된 문제는 당사자 소재국의 관련 법률에 따라 적절하게 처리한다.

제3조

중국 측은 라오스 측의 변경 출입경 통행증을 소지한 자가 중국 경내에서 15일 머무는 것을 허락하며, 라오스 측은 중국 측의 변경 출입경 통행증을 소지한 자가 라오스 경내에서 10일 머무는 것을 허락하여, 머무는 기간은 신청을 통하여 5일 연장할 수 있다. 쌍방은 기간을 넘긴 체류자에 대하여 소재국 법률에 따라 처벌한다.

제4조

1. 쌍방은 통상구 근무일을 월요일에서 일요일로, 매일 개관 시간

은 베이징시간 08:30, 비엔티안 시간 7:30, 폐관 시간은 베이징 시간 17:30, 비엔티안 시간 16:30, 점심에는 쉬지 않고, 공휴일에 는 당직자가 있어야 한다고 통일적으로 규정했다.

2. 쌍방 검역 부문 관리의 편의를 위하여, 쌍방 변경 출입경 통행 증을 소지한 자는 원칙상으로 마땅히 출국한 통상구로 입국해 야 한다.

3. 긴급 구조, 재난 구조, 구호, 범죄자 수배와 체포 등 필요하거나 긴급한 상황에서 통상구는 반드시 수시로 개방해야 하며 또한 비용을 면제해야 한다. 다만 입국하는 측에서서 마땅히 사전에 상대측 통상구의 관련 당국에 고지하여 상대방이 필요한 편의 제공을 한다.

제5조

1. 쌍방은 규정한 통상구에서 입국하는 인원, 운송 수단 및 화물에 관하여 본국의 법률에 따라 한꺼번에 모든 입국 비용을 징수하 고, 수금 증명을 발급하여, 불법 수금, 중복 수금과 무 증명 수금 현상을 피해야 한다.

2. 본 조 제1항에서 서술한 통상구 수금 증명서 소지자는, 어떤 단 위의 중복 수금도 거절할 수 있다.

3. 수금 항목과 기준을 통일하기 위하여, 쌍방은 마땅히 출입국 인 원, 운송 수단과 화물에 대하여 징수하는 수수료와 관계 항목 및 기준을 서로 통보해야 한다.

제6조

쌍방은 마땅히 이미 개통한 통상구에 대응하는 검역 기관을 설립 혹은 완비하거나, 검역 인원을 파견해야 한다.

제7조

1. 쌍방 집행 기관은 변경 지역 아편 재배, 마약 판매, 밀수 등 활동에 공동으로 대응하고 구체적인 협력 방식을 상의하여 정한다.
2. 아편 재배를 철저히 근절하기 위하여, 쌍방은 각자의 기업, 회사의 변경 지역에서의 대체 경제 작물 재배를 장려하고, 본국의 관련 법률에 따라 해당 재배 및 관련 생산과 경영 활동에 면세 혹은 감세 등 혜택을 줄 수 있다.

제8조

1. 변경 지역 경제 발전을 추진하기 위하여, 양측은 상대측 인원, 운송 수단과 화물의 통과에 편의를 제공한다. 만약 육로 혹은 수로를 통하여 제3국으로 간다면, 양자 혹은 다자 초국경 운송 협력 협정에 따라 집행한다.
2. 국경을 통과하는 측은 마땅히 10일 이전에 통과국가 지방 당국에 통과 요청을 제출하고, 통과 날짜, 인원수 등을 통보하고, 후자가 동의한 이후 진행할 수 있다. 인원, 교통수단과 화물의 통과는 반드시 지정된 노선으로 지정된 수륙 통상구를 거쳐 통행해야 한다. 인원은 중도에 체류할 수 없고, 화물은 피 통과국 해관의 감독과 감리를 받아야 하며, 중도에 싣고 부릴 수 없고, 매매할 수 없다.
3. 통과하는 측은 피 통과국가의 측의 통상구에 들어올 때 반드시 통상구의 검사를 받고 관련 비용을 지불해야 한다. 다만 본 조

제2항의 규정을 어긴 행위에 대하여, 통상구 관련 검사 기관은 본국 법률에 따라 처벌할 권력이 있다.

4. 통과하는 측은 반드시 피 통과국가의 법률을 지켜야 하며, 밀수, 마약 판매 등 불법 활동을 진행할 수 없다.

5. 본 조에 따라 통과할 때, 피 통과국가는 마땅히 편의를 제공해야 하며, 불법 저지와 수색은 진행할 수 없다.

6. 쌍방은 한 번에 통일된 통과 비용을 수금해야 하며, 징수 방식 및 기준은 쌍방의 지방 당국에서 상의하여 정한다.

제9조

1, 「변계제도조약」을 더 잘 집행하기 위하여, 쌍방은 중국 라오스 변계제도 조약 연합 집행 업무 위원회 회견 제도를 건립한다.

2. 해당 위원회는 아래와 같은 사무를 처리한다.

1) 조약 집행 과정에서 출현한 지방정부와 직능 부문이 해결할 수 없는 문제 및 중대 사항.

2) 중국 라오스 변계 지역에서 발생한 엄중한 사건

3) 조약의 수정, 보충 문제

4) 쌍방이 마땅히 논의해야 한다고 생각하는 기타 문제.

3. 해당 위원회는 양측 수석 대표 1인(외교부 사국급), 약간 명의 대표로 구성된다. 위원회는 매년 한 차례 회의를 개최하고, 만약 긴급한 상황에 봉착하면 수시로 개최할 수 있다. 회의는 양국 경내에서 번갈아 진행된다. 회의 소재지 국가가 회의 기간의 비용을 부담한다. 회의의 구체적인 의정과 시간은 외교 경로를 통하여 상의하여 정한다.

제10조

「변계제도조약」 제30조의 규정에 따라, 본 보충 의정서는 효력이 발생하는 날로부터 곧 「변계제도조약」의 불가분한 일부분이 된다. 본 보충 의정서는 체결하는 날로부터 효력이 발생한다.

본 보충 의정서는 1997년 8월 26일 베이징에서 체결되었고, 한 가지 양식으로 두 부이며, 각각은 모두 중문과 라오스문으로 작성되었고, 두 가지 문서는 동등하게 효력을 갖는다.

중화인민공화국　　　라오스 인민민주공화국
전권대표　　　　　　전권대표
錢其琛　　　　　　　Somsavat Lengsavad(宋沙瓦·淩沙瓦)
　　　　(사인)　　　　　　　　　　　　(사인)

3

윈난성 중국·베트남, 중국·라오스 변경지구 인원 출입국 관리 규정

제1장 총칙

제1조

중화인민공화국의 주권·안전과 중국·베트남과 중국·라오스 변경 지구의 사회 질서를 유지하고 변경 지구 인민의 생활과 왕래를 편리하게 하고 변경 지구의 경제적인 건설과 사회 발전을 촉진하기 위하여 「중화인민공화국 공민 출입국 관리법」, 「중화인민공화국 외국인 출입국 관리법」 등 관련 법률 법규와 우리 나라와 베트남·라오스 양국 정부의 변경 사무의 처리에 대한 임시 협정에 근거하고 본 성의 실제와 결합하여 본 규정을 제정한다.

260

제2조

본 규정은 무릇 본 성의 중국·베트남, 중국·라오스 변경 지구 출입국과 본 성 경내에서 체류·거류·여행하는 인원에 적용한다.

제3조

우리 성에서 중국·베트남 중국·라오스 변경 지구로 출입국하는 인원은 반드시 본 규정이 언급하는 각종 유효한 증명을 휴대하여 조사에 대비한다.

제4조

중국 정부는 법에 따라 우리 성에서 중국·베트남, 중국·라오스 변경지구로 출입국하는 인원의 합법적인 권익을 보호한다.

우리 성에서 중국·베트남, 중국·라오스 변경 지구로 출입국하는 인원은 중국 경내에 있는 동안 반드시 중국의 법률을 준수해야 하고, 중국의 국가안전을 해치거나 사회의 공공 이익을 훼손하거나 사회 공공질서를 훼손해서는 안 된다.

제2장 중국 인원의 출입국

제5조

중국·베트남 중국·라오스 변경 지구의 중국 인원은 개인적 일로 인하여 출국하는 경우 본인의 주민 신분증에 근거하여 호적 소재지의 공안 기관 혹은 권한을 부여받은 파출소에 「변경 지구 출입국 통행증」을 신청하여 처리한다.

중국 내지 인원이 개인의 일로 인하여 출국하는 경우 호적 소재지

현급 이상의 공안 기관에 출국 여권을 신청하여 처리한다. 개인 보통 여권을 지참한 인원은 유효한 여권과 베트남·라오스의 입국 비자에 근거하여 규정된 통상구로 출입국한다.

제6조

중국·베트남, 중국·라오스 변경 지구의 중국 인원이 공무로 인하여 출국하여 베트남에 가는 경우 그가 소재한 단위로부터 문서를 준비하여 현급 이상의 인민정부 외사 부서에 보고하여 심사·허가를 받아 출입국 증서를 받도록 신청한다. 라오스에 가는 경우 현행 관련 규정에 따라 출입국 증명을 처리한다.

중국 내지의 인원은 공무로 인하여 출국하는 경우 현급 이상의 인민 정부의 외사 부서에 출국 여권을 신청하여 처리한다. 외교, 공무로 관용 보통 여권을 지참하는 인원은 그의 유효한 여권에 근거하여 규정된 통상구로 출입국한다.

제7조

중국 인원은 여행 부문이 조직한 중국·베트남, 중국·라오스 변경으로 출국 여행에 참석하는 경우, 여행 부문의 심사를 받아 단체로 조직하여 변경 지구 현급 이상의 공안 기관에 「중화인민공화국 출입국 통행증」을 신청하여 처리한다.

여권이나 출국 증명을 지참한 중국 내지의 인원은 중국·베트남 중국·라오스의 변경 통상구로 출국하는 경우 「중화인민공화국 변경 관리구 통행증」을 신청하지 않아도 된다.

제8조

중국 인원은 「중화인민공화구 공민 출입국 관리법」 제8조가 규정한 상황 중 하나라도 있는 경우 출국을 비준하지 않는다.

제9조

출국하는 중국 인원은 반드시 그가 지참하는 증서의 유효한 기한 내에 쌍방이 규정한 통상구나 통로로 출입국하며, 쌍방 통상구나 통로의 검사 기관의 검사를 받는다. 「중화인민공화국 공민 출입국 관리법」 제9조가 규정한 상황 중 하나라도 있는 경우는 변방 검사 기관은 출국을 저지하고 법에 따라 처리할 권한이 있다.

제3장 베트남·라오스와 제3국 인원의 입출국

제10조

베트남·라오스의 외교·공무·관용 보통 여권을 지참한 인원은 그의 유효한 여권에 근거하여 쌍방이 규정한 통상구로 입출국한다. 우리나라 경내에 30일 이상 체류하는 경우는 반드시 입국한 후 10일 내에 체류지 현급 이상의 공안 기관에 「외국인 거류증」이나 「외국인 임시 거류증」을 신청하여 처리한다.

제11조

베트남·라오스의 개인 보통 여권을 지참한 인원과 제3국의 여권을 지참한 인원은 유효한 여권과 우리나라의 입국 비자에 근거하여 쌍방이 규정한 통상구로 입출국한다.(중국 정부와 비자 면제 협의를 체결한 나라의 인원 제외)

제12조

베트남·라오스와 제3국의 인원은 여권을 지참하고 우리 성의 변경지구로 입출국하여 우리 경내를 여행·체류·거류하는 경우는 「중화인민공화국 외국인 출입국 관리법」의 관련 규정에 따라서 처리한다.

제13조

베트남·라오스 변경 지구의 인원은 본국 주무부처가 발급한 「변경지구 출입국 통행증」에 근거하여 쌍방이 규정한 통상구나 통로로 입출국한다.

「변경 지구 출입국 통행증」을 지참한 베트남·라오스의 인원은 입국한 후에 우리 성의 변경 현(시) 범위 내에서만 활동할 수 있으며 체류하는 기한은 1개월을 초과해서는 안 된다. 1개월 이상 3개월 이하 체류하는 경우 유효한 입국 증명에 근거하여 변경 현(시) 공안 기관 혹은 그 권한을 부여받은 파출소에 「입국 체류 허가증」을 신청하여 처리한다. 3개월 이상 1년 이내 체류해야 하는 경우 그 유효한 증서에 근거하여 거류지의 현(시) 공안 기관에 「윈난성 변경지구 경외 변민 임시 거류증」을 신청하여 처리한다.

제14조

상기 입국하는 인원은 반드시 그가 지참한 증명의 유효 기한 내에 쌍방이 규정한 통상구나 통로로 입출국하며 쌍방 통상구나 통로 검사 기관의 검사를 받는다. 「중화인민공화국 출입국 관리법」 제12조와 제24조가 규정한 상황 중 하나라도 있는 경우 변방 검사 기관은 입국을 저지하고 법에 따라 처리할 권한이 있다.

264

제15조

베트남·라오스의 인원이 「변경지구 출입국 통행증」을 지참하고 입국하여 우리 성의 내지에 들어오는 경우 반드시 관련 문서나 증명을 지참하여 입국 지점의 현급 이상의 공안 기관에 내지에 들어가는 증명을 신청하여 처리한다.

허가를 받아 우리 성 내지에 들어가는 베트남·라오스 인원에 「중화인민공화국 외국인 입국증」을 발급한다. 변경지구에서 우리 성 내지의 외국인에게 개방하지 않는 지구에 가거나 도중 외국인에게 개방하지 않는 지구에서 숙박할 수밖에 없는 경우 반드시 동시에 「외국인 여행증」을 발급한다. 직접 변경지구에서 본성 내의 외국인 개방 지구에 가는 경우 「외국인 여행증」을 면제할 수 있다.

허가를 받아 우리 성 내지로 들어가는 베트남·라오스의 중국 국적의 인원에게 「중화인민공화국 입출국 통행증」을 발급한다.

제16조

연도沿途의 교통 여객 운수 부문은 상기 증명에 근거하여 증명을 검사하여 표를 팔고 승차를 허가한다. 연도의 공안·변방 검사 기관은 상기 증명대로 여행하고 있는지를 조사한다.

제17조

베트남·라오스와 제3국의 인원은 우리 경내에서 숙박하는 경우 반드시 숙박 등기 수속을 해야 한다.

호텔에서 숙박하는 경우 반드시 본 규정이 언급한 유효한 증명을 제시하고 숙박 등기표에 기입한다. 상기 경외 인원을 유숙하는 호텔은 반드시 24시간(농촌의 경우는 72시간) 이내에 기입한 숙박 등기 표를 지정된 공안 기관에 보내야 한다.

공안 기관의 허가 없이 호텔은 제멋대로 상기 경외 인원에게 숙박을 제공해서는 안 된다.

거민의 집에서 숙박하는 경우 반드시 도착한 후 24시간(농촌의 경우는 72시간) 이내에 집주인이나 본인으로부터 숙객의 유효한 증명서와 집주인의 호구부를 지참하여 현지 공안 기관 혹은 공안 기관의 위탁을 받은 향(진) 인민정부 혹은 촌 공소公所에 숙박 등기의 수속을 밟는다.

텐트, 노점, 공사장 가건물 등 임시 혹은 이동식 숙박 시설에 숙박하는 경우 숙박하는 사람이나 그에게 장소를 제공하는 단위와 개인은 반드시 사전에 공안 기관에 신청을 제출하여 허가를 받은 후에야 숙박할 수 있고 앞 조의 규정에 따라 숙박 등기를 한다.

제18조

베트남·라오스 인원과 제3국의 인원은 「중화인민공화국 외국인 출입국 관리법 실시 세칙」 제7조가 열거한 상황 중 하나라도 있는 경우 혹은 관련 부문이 입국을 허가하지 않는 경우 입국을 허가하지 않는다. 이미 입국한 경우 발견 즉시 국외로 추방한다.

제4장 처벌

제19조

본 규정을 위반하여 「변경지구 출입국 통행증」 등 출입국 증명을 신청하지 않고 불법적으로 본 성의 변경 현(시)을 출입하는 경우, 경고하거나 10위안 이상 100위안 이하의 벌금을 물린다.

제20조

본 규정을 위반하여 「입국 체류 허가증」, 「윈난성 변경 지구 경외 변민 임시 거류증」을 신청하지 않거나 실효가 된 증명을 사용하여 불법적으로 체류하거나 거류하는 경우 경고하거나 50원 이상 300원 이하의 벌금을 물릴 수 있거나, 혹은 1일 이상 3일 이하 구류한다. 상황이 엄중한 경우 일정한 기한 내 출국시킨다.

제21조

본 규정을 위반하여 숙박 등기를 처리하지 않거나 유효한 증서를 지참하지 않는 경외 인원을 숙박시키거나 숙박 등기를 제때 보고하지 않은 경우, 경고하거나 10원 이상 50원 이하의 벌금을 물릴 수 있다.

제22조

본 규정을 위반하여 공안 기관의 허가 없이 제멋대로 경외 인원을 유숙하게 하거나 이동식 숙박 도구 혹은 장소를 제공한 책임자에게 경고하거나 30원 이상 100원 이하의 벌금을 물릴 수 있다.

제23조

본 규정을 위반하여 유효한 증명을 지니지 않고, 증명을 제시하지 않거나 증명 조사를 거부하는 경우 경고하거나 혹은 20원 이상 50

원 이하의 벌금을 물릴 수 있다.

제24조

본 규정을 위반하여 관련 증명을 신청하지 않고 내지에 들어가는 경우 500원 이상 2000원 이하의 벌금을 물리거나 3일 이상 10일 이하 구류에 처할 수 있다.

「외국인 여행증」을 신청하지 않고 외국인에게 개방하지 않은 지구에 들어가는 경우 경고하거나 30원 이상 100원 이하의 벌금을 물릴 수 있다.

본 규정을 위반하여 교통 여객 운수 부문에서 표를 팔면서 증명 검사 직책을 이행하지 않는 경우 앞의 두 조항의 규정을 참조하여 처벌한다.

제25조

각종 출입국 증명을 위조하거나 글자를 지우고 고쳐 쓰거나 도용하거나 넘겨주는 경우 증명를 취소하거나 몰수 이외에 300원 이상 2000원 이하의 벌금을 물리거나 3일 이상 10일 이하 구류에 처할 수 있다. 상황이 엄중하여 범죄가 되는 경우 법에 따라 형사 책임을 묻는다.

제26조

본 규정을 위반한 베트남·라오스와 제3국의 인원에게 전술한 각종 처벌 외에도, 상황의 경중에 근거하여 체류 기한을 줄이거나 거류 자격을 취소하거나 국외로 추방하거나 구류 조사 등 강제조치를 실행할 수 있다.

제27조
본 규정의 각종의 처벌은 타인에게 본 규정을 위반하게 한 관련 책임자에도 적용한다.

제28조
본 규정 속의 처벌과 강제조치는 공안 기관이 집행한다.

제29조
본 규정의 집행 기관의 근무자가 불법적인 직무상의 과실이 있는 경우 관련 규정에 따라 처리한다.

제5장 부칙

제30조
상기 출입국 인원이 지참하는 우리나라의 증명을 유실하거나 훼손하는 경우 우리 경내에 있으면 즉시 근처의 공안 기관, 변방 검사 기관 혹은 원래 증명을 발급한 기관에 신청하여 재발급해야 한다. 경외에 있는 경우 즉시 상대방 주무 기관에 보고해야 한다.

제31조
상기 출입국 인원은 공안 기관에 증명을 신청하여 받을 때 규정에 따라 비용을 납부해야 하고 비용 항목과 기준은 윈난성 공안청 관련 부문에서 제정한다.

제32조

중국·베트남, 중국·라오스 변경 현(시)의 명단과 베트남·라오스 인원 통행을 허용하는 통상구 통로의 명칭은 윈난성 인민정부가 이웃 나라와 체결한 협정에 근거하여 확정하여 공포한다.

제33조

본 규정에서 '이상"이하"이내'라는 것은 모두 본 숫자를 포함한다.

제34조

본 규정은 윈난성 공안청이 해석할 권한을 가진다.

제35조

본 규정은 1992년 11월 1일부터 실행된다. 과거의 우리 성의 관련 규정에서 본 규정에 저촉되는 경우 본 규정을 기준으로 한다.

4

윈난성 변경지구 외국 국적 자동차와 운전자 출입국 임시방법

목록

제1장 총칙

제1조

국가의 주권을 수호하고 변경지구 도로 교통 관리를 강화하고, 도로 교통의 안전과 막힘이 없도록 보장하고 본 성의 개혁개방과 사회주의 현대화 건설을 촉진하기 위하여, 「중화인민공화국 도로 교통 관리 조례」, 「윈난성 도로 교통 관리 실시 방법」과 공안부의 「임시 입국 자동차와 운전자 관리 방법」 등 관련 규정에 근거하여, 본 성의 실제와 결합하여 본 임시 시행 방법을 제정한다.

제2조

무릇 변경 무역 활동, 여객 화물 운송, 외사 활동, 경유 등으로 인하여 본 성의 국가·성급 통상구 혹은 지정된 통로(이하 '통상구', '통로'로 약칭함)로 본성 변경지구를 입출국하는 외국 국적의 자동차와 운전자는 반드시 우리나라의 입출국 관리 법규, 「임시 입국 자동차와 운전자 관리 방법」과 본 임시 시행 방법을 준수한다.

제3조

본 임시 시행 방법에서 '자동차'라는 것은 도로에서 다니는 자동차·오토바이·트랙터 등 엔진으로 구동하는 차량을 가리킨다.

제4조

외국 국적의 자동차 차량이 입국한 후에 현지에서 통행을 허가하는 구역과 노선은 변경 지구의 주인민정부, 지구 행정 공소가 규정한다. 외국 국적의 자동차 차량은 입국한 후에 특별한 상황으로 인하여 지구와 주를 넘어 운행하는 경우 성 공안 교통 관리 기관에 보고하여 심사비준을 받는다.

제5조

본 임시 시행 방법은 본 성 변경지구 현(급) 이상의 공안 기관이 조직하여 실시한다.

제2장 자동차 관리

제6조

무릇 본 성의 통상구와 통로로 입국한 외국 국적의 자동차의 차주나 대리인은 반드시 아래에 열거한 규정에 따라 입국 지점의 공안 기관 차량 관리 부문(이하 '증명서 발급 기관'으로 약칭)에 자동차 번호판과 통행증(이하 '번호판', '통행증'으로 약칭)을 신청하여 받는다.

1. 자동차 입국 검사 카드를 교부하여 검증을 받고「원난성 변경 지구 외국 국적 자동차 차량 번호판 신청표」에 기입한다.
2. 증명서 발급기관은 자동차에 대한 안전 기술 검사를 하고 그의 기술 조건이 반드시 GB7258-87「자동차 운행 안전 기술 조례」나「원난성 트랙터 임시 시행 검사 항목과 그 기술 요구」에 부합해야 한다.
3. 차량 검사 비용과 (번호)판(증명) 비용을 납부한다.
4. 제3자 책임 보험을 처리한다. 상기 규정에 부합하는 경우 증명서 발급기관에서 확인하여 번호판과 증명을 발급한다.

제7조

입국한 외국 국적의 자동차 번호판은 단기(종이)와 장기(금속) 두 가지로 나눈다.

종이 번호판을 받도록 신청하는 경우 제6조 1·2·3 항의 규정에 따라 처리하고, 금속 번호판과 면허증을 받도록 신청하는 경우 제6조의 규정에 따라서 처리한다.

제8조

번호판은 증명서 발급기관이 지정한 위치에 설치하고, 면허증은 검사를 받도록 차에 휴대한다.

번호판과 면허증을 빌려주거나 글자를 지우고 고쳐 쓰거나 남의 이름으로 수령하거나 위조해서는 안 된다.

제9조
증명서 발급기관은 번호판과 면허증의 유효 기한과 유효 범위를 확정해야 한다.
종이 번호판은 최장 30일 유효이고, 금속 번호판은 최장 6개월 유효이다.
번호판과 면허증의 유효 범위는 제4조의 규정에 따라 집행한다.

제10조
외국 국적의 자동차 차주 혹은 대리인이 신청하여 받은 번호판과 면허증은 유효 기한이 만료되면 증명서 발급기관에 반환해야 한다.

제11조
금속 번호판과 면허증의 유효 기한이 만료되고 연장해야 하는 경우 차주나 대리인은 만료되기 전 5일 이내에 증명서 발급기관에서 처리한다.

5

국무원의 변경 무역 관련 문제에 관한 통지
발효일: 1996.01.03

우리나라 변경지대의 발전과 인접 국가의 변경 무역, 경제 협력의 적극적 발전을 장려하기 위하여, 국가에서 최근 몇 년 동안 변경 무역과 변경지역의 대외 경제 협력 발전에 관한 일련의 정책 조치를 제정하였다. 이러한 정책 조치는 우리나라 변경지역의 경제발전을 힘 있게 촉진시켰으며, 민족단결을 증진시키고 변강의 번영과 안정과 우리나라와 주변국의 선린우호관계를 공고히 하고 발전시키는 적극적인 역할을 하였다. 우리나라의 개혁이 끊임없이 심화되고 개방이 더욱 확대됨에 따라, 이러한 정책 조치는 사회주의 시장경제체제 수립의 총체적인 요구에 따라 필요한 조정과 규범화 및 완비해야 한다. 관련 문제에 대하여 아래와 같이 통지한다.

1. 변경무역 관리 형식에 관하여

우리나라 변경무역의 실제 상황에 근거하고 국제통행규칙을 참조하여 현재 우리나라 변경무역에 대하여 다음의 두 가지 형식으로 관리한다.

(1) 변민 호시 무역은 변경지역의 주민들이 국경선 20km 이내에 정부의 허가를 받은 개방지점 또는 지정된 시장에서 규정된 금액 또는 수량의 범위 내에서 진행하는 상품 교환 활동이다. 변민 호시 무역은 대외경제무역부, 해관총서海關總署에서 통일적으로 제정한 관리 방법에 따라 각 변경 성, 지치구 인민정부가 구체적으로 조직하여 실시한다.

(2) 변경 소액 무역은 육지 국경선에 따라 국가가 허가한 대외 개방 변경 현縣, 旗, 변경도시관할구역 내(이하 '변경지역'으로 간칭)에서 소액 무역 경영권을 허가받은 기업이 국가가 지정한 육지 변경 통상구를 통해 주변 국가 변경지역의 기업 또는 기타 무역 기구와 진행하는 무역 활동을 가리킨다. 변경지역에서 이미 시작된 변민 호시 무역 외의 기타 각종 유형의 변경 무역 형식은 이후 변경 소액 무역 관리에 귀속시키고 변경 소액 무역의 관련 정책을 집행한다. 변경 소액 무역의 관리 방법은 대외경제무역부가 국무원 관련 부문과 상의해서 제정한다.

2. 변경 무역 수입 관세 및 수입 과정의 세수 문제

변민이 호시 무역을 통해 수입한 상품은 1인당 매일 1,000위안 이하는 수입 관세 및 수입과징금을 면제한다. 1,000 위안을 초과하는 경우 초과된 부분에 대하여 법정세율에 따라 규정대로 과세한다. 해관총서는 이에 따라 관련 관리 규정을 조정한다.

국경 소액 무역 기업이 지정된 변경 통상구를 통해 수입한 인접

국가 원산지인 상품은 담배, 술, 화장품 및 국가가 반드시 법정세율에 따라 과세해야 하는 기타 상품 외에는 '9차 4개년 계획' 첫 3년 (1996-1998) 동안 수입 관세 및 수입과징금은 법정세율의 반을 감면하여 징수한다.

변경 무역 외에, 구소련, 동유럽 국가 및 기타 주변국과의 바터 무역과 경제기술협력 프로젝트의 수입 제품은 일률적으로 전국의 통일된 수입 세수 정책에 따라 집행한다.

3. 변경 소액 무역의 수출입 관리 문제

변경 소액 무역 기업의 경영권은, 대외경제무역부가 통일 규정한 경영 자격과 조건에 따라 그리고 확정된 기업의 총수 내에서 각 변경성, 자치구가 자율적으로 비준한다. 변경 소액 무역 기업 명부는 반드시 대외경제무역부에 보고하고 비준을 받아야 하며, 아울러 국무원 관련 부서에 보고 및 등록해야 한다. 규정에 따라 비준하고 등록하지 않은 기업은 변경 소액 무역을 할 수 없다. 변경 소액 무역은 원칙적으로 무역 방식과 경영 분업의 제한을 받지 않는다.

변경 성과 자치구가 각각 1-2개 변경 소액 무역 기업을 지정하여, 지정된 변경 통상구를 통하여, 우리나라 육지 변경 이웃 국가로 변경 지역에서 생산한 국가가 회사를 지정하여 연합 통일 경영하게 한 상품의 수출과 국가가 승인한 회사가 경영하게 한 수입 제품의 수입을 하도록 허가한다. 경영 기업 명부는 대외경제무역부에 보고하여 비준을 받아야 한다.

변경 소액 무역 기업은 국가 쿼터, 허가증 수출 제품을 수출할 때,

전국적으로 통일 입찰, 통일 연합 경영은 상품과 군민 통용 화학품 및 쉽게 독극물을 제조할 수 있는 화학물질 외에는 쿼터와 허가증을 면제받을 수 있지만, 대외경제무역부와 국가계획위원회의 거시적인 관리를 받아야 한다. 대외경제무역부가 나누어 하달한 지표 안에서 해관은 기업의 수출계약서와 각 변경 성, 자치구 대외경제무역 관리 부문이 하달한 문건에 의거하여 검사하여 통과시킨다.

국가계획위원회, 국가경제무역위원회(국가 기계 전자 제품 수출입 사무실)은 매년 전년도 변경 소액 무역 수입 상황과 국내 시장 수급 상황에 따라 변경지대에 일정 액수의 국경 소액무역 수입 쿼터를 부여한다. 승인된 할당량 내에서, 대외경제무역부가 각 변경 성, 자치구 대외경제무역 관리 부문에 수입 허가증을 발급하도록 권한을 부여한다. 국경 소액 무역 기업은 국가가 쿼터 관리를 하는 수입품을 수입할 때, 해관은 변경 성, 자치구에서 발급하는 쿼터 증명과 수입허가에 따라 통과시킨다. 변경 소액무역 기업이 경영 관리를 하는 특정 관리와 등록 관리를 하는 수입품에 대하여도 수속을 적절하게 간소화하는데, 구체적인 방법은 국가계획위원회, 국가경제무역위원회(국가 기계 전자 제품 수출입사무실)에서 각각 관련 부문과 상의하여 제정하여 하달한다.

4. 접경지역과 인접 국가의 경제 기술 협력 프로젝트 수출입상품의 관리 문제에 관하여

변경지역에서 대외경제무역위원회 허가를 받고 대외 경제 기술 협력 경영권을 가진 기업(이하 '변경지역 대외경제기업'으로 간칭)이 인접

국가 변경지역과 경제협력을 통해 수입하는 상품은 변경 소액 무역 수입 세수 정책을 따른다. 도급 공정과 노무 협력 프로젝트에 의해 교환된 물자는 프로젝트에 따라 입국할 수 있으며, 경영 분업의 제한을 받지 않는다. 변경지역의 대외경제기업과 인접 국가의 노무 협력 및 공사 도급 프로젝트로 반출되는 설비, 자재와 노동자가 자체 사용하는 생활용품은 합리적인 범위 내에서 수출 쿼터와 경영 분업의 제한을 받지 않으며 수출허가증도 면제된다.

변경지역 대외경제기업과 변경지역 인접 국가의 경제기술협력 프로젝트로 수출입하는 상품은, 해관이 대외경제무역 주관 부문이 비준한 문서에 의거하여 검사하고 통과시키며, 구체적인 관리 방법은 대외경제무역부와 해관총서가 공동으로 제정하여 하달한다.

5. 변경 무역 관리 강화에 관한 문제

각 변경 성과 자치구 인민정부는 국무원과 관련 부문의 통일적 규정에 따라 구체적인 실시 방법을 제정하고 변경 무역 주관 부서를 지정하여 현지 성, 자치구의 변경 무역과 경제협력에 대한 지도와 관리를 확실히 강화하여 변경 무역의 건전한 발전을 촉진해야 한다.

국무원의 각 관련 부문은 본 통지의 관련 규정에 따라 관련 관리 방법을 신속히 제정하고 변경 무역과 변경지역 대외경제협력의 발전을 적극적으로 지지해야 한다. 대외경제무역부는 관련 부문과 함께 적시에 전국적인 변경 무역과 경제협력 정책 및 거시 관리 조치를 연구하고 제정해야 한다. 해관이 서비스를 강화하는 동시에 단속을 강화하여 밀수를 엄격히 단속하고 변경 무역 정책의 집행을 보장해야 한다.

본 통지는 1996년 4월 1일부터 집행되며, 과거 관련 규정이 본 통지와 부합하지 않는 경우는 본 통지를 기준으로 한다.

6

변민 호시 무역 관리 방법 해관총서령 제56호
(1996년 3월 29일 해관총서, 외경무부에서 발표)

(해관총서, 대외경제무역합작부 제정. 1996년 3월 29일 해관총서령 제56호 발포, 2010년 11월 26일 해관총서령 제 198호 「해관총서의 부분 규장의 수정에 관한 결정」에 근거하여 수정)

제1조
변경지역 주민 호시 무역의 건전한 발전을 촉진하고 변경 경제를 번영시키고 해관 감독 관리를 강화하기 위해, 「중화인민공화국 해관법」과 기타 관련 법률, 법규에 근거하여 본 방법을 제정한다.

제2조
변민 호시 무역은 변경지역 주민이 우리나라 육지 변경 20km 이내 정부의 허가를 받은 개방지점이나 지정된 시장에서, 규정된 금액이나 수량을 초과하지 않는 범위 내에서 상품을 교환하는 활동이다.

변민호시무역은 반드시 아래의 조건에 부합해야 한다.

(1) 호시 장소는 육로, 하천 경계선 부근에 설치되어야 한다.

(2) 호시 장소는 변경 성, 자치구 인민정부가 비준해야 한다.

(3) 변민호시무역구(지점)는 명확한 경계선이 있어야 한다.

(4) 변민호시무역구(지점)의 해관 감독 시설은 해관의 요구에 부합해야 한다.

제3조

우리나라 변경지대의 주민과 상대국 변민은 호시무역구(지점)에 출입하여 호시 무역에 종사할 수 있다.

우리나라 변경지역의 상점·공급 판매사 등의 기업은 변민호시무역구(지점)에 판매점을 설치하여 상품 교환 활동을 하려면 변경 무역에 따라 관리한다.

제4조

변경지역 주민이 물품을 휴대하고 변민호시무역구(지점)에 출입하거나 변경 통상구를 통해 입출국할 때 물품의 품목, 수량, 금액을 해관에 성실히 신고하고 해관의 감독과 검사를 받아야 한다.

제5조

변경지역 주민이 호시 무역을 통해 수입한 생활용품(변민 호시 수입 상품 중 면세되지 않는 품목 제외)은 인당 매일 인민폐 8,000위안 이하는 수입 관세와 수입과징금을 면제한다. 인민폐 8,000위안을 초과하는 것에 대하여는 초과분에 대하여 규정된 수입세와 수입과징금을 징수한다.

제6조

변경 쌍방 주민과 상품 교환 활동에 종사하는 기업은 모두 국가의 수출입 금지 물품을 변민호시무역구(지점)에 휴대하거나 운송해서는 안 된다.

국가에서 수출입 제한하거나 허가증으로 관리하는 상품은 국가의 관계 규정에 따라 처리한다.

제7조

폐쇄조건을 갖추고 아울러 상대국과 연결된 변민 호시 장소로 상대 국가 주민이 물품을 휴대하고 입국하는 경우 관할구역 해관에 신고하고 해관의 감독을 받아야 한다.

제8조

현지에 해관 기구를 설치하지 않은 경우는 성, 자치구 정부가 직속 해관과 상의해서 지방 관련 부문에 위탁하여 관리하게 할 수 있으며, 지방 정부는 관리를 강화해야 하며, 시행 세칙을 제정하고 해관과 상의하여 동의를 받아 시행하며, 해관은 지도를 해야 함과 더불어 현지 정부와 부정기적으로 관리 상황을 점검할 수 있다.

제9조

각급 해관은 변경호시무역에 대한 관리를 강화해야 하고, 변민호시무역을 이용하여 밀수하는 불법 행위를 엄하게 단속해야 한다. 「해관법」과 본 방법의 규정 위반에 대하여 해관은 「해관법」과 「중화인민공화국해관행정처벌실시조례」에 따라 처벌한다.

제10조

이 방법은 해관총서에서 책임지고 해석한다.

제11조

이 방법은 1996년 4월 1일부터 시행한다.

7

변경 무역 발전을 촉진하기 위한 재정·조세 정책에 관한 통지 재관세[2008]90호

네이멍구, 랴오닝, 지린, 헤이룽장, 광시, 하이난, 시장, 신장, 윈난성(자치구) 재정청, 국가세무국, 후허후터, 만저우리, 따리엔, 창춘, 하얼삔, 난닝, 하이코우, 쿤밍, 라싸, 우루무치 해관內蒙古、遼寧、吉林、黑龍江、廣西、海南、西藏、新疆、雲南省(自治區)財政廳、國家稅務局 , 呼和浩特、滿洲裏、大連、長春、哈爾濱、南寧、海口、昆明、拉薩、烏魯木齊海關

과학적 발전관을 관철시키고 사회주의 조화 사회를 구축하기 위해 「국무원의 변경지역 경제무역 발전을 촉진하는 문제에 관한 회답」(국함國函 [2008]92호)의 정신에 따라 지금 변경 무역 발전을 진일보 촉진하는 관련 재정, 조세 정책을 다음과 같이 통지한다.

1. 변경 무역 발전에 대한 재정 지원 강화

현행 변경지역 특별 이전 지원의 기초 위에 자금 규모를 확대하고, 변경 무역 발전에 대한 지원 강도를 높여, 기업의 발전을 위해 양호한 외부 환경을 창조한다. 2008년 전년도에 20억 위안을 확보하였는데, 실제 집행 기간은 두 달이었다. 이후에는 여기에다 통상구 통과 화물량 등의 요인과 연계하여 적정한 증가 기제를 수립할 것이다.

구체적인 방법은 재정부와 관계 부문이 따로 제정한다. 지방 재정 부문은 현지 실제 상황과 결합하고 변경 무역 발전과 변경 소액무역 기업 능력건설 지원 요구에 따라 중앙보조자금을 성실히 실행하여 자금 사용의 효과를 확실하게 발휘하게 해야 한다. 재정과 심계 부서 의 감독과 감사 역량을 충분히 이용하여, 특별 이전 자금이 변경 무 역 발전을 촉진하는 역할을 발휘할 수 있도록 보장해야 한다.

2. 변경지역 주민 호시 수입 면세 한도 제고

변민들이 호시무역을 통해 수입하는 생활용품을, 1인당 매일 인민 폐 8,000 위안 이하인 경우 수입관세 및 수입과징금을 면제한다. 관 리 강화를 위해 재정부와 관계 부문이 연구하여 변민 호시 수출입 상품의 면세 제외 명단을 작성하고, 관련 부문은 정책 집행 상황을 즉시 추적 분석해야 한다.

3. 변경 소액무역 수입관세 문제에 관하여

변경 소액무역 방식으로 수입하는 상품은 수입 관세와 수입과징금 을 규정대로 징수한다.

본 통지는 2008년 11월 1일부터 집행하며, 재정부, 해관총서와 세 무총국이 해석을 책임진다.

이상을 통지한다.

재무부 해관총서 국가세무총국

2008년 10월 30일

王鐵崖 編,『中外舊約彙編』1冊, 三聯書店, 1957.

雲南省江城彝族哈尼族自治縣志編纂委員會 編,『江城彝族哈尼族
　　　自治縣志』, 雲南人民出版社, 1989.

中華人民共和國外交部 條約法律司 編,『中華人民共和國邊界事務
　　　條約集 中越卷』, 世界知識出版社, 2004.

中華人民共和國外交部 條約法律司 編,『中華人民共和國邊界事務
　　　條約集 中老卷』, 世界知識出版社, 2004.

周恩來, "關於中緬邊界問題的報告,"『中華人民共和國第一屆全國
　　　人民代表大會第四次會議彙刊』, 人民出版社, 1957.

강주원,『나는 오늘도 국경을 만들고 허문다』, 글항아리, 2013.

김광억, "현대 중국의 민속부활과 사회주의 정신문명화 운동",『비교문화
　　　연구』1집, 1993.

김광억 외,『종족과 민족: 그 단일과 보편의 신화를 넘어서』, 아카넷, 2005.

김광억,『혁명과 개혁 속의 중국 농민』, 집문당, 2000.

김홍철,『국경론』, 민음사, 1997.

노영순, "청불전쟁(1884-1885년) 전후 중국 – 베트남 국경 문제와 획정과
　　　정,"『동북아역사논총』4집, 2005.

류자오후이 · 리페이 · 장정아 · 안치영,『경독(耕讀): 중국 촌락의 쇠퇴와 재
　　　건』, 인터북스, 2019.

박상수, "중국 근대 민족국가의 창조와 변강문제: 청말 – 민국시기 변강 인

식의 변천," 안병우 외,『중국의 변강 인식과 갈등』, 한신대학교 출판부, 2007.

박현귀, "반중국정서와 중러 접경도시: 우수리스크, 수이펀허, 훈춘에 관한 민족지적 연구",『한국문화인류학』51집 2호, 2018.

심주형, "'탈냉전시대' 베트남 북부 소수민족 삶의 초국성(trans-nationality)", 심주형·이한우 등,『열린 동남아: 초국가적 관계와 새로운 정체성의 모색』, 서강대출판부, 2017.

심주형, "'순망치한(脣亡齒寒; Môi Hở Răng Lạnh)'과 비대칭성의 구조: 베트남·중국 관계와 국경의 역사경관(historyscapes)",『중앙사론』52집, 2020.

안병우, "총론: 중국의 변강인식과 민족갈등," 안병우 외,『중국의 변강 인식과 갈등』, 한신대학교 출판부, 2007.

안상윤, "글로벌시대 '과계민족'의 정치적 역학: 중국 조선족을 중심으로,"『평화학연구』16집 3호, 2015.

안치영·장정아, "국경을 넘나드는 교역과 혼인: 중국 윈난 소수민족 촌락 사례를 중심으로,"『중앙사론』46집, 2017.

안치영·장정아, "중국과 베트남·라오스의 국경 형성과 과계(跨界) 민족 문제",『중앙사론』52집, 2018.

이강원,『중국 변강에서 민족과 공간의 사회적 구성: 어룬춘족 사회의 다민족화와 정체성의 정치』, 서울대학교 대학원 지리학과 박사학위 논문, 2000.

이강원, "중국의 민족식별과 민족자치구역 설정: 공간적 전략과 그 효과,"『대한지리학회지』37권 1호, 2002.

이상국, "이주민, 비합법성, 그리고 국경사회체제: 태국-미얀마 국경지역 사회체제의 특성에 관한 연구",『동남아시아연구』18권 1호, 2008.

이원준,『근대 중국의 토지 소유권과 사회 관행』, 학고방, 2019.

이현정, "현대 중국 농촌의 시장개혁과 혼인관습의 변화: Jack Goody의 신부대 이론에 대한 비판적 고찰," 『한국문화인류학』 50집 1호, 2017.

이현정, 『펑롱현 사람들: 개혁기 중국 농촌 여성의 삶, 가족 그리고 문화』, 책과함께, 2020.

임지현 엮음, 『근대의 국경, 역사의 변경: 변경에 서서 역사를 바라보다』, 휴머니스트, 2004.

장수현, "개혁개방 이후 중국 농촌 민간의례의 활성화에 관한 고찰: 국가 이데올로기와 농민의 생활철학", 『한국문화인류학』 31권 2호, 1998.

장윤미, "중국과 한반도에서의 '민족' 개념의 인식과 갈등구조", 『현대중국 연구』 20집 2호, 2018.

장정아·왕위에핑, "우리 민족의 땅을 떠날 수 없다", 조문영 엮음, 『민간중 국』, 책과함께, 2020.

전인갑·장정아, "동아시아 지역질서의 재구성 再論: 중심의 상대화를 위 한 모색," 『中國學報』 69집, 2014.

차용구, 『국경의 역사: 국경 경관론적 접근』, 소명출판, 2022.

크리스 윌리엄스, "변경에서 바라보다: 근대 서유럽의 국경과 변경," 임지 현 엮음, 『근대의 국경, 역사의 변경: 변경에 서서 역사를 바라보 다』, 휴머니스트, 2004.

劉恩恕·劉惠恕, 『中國近現代疆域問題研究』, 2009; 손준식 역, 『중국 근현대 영토문제 연구』, 국방부 군사편찬연구소, 2012.

溫鐵軍·楊帥, 『三農與三治』, 2016; 조형진 역, 『삼농과 삼치: 중국 농촌 의 토대와 상부구조』, 진인진, 2020.

穀禾, 譚慶莉, "近代雲南段國界線變遷與跨境民族身分認同的形成," 『昆明理工大學學報』 2008年 12期.

高小雅, "中老邊民涉外婚姻法律問題研究: 以雲南江城曼灘傣寨爲 例," 『法制博覽』 2017年10月.

羅崇敏, 『中國邊政學新論』, 人民出版社, 2006.

唐家璿, 『勁雨煦風』, 世界知識出版社, 2009.

戴波, 趙德光, "中緬, 中老, 中越少數民族跨境婚姻行爲的經濟學思考," 『世界民族』 2016年 2期.

廖心文, "二十世紀五六十年代中共中央解決邊界問題的原則和辦法," 「黨的文獻」 2013年 4期.

馬大定 主編, 『中國邊疆經略使』, 中州古籍出版社, 2000.

範宏貴, "中越兩國的跨境民族概述," 『民族研究』 1999年 6期.

邵媛媛, "中老邊境地區的文化多樣性、跨境互動與文化傳承: 基於西雙版納猛臘縣跨境民族的考察," 『楚雄師範學院學報』 第30卷 第1期, 2015.

楊學琛, 『中國歷代民族史: 淸代民族史』, 社會科學文獻出版社, 2007.

楊子誼, "中老邊民跨境婚姻法律研究," 『普洱學院學報』 第32卷第2期, 2016.

呂一燃, "中國與緬甸的邊界," 呂一燃 主編, 『中國邊界史』 下, 四川人民出版社, 2007.

吳冷西, 『十年論戰 1956-1966: 中蘇關係回憶錄』, 中央文獻出版社, 1999.

王江成, "中國邊疆安全視閾下的跨界民族問題研究," 『雲南行政學院學報』 2019年 3期.

王向然, "中國跨界民族狀況及其形成," 『許昌學院學報』 2012年 4期.

吳春玲, "我國西南邊境地區非法涉外婚姻問題初探," 『湖南警察學院學報』, 第9卷第2期, 2017.

李國強, "中國與老撾的邊界," 呂一燃 主編, 『中國邊界史』 下, 四川人民出版社, 2007.

李國強, "中越陸路邊界源流述略," 『中國邊疆史地研究導報』 1989年 1期.

李國強, 戴可來, "中國與越南的邊界," 呂一燃 主編, 『中國邊界史』

下, 四川人民出版社, 2007.

李樹燕, "國家建構與跨境民族國家認同: 基於雲南跨境民族的實證
研究," 『探索與爭鳴』 2011年 6期.

李學保, "新中國成立以來我國跨界民族問題的形成與歷史演變," 『西
南民族大學學報』 2012年 2期.

張鶴光, 熊元榮, 王華, 栢樺, "中越邊界(文山段)跨境民族調查報告,"
『文山師範高等專科學校學報』 2002年 2期.

鄭宇, 楊紅巧, "跨國婚姻關係與邊疆民族社會變遷: 以中越邊境紅
岩寨苗族爲例," 『學術探究』 2009年 5月.

齊鵬飛, "中越陸地邊界談判的歷史及其基本經驗再認識," 『當代中
國史研究』 2015年 5月.

朱淩飛·馬巍, "邊界與通道: 昆曼國際公路中老邊境磨憨、磨丁的人
類學研究," 『民族研究』 2016年第4期, 2016.

車義元, "雲南邊民互市貿易改革發展問題探究," 『中共雲南省委黨
校學報』 2018年 8月.

彭巧紅, "中越歷代疆界變遷與中法越南勘界問題研究," 廈門大學博
士學位論文, 2006.

彭兆榮, "'跨境民族'的邊界範疇", 中國民俗學網, 2018.1.9.
https://bit.ly/3qGJ3fA.

何明, "開放, 和諧與族群跨國互動: 以中國西南與東南亞國家邊民
跨國流動爲中心討論," 『廣西民族大學學報』 2012年 1月.

胡起望, "跨境民族探討", 『中南民族學院學報(哲學社會科學版)』, 1994年
4期.

黃光成, "略論中國西南地區跨界民族的民族類型及相關問題," 『東
南亞南亞研究』 2011年 1期.

Fravel, M. Taylor, *Strong Borders Secure Nation: Cooperation and Conflict
in China's Territorial Disputes*, Princeton University Press, 2008.

| 지은이 소개 |

왕위에핑王越平

중국 윈난대학교 민족학·사회학 학원 교수, 윈난대학교 서남변강소수민족연구중심 겸직 연구원, 민족학·사회학 학원 민족학과 학과장. 중국 서남부 변경지역의 공간 구성과 민족문제 그리고 중국－베트남 변경지역 난민문제를 연구하고 있다. 저서로『全球地方性: 中國西南的社群流動與空間建構』(편저), 주요 논문으로「差異性嵌入: 中國西南邊境地區外籍務工人員的空間特徵研究」,「泰緬邊境達拉昂人的遷移、族群裂變與跨國民族治理」,「越南儂族靈魂觀念與取名制度研究」,「生計選擇與事會建構: 滇越邊境難民村的個案」이 있다.

장정아張禎娥

인천대학교 중어중국학과 교수, 인천대학교 중국학술원 중국·화교문화연구소장. 국가와 국경의 의미에 관심을 가지고 중국 본토와 홍콩을 오가며 연구하고 있다. 저서(공저)로『Intangible Cultural Heritage in Contemporary China』,『민간중국』,『경독(耕讀): 중국 촌락의 쇠퇴와 재건』,『중국과 비중국 그리고 인터차이나』,『여성연구자, 선을 넘다』,『도시로 읽는 현대중국』2,『중국 관행연구의 이론과 재구성』, 편저로『중국의 안과 밖: 중국적 표준과 세계질서』, 역서(공역)로『중국 운하에서 살아가기: 선민船民의 삶과 인지체계』등이 있다.

안치영安致穎

인천대학교 중어중국학과 교수, 인천대학교 중국학술원 원장. 중국공산당의 권력구조와 승계제도 및 후계자 양성체계, 그리고 중국의 접경지역에 대한 연구를 하고 있다. 저서로『덩샤오핑 시대의 탄생』,『중국공산당 100년의 변천: 1921-2021』(공저),『중국 근현대사 강의』(공저),『중국의 민주주의』(공저),『중국 민간조직 정책문건』(공저),『경독耕讀: 중국 촌락의 쇠퇴와 전개』(공저), 역서로『고뇌하는 중국』(공역) 등이 있고, 논문으로「중국의 정치엘리트 충원메커니즘과 그 특성」,「중국의 개혁초기 정치논쟁과 사회주의 발전단계론 논쟁」등이 있다.

녜빈聶濱

중국 윈난대학교 민족학·사회학 학원 석사. 중국 서남부 변경지역 민족문제에 관심을 가지고 연구하고 있다.

중국관행연구총서 21

국경 마을에서 본 국가

중국 윈난성 접경지역 촌락의 민족지

2022. 5. 20. 1판 1쇄 인쇄
2022. 5. 31. 1판 1쇄 발행

지은이 왕위에핑王越平·장정아·안치영·네빈晶濱
기 획 인천대학교 중국학술원 중국·화교문화연구소

발행인 김미화 **발행처** 인터북스
주소 경기도 고양시 덕양구 통일로 140 삼송테크노밸리 A동 B224
전화 02.356.9903 **이메일** interbooks@naver.com **출판등록** 제2008-000040호
ISBN 978-89-94138-80-0 94910 / 978-89-94138-55-8(세트) 정가 21,000원